나쁜 기자들의 위키피디아

우리 사회를 망치는 뉴스의 언어들

나쁜 기자들의 위키피디아

ⓒ 강병철 2019

초판 1쇄	2019년 12월 27일			
초판 2쇄	2020년 2월 21일			

지은이　강병철

출판책임	박성규		펴낸이	이정원
편집주간	선우미정		펴낸곳	도서출판 들녘
디자인진행	김정호		등록일자	1987년 12월 12일
편집	박세중·이수연		등록번호	10-156
디자인	한채린		주소	경기도 파주시 회동길 198
마케팅	정용범		전화	031-955-7374 (대표)
경영지원	김은주·장경선			031-955-7381 (편집)
제작관리	구법모		팩스	031-955-7393
물류관리	엄철용		이메일	dulnyouk@dulnyouk.co.kr
			홈페이지	www.dulnyouk.co.kr

ISBN	979-11-5925-490-1 (03070)		CIP	2019050542

이 도서의 국립중앙도서관 출판예정도서목록(CIP)은 서지정보유통지원시스템 홈페이지(http://seoji.nl.go.kr)와
국가자료공동목록시스템(http://www.nl.go.kr/kolisnet)에서 이용하실 수 있습니다.

*이 책은 관훈클럽신영연구기금의 도움을 받아 저술되었습니다.

나쁜 기자들의 위키피디아

우리 사회를 망치는 뉴스의 언어들

강병철 지음

들녘

홍은자 사서님께

들어가며_'기레기'에 대하여

이 책의 목적은 기레기가 왜 기레기인지를 분석해내는 데 있다. 이를 위해 특히 기레기라 불리는 자들이 기사에 사용하는 특정한 표현들이 어디에서 왔으며 어떤 전략으로 사람들의 인식을 왜곡하는지를 추적한다. 말하자면 이 책은 현역 기자의 비판적 미디어 읽기 작업의 산물이다.

기레기는 기자와 쓰레기를 합성한 신조어다. 기자 입장에서는 매우 불편한 표현이다. 웬만큼 나쁜 사람이 아니고서야 대놓고 쓰레기라는 욕을 먹지 않지만 이 단어는 기자 직업군 일반을 싸잡아 저질스런 인종으로 몰아세운다. 이 비난은 한때 연예인의 시시콜콜한 사생활을 파헤치거나 자극적인 기사를 쓰는 기자들을 겨냥했으나 이제는 분야를 가리지 않는다. 요즘에는 오히려 정치나 법조, 사건사고 등 경성(硬性) 뉴스를 다루는 기자들 이름이 주로 기레기 명단에 올라간다.

대다수 기자들은 억울할 것이다. 하지만 이런 서글픈 현실이 어느 정도 자업자득임을 부정할 수도 없다. 개인적인 편불편을 떠나 한 걸음 물러나서 보면 이만큼 대한민국 언론의 현실을 적나라하게 요약한 단어도 없으니까. 특히 여기에는 언론에 대한 국민들의 불신과 배신감이 혼재돼 있다. 사실만을 보도하고 사안의 본질을 정확히 해석해주며 여론을 가감 없이 전달해야 할 언론이 그런 사명을 저버린 채 사실을 호도하거나 얄팍한 술수로 자기들의 배만 채우려 할 때 좋은 소리를 못 듣는 것은 당연한 이치다.

기레기라는 비판은 왜 확산됐을까

여기서 하나 따져볼 문제가 있다. 왜 이 단어가 근래에 들어서야 확산됐느냐는 점이다. 기레기라는 표현은 2012년쯤부터 일부 네티즌들 사이에서 회자되기 시작했다. 당시에는 보통 새로 취재한 팩트는 단 하나도 담기지 않은, 언론계 은어로 '우라까이'라고 하는 베껴 쓰기 기사를 양산하면서 자극적인 '제목 낚시'만으로 독자들의 관심을 끌려고 했던 일부 기자들을 가리킬 때 쓰였다.

그러다 2014년 4월 세월호 참사가 발생하면서 이 단어는 자극적인 보도와 속보 경쟁에만 치우쳐 본래의 사명을 잊어버린 대한민국 언론의 행태를 비판하는 표현으로 자리 잡게 됐다. 수학여행을 가던 고등학생들을 포함해 총 304명이 죽거나 실종된 대형 참사 앞에서 기자들은 유가족들에게 다투어 카메라를 들이댔고 '전원 구조'를 비롯해 온갖 오보를 양산했다. 심지어 전 국가적 애도 분위기 속에서 여객선 보험금이 얼마인지를 다룬 기사까지 나왔다. 쓰레기라고 욕해도 고개를 끄덕일 수밖에 없는 부끄러운 모습들이었다.

그러나 사실 자극적인 제목과 오보, 속보 경쟁, 베껴 쓰기 등은 21세기 들어 새롭게 생겨난 언론의 행태가 아니다. 부끄럽지만 기레기라는 단어가 보편화되기 전부터도 언론은 그런 일들을 반복적으로 해왔다. 한국의 근현대사를 어느 정도 아는 사람이라면 과거 우리 언론이 어떤 길을 걸어왔는지 잘 기억한다. 일제강점기와 해방기, 또 민주화·산업화 시기 등 역사의 고비를 지나는 동안 언론이 권력에 고개를 숙이고 진실을 외면한 순간들이 얼마나 많았던가?

즉 언론의 본질은 크게 달라지지 않았다는 뜻이다. 그런데 기레기라는 단어는 근래에야 널리 퍼졌다. 왜 그럴까? 우선 미디어 환경의 변화를 원인으로 지목할 수 있다. TV와 신문, 라디오 같은 전통 매체 외에도 뉴스를 접할 수 있는 경로는 너무나 많다. 당연히 독자들을 확보하기 위한 기자들의 경쟁은 치열해질 수밖에 없다. 하지만 뾰족한 대안을 찾지 못한 대다수 기자들은 옛날 방식 그대로 무의미한 속보 경쟁과 선정적 보도에만 매달리는 실정이다. 변화에 적응하지 못하고 스스로 기레기로서 정체성만을 강화하고 있는 셈이다.

그런데 실은 보다 더 근본적인 원인이 있다. 다름 아니라 뉴스를 소비하는 층의 성격이 변했다는 점이다. 언론의 저열한 습성을 걸러내는 사람들의 눈은 예전에 비해 훨씬 더 매서워졌다. 지금의 뉴스 소비자들은 기사 내용을 곧이곧대로 믿지 않는다. 관심 있는 사안은 여러 기사를 비교해 읽고, 기사에 담기지 않은 사실은 직접 확인해본다. 기사의 내용보다 이런 기사를 왜 썼는지 의도를 더 따지는 경우도 많다.

적극적인 독자들이 늘어나면서 기사는 정보의 원천이 아니라 검증의 대상이 됐다. 수준 이하의 기사를 쓴 기자들은 여지없이 기레기라는 낙인을 받아야 하는 심판의 시대가 온 것이다.

기레기의 언어

기자들이 기레기로 분류되는 이유는 천차만별이다. 기사 내용이나 방향성, 취재 과정, 기사의 유통 방식 등이 문제가 될 수도 있다. 이 책에서는 주로 그들이 기사에서 사용하는 언어에 초점을 맞춘다.

언어는 사상과 감정 표현, 의사 전달의 수단이다. 기사도 크게는 언어 활동의 산물이다. 독자들은 수십, 수백 개 단어들의 결합을 해독하는 과정에서 새로운 소식을 얻고 특정 이슈에 대한 해설, 의견 등을 인지하게 된다. 어떤 표현이 쓰였는지는 기사의 주제 및 방향성과 긴밀한 관계가 있다.

기자가 되면 배워야 하는 몇몇 기본기가 있다. 그중 하나가 '기사는 최대한 쉽고 뜻이 분명한 단어로 써야 한다'는 것이다. 기사는 일정 수준의 교양을 갖춘 독자라면 누구나 무리 없이 읽을 수 있어야 한다. 신문 기사는 학술 논문이 아니라 실용문이기 때문이다.

그래서 뉴스의 언어는 일상의 언어에 가깝다. 그렇다고 둘이 완전히 같은 것은 아니다. 뉴스의 언어는 어쨌든 공적 언어이기에 저잣거리의 말과는 다른 품격과 균형감을 지닌다. '빨갱이'나 '수구꼴통' 같은 단어가 뉴스의 언어가 될 수 없는 이유다. 마음속으로는 그런 단어들의 쓰임새에 동조한다고 해도 점잖은 사람들이 이런 극단적이며 공격적인 표현들을 아무렇지 않게 입 밖으로 내뱉기는 아무래도 부담스럽다.

그러나 안타깝게도 우리 언론이 쓰는 뉴스 언어의 실체는 빨갱이나 수구꼴통 같은 단어와 크게 다르지 않다. 점잖은 모습으로 품격과 균형감을 지니고 있는 듯하지만 실은 사람들을 선동하고 편을 가르며, 객관적 사실과 사람들의 인식을 왜곡하는 단어들을 적지 않게 사용한다. 말쑥하게 정장을 빼입었지만 안주머니에는 빨간 페인트를, 바지주머니에는 화염병을 숨기고 있는 것과 마찬가지다.

나쁜 기자들은 그런 문제적 어휘들을 중립적인 것처럼 기사 속에 반복해서 담아내고 끝내는 우리의 일상 언어생활에까지 침투하게 만든다. 언론의 사명과 정면으로 배치되는 행위다. 이런 점에서 그 같은 표현들을 '기레기의 언어'라고 이름 붙일 수 있을 것이다.

기레기의 언어는 특별한 것이 아니다. 이미 우리 일상에서 널리 쓰이고 있다. 기자들은 특정한 목적을 달성하기 위해 신조어를 만들기도 하지만 원래 있던 단어들을 조금 다른 맥락에 배치하는 방식으로 재창조하기도 한다. 이 책에서 다루는 표현들도 신조어이거나 새로운 의미가 부여된 단어들로, 언론과 정치권 등에서 쓰기 시작해 일상의 영역으로까지 퍼진 것들이다.

나쁜 언어들의 문제점

문제는 이런 말들이 기자들의 말장난에 그치지 않는다는 점이다. 대중의 일상 언어생활에까지 파고들어 사회 전체에 해악을 끼치게 된다. 대략의 폐해를 몇 가지로 정리하면 다음과 같다.

우선은 특정 신념이나 가치관을 마치 '정통', '정상'인 것처럼 포장하면서 부당한 담론의 권력을 만들어낸다. 자신들이 믿고 따르는 것은 정통과 정상으로, 그렇지 않은 것은 비상식적이며 무가치한 사안으로 치부하는 것이다. 이런 작업들이 반복되는 한 공동체가 공유하는 가치관은 왜곡될 수밖에 없다. 무엇이 정말 가치 있는 일인지 사람들이 올바른 판단을 내리지 못하게 되는 것이다.

그리고 편 가르기를 부추긴다. 기레기의 언어는 통합의 언어라기보다는 분열의 언어다. 끝없이 편을 가르고 갈등을 부각시켜 사람들의 목소리가 한데 모이는 것을 막는다. 여기 노출된 사람들은 보수나 진보 같은 특정 세력과 자신을 동일시하면서 스스로 도움될 것 없는 편 가르기에 기꺼이 동참한다. 승부가 나지 않는 편 가르기에서 실질적 이익을 얻는 자들은 소수일 뿐이다. 당연히 대부분의 일반 국민은 그 소수에 끼지 못한다.

또한 사람들이 사안의 본질을 볼 수 없도록 만든다. 이 언어는 사람들이 제대로 알아야 할 것을 교묘하게 감추고 굳이 집중하지 않아도 될 부분에 필요 이상의 에너지를 쏟게 만든다. 지금 우리 사회에서 벌어지는 중요한 일들을 바로 알지 못하고 관심조차 쏟을 수 없는 사람들이 과연 공동체를 위한 생산적 논의의 주체가 될 수 있을까?

마지막으로 무엇보다 중요한 것은 기레기의 언어는 우리 사회가 건전하고 올바른 방향으로 나아가도록 만드는 합리적인 논의의 장을 닫아버린다는 점이다. 특정 집단의 신념과 가치관이 보편적 정서인 양 부각되고, 끝없는 편 가르기가 횡행하며, 구성원 다수가 공동체의 문제에 관심이 없거나 제대로 이해하지 못하는 사회에서는 발전을 위한 합리적 논의 자체가 불가능하다. 그런 사회는 오직 힘을 가진 소수만을 위한 곳으로 바뀔 가능성이 크다. 그곳에서 대다수의 사람들은 갈등하고 반목하면서 소수에게 봉사할 뿐이다.

언론, 민주주의, 공동체

기레기의 언어는 정치, 국제관계, 경제, 사회, 문화, 스포츠 등 언론이 다루는 전 영역에 등장한다. 하지만 저자의 일천한 경험의 한계상 모든 영역의 문제적 단어들을 한 번에 다룰 수는 없었다. 여기서는 우선 동시대 뉴스에서 가장 많이 접할 수 있는 단어 20개를 택해 힘이 닿는 범위에서 분석했다.

포퓰리즘과 내로남불, 종북, 적폐 등은 정치 분야에, 스트롱맨과 코리아패싱은 국제관계 분야에, 시장질서와 전통시장 등은 경제 분야에, 시위꾼, 귀족노조, 묻지마범죄 등은 사회 분야에, 태극전사와 태극낭자는 스포츠 분야에 속하는 단어들이다.

이 표제어들 중에는 건전한 상식을 지닌 독자들에게 이미 얕은수를 간파 당한 것들도 있고 아닌 것들도 있을 것이다. 어떤 것들은 의도가 뻔히 보이기에 언론마저도 '상투적'이란 평계로 쓰기를 저어하여 도태된 것들도 있고, 반대로 새로운 전략 상품으로 최근에서야 등장한 것들도 있다. 그만큼 형태도 용법도 또 그 안에 담고자 한 언론의 전략도 다채롭다.

이 중 상당수는 동료 기자들과의 함께 책과 신문을 읽고 토론하는 과정에서 '문제적 단어'로 반복 등장했던 것들이다. 동료 기자들의 깊은 사유와 날카로운 문제의식은 이 책의 주제를 단단히 하고 내용을 구체화하는 데 지대한 도움이 됐다. 여기에 서울신문 공정보도위원회 간사 및 전국언론노조 민주언론실천위원으로서 일선에서 한 걸음 물러나 다른 기자들의 기사를 비판적으로 읽는 작업을 해온 지난 2년간의 경험이 조금 더해졌다.

책의 각 꼭지에는 해당 표제어들이 실제 일간 신문 기사 속에서 어떤 논리를 입고 쓰이고 있는지(용례), 어디에서 처음 왔는지(기원), 또 어떤 전략으로 독자들의 인식을 왜곡하고 우리 사회에 해악을 끼치는지(문제점) 등을 담았다. 기레기가 왜 기레기인지를 분석하겠다는 책의 목적에 충실하도록 글의 초점은 단어의 정의와 용례보다는 거기 숨은 전략과 폐해를 비판적으로 다루는 데에 맞추고자 노력했다.

각 표제어들에 숨어 있는 담론 전략은 언론 및 정치의 본질부터 민주주의, 국가, 공동체 등과 대부분 연결되는 것들이다. 이에 각 표현의 기원과 폐해를 추적하며 민주주의 사회에서 언론과 정치, 정치인, 법과 제도 등이 가지는 의미가 무엇인지에 대한 나름의 고민도 담려 했다. 목차도 이 같은 키워드에 근거해 크게 네 개 장으로 나눴다. 하지만 이는 독자의 편의를 위한 것일 뿐 사실 각 장의 경계는 희미하다.

이 책의 문제의식은 특별하지도 대단하지도 않다. 대한민국이란 공동체의 현실에 어느 정도 관심만 있다면 누구나 가질 만한 생각들이다. 각 영역의 최전선에 있는 기자들은 더 말할 필요도 없다. 그럼에도 다행인지 불행인지 이런 뉴스의 언어를 본격적으로 분석한 책은 아직까지 나오지 않은 듯하다. 아마도 적지 않은 기자들이 권력을 가진 소수 그룹에 편입되려는 어리석은 생각을 하고 있기 때문일 것이다.

언급한 대로 더 이상 사람들은 기사 내용을 곧이곧대로 믿으려 하지 않는다. 그러나 평범한 독자들 중에서 기자들이 쓴 기사의 문제점을 분명하게 지적하고 반박 주장을 논리적으로 펼칠 수 있는 힘을 가진 사람은 소수에 불과한 것도 사실이다. 이 책은 비판적 시각으로 기사를 읽고 평가할 수 있는 능력을 갖추고자 하는 평범한 사람들을 잠재적 독자로 상정했다.

한국어의 변화는 풍부하고 그에 따라 기레기의 언어 역시 매년이 풍년이기에 이 책이 쳐놓은 그물에 걸리지 않은 나쁜 단어들도 분명히 많을 것이다. 하지만 이 책의 문제의식이 확산될 수 있다면 뉴스를 읽어내는 독자들의 눈도 지금보다는 더욱 매서워질 것이고 그런 단어를 걸러내는 그물도 더욱 촘촘해질 것이다. 그러면 별 고민 없이 하루하루 기사를 써내던 기자들의 자세도 조금은 달라지지 않을까?

이 책은 본격적인 학술서도 아니지만 대중서라고 하기에는 다소 무겁다. 딱 팔리기 어려운 자리에 위치한다. 이런 책을 기꺼이 찍어내겠다고 결의한 들녘출판사 이정원 대표에게 심심한 위로와 진심 어린 감사의 말씀을 함께 드린다.

2019년 12월 서울 광화문에서

강병철 씀

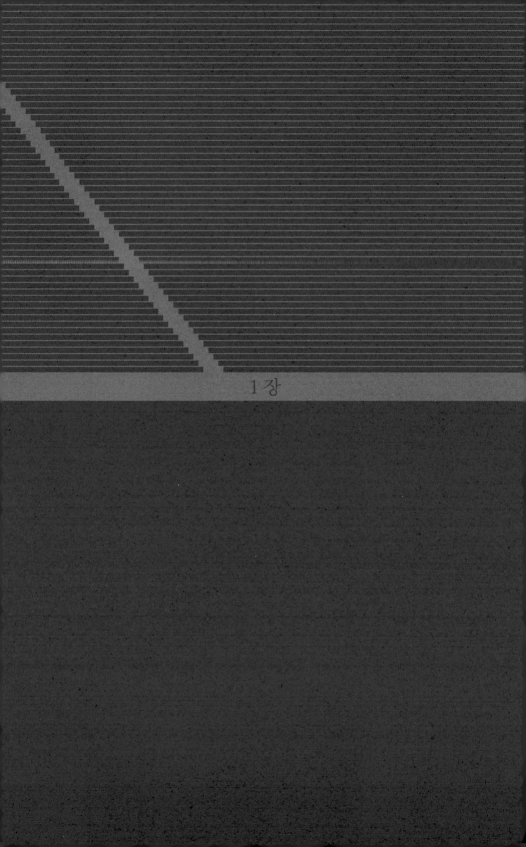

1장

민주주의에
관한 것들

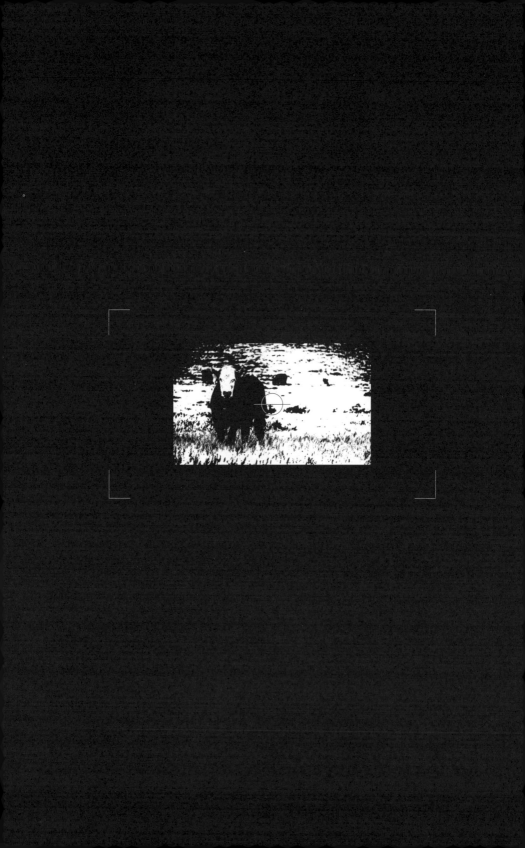

포퓰리즘: 대중적이지 않은 정치라는 모순

포퓰리즘 표票 + 퓰리-즘	[명사] 대중 영합주의. 오로지 표를 얻기 위해 실현 가능성이 낮거나 정부의 재정건전성을 해치는 선심성 공약을 남발하는 행위를 뜻한다. 주로 복지 정책에 대한 비판으로 쓰이지만 다른 모든 정책에도 적용이 가능하다.

대한민국 정치사에서 포퓰리즘을 말할 때 빼놓을 수 없는 인물이 하나 있다. '내 눈을 바라보기'만 하면 '넌 행복해지고 건강해지고 웃을 수 있고 시험에 합격한다'던 IQ 430의 천재 정당인(정치인이 아니라 정당인이다) 허경영 전 민주공화당 총재다. 대통령 직선제를 쟁취한 1987년부터 출마를 준비했다는 허경영 전 총재는 1992년 제15대부터 2007년 제17대까지 빠짐없이 대권에 도전했다.

마지막으로 17대 대선에서 "박근혜 전 한나라당 대표와 혼담이 오갔다"는 주장을 펼쳤다가 이듬해 명예훼손 등으로 징역형을 선고받았고 결국 피선거권이 박탈되면서 그의 질주도 끝났다. 이후로는 대선은 물론 국회의원 총선, 지방선거 등 어떠한 선거에도 입후보하지 못했지만 지금도 선거철만 되면 그를 찾는(?) 사람들이 적지 않다.

허경영 전 총재가 유권자들 사이에 선풍을 불러일으킨 이유로 이색

적이고 흥미진진한 언행을 들 수 있을 것이다. 하지만 그게 전부는 아니다. 적어도 2007년 17대 대선에서 그는 여타 군소후보들과는 판이하게 격이 다른 대접을 받았다. 파격적인 선거 공약 덕분이다.

그는 대통령에 당선되면 유엔 본부를 판문점으로 옮기고 당시 299명이던 국회의원 정원(2012년 19대 총선부터는 300명)을 100명으로 축소하겠다고 약속했다. 또 현재도 여전한 저출산 문제에 대한 해결책으로 결혼하면 수당 1억 원, 아이를 낳으면 3천만 원을 지급하겠다고도 공약했다.

인터넷상에서 그는 이름 대신 '허 본좌'(어떤 분야에서 최고 수준에 이른 사람을 일컫는 인터넷 용어)로 불렸다. 하지만 그의 인기와 위상을 기성 언론은 인정하지 않았다. 당시 그에 대한 언론의 접근법은 '화제의 인물'을 다루는 방식과 크게 다르지 않았다. 이렇다 할 정치 이력도, 직능이나 지역적 기반도, 아니면 재벌기업의 후광도 일체 없이 대권에 도전한 그는 그냥 희한한 사람일 뿐이었다.

더러 허경영 전 총재와 그의 공약을 깊이 있게 다루려는 보도도 없지 않았으나 그 역시 일반적인 대선 보도의 접근 방식은 아니었다. 일부 유권자들이 황당무계한 인물을 광적으로 지지하는 현상을 통해 한국 사회의 팍팍한 현실을 짚어보지는 사회 분야 보도에 가까웠다. 기성 정치인뿐 아니라 언론 사이에서도 선거판의 돈키호테 같은 그가 대통령이 될 가능성은 극히 희박하며 공약도 제대로 된 고민의 결과물이 아니라 포퓰리즘에 지나지 않는다는 인식이 강했기 때문일 것이다.

속단하기는 이를 수도 있지만 만약 허경영 전 총재가 피선거권을 회복하고 앞으로 계속 대선에 입후보한다고 해도 그가 대한민국 대통령에 당선되는 일은 쉽게 일어나지 않을 것이다. 그가 돌아온다면 아무래도 정치인 허경영보다는 '유튜브 스타 허 본좌'로 자리매김할 가능성이 더 높다.

허 본좌는 갔지만 그의 공약은 남았다

허 본좌 신드롬이 거품처럼 꺼진 지 10여 년, 지금에 와서 그의 공약을 다시 살피다 보면 문득 이런 의문이 든다. 대한민국 포퓰리즘의 대명사라던 그가 그 시절 내놓았던 공약들은 정말 일말의 여지가 없는 공허한 포퓰리즘이었을까. 그는 그저 사람들의 관심을 갈구하는 황당무계한 괴짜였을 뿐일까.

당시 그의 공약 중에는 정도와 방법이 다를지언정 비슷한 취지로 이미 현실이 됐거나 정부와 국회가 도입을 추진 중인 정책들도 적지 않다. 대표적으로 노인복지 차원에서 60세 이상 어르신들에게 월 70만 원을 주겠다던 이른바 건국수당은 현행 기초연금과 비슷하다. 만65세 이상의 소득 하위 70% 어르신들은 2014년 7월부터 월 20만 원의 기초연금을 받았고, 정부와 여당의 협의에 따라 이후에는 연금액도 올랐다. 한 번 도입하면 후퇴가 쉽지 않은 복지 정책의 성격상 연금액과 지급 대상은 장기적으로 계속 확대될 것이다.

출산지원금의 경우도 셋째 이상 다자녀 출산 시 축하금 명목으로 천만 원을 지원하는 지방자치단체는 전국적으로 적지 않다. 제1야당인 자유한국당의 김성태 전 원내대표는 2018년 국회 교섭단체 대표연설에서 출산장려금 2,000만 원과 아이가 성인이 될 때까지 수당 1억 원을 지급하는 방안을 추진하겠다고 밝혔다.

이렇듯 지금은 어엿한 정책의 옷을 입고 우리 삶을 바꾼 공약들을 그때는 왜 마냥 포퓰리즘이라고 단언했을까. 허경영 전 총재의 대선 공약이 포퓰리즘이었는지 여부를 판단하려면 여기에 앞서 사람들은 무엇을 포퓰리즘이라고 생각하는지를 따져봐야 한다. 결론부터 말하자면 어떤 정책이 포퓰리즘인지 아닌지는 딱 잘라 말하기 어렵다. 그 판단은 시대마다 지역마다 또 사람마다 다르다. 언젠가는 다들 포퓰리즘이라고 손가락질했던 정책이 시대가 바뀌면서 훌륭한 제도로 재평가 받을 수도 있고, 동시대 유권자들이라도 같은 정책을 두고 극과 극의 평가를 내릴 수도 있다.

17대 대선에서 허경영 후보에게 표를 던진 0.4%의 유권자들도 온전히 재미로만 그를 지지한 것은 아닐 것이다(득표수로 보면 10만 표에 육박한다). 이 말은 포퓰리즘의 기준은 절대적이지도 명확하지도 않으며 논쟁 또는 정쟁의 영역에 있다는 뜻이다.

실현가능성, 형평성, 재정건전성

정치인들이, 또 이를 인용한 모양새를 빌려서 언론이 포퓰리즘이란 단어를 비판적인 의미로 사용하는 맥락을 살펴보면 몇 가지 공통점을 추려낼 수 있다. 바로 그 공통점들이 우리 사회에서 통용되는 포퓰리즘에 대한 일종의 판단 기준이라고 봐도 무방할 것이다. 다음 예시문을 보자.

[A] 사설 | 신혼부부 집 주겠다는 새정연, 허경영式 공약 할 땐가

새정치민주연합 의원 130명 가운데 80명이 참여한 '신혼부부에게 집 한 채를'이라는 이름의 포럼이 그제 내놓은 주택공급 방안은 또 하나의 포퓰리즘이다. 이 포럼은 "공공 임대주택을 100만 채 추가로 늘리고 5~10년 동안 신혼부부들에게 공급하겠다"고 밝혔다. 젊은이들이 주택 마련 부담으로 결혼을 기피하는 문제를 풀기 위한 방안이라는 주장이다.

이 포럼 소속 홍종학 의원은 "당장 내년도 예산에 2,432억 원을 반영해 신혼부부 5만 쌍을 지원하겠다"며 "국민주택기금의 여유 자금을 활용하겠다"고 말했다. 연간 25만 쌍에 이르는 초혼 부부 중 자발적 주택구입자를 제외한 10만 쌍에게 임대주택을 공급하고 장기적으로는 모든 신혼부부가 거주할 수 있는 임대주택을 제공하겠다는 것이다. 지금까지 공공 임대주택 건설 물량은 연평균 10만 채 안팎으로 신혼부부들에게 해마다 10만 채씩 주는 일이 가능할지 의문이다. 혹시 실현되더라도 사회적 약자들이 큰 불이익을 당할 수 있다. 기초수급 대상자나 고령자 장애인 등 영구 임대주택에 입주하려는 기존 대기자는 4만 7,000명에 이른다. 저소득층 등 서민 주거 안정을 위한 국민주택기금을 꺼내 쓰겠다는 것도 국민주택기금의 취지에 맞지 않는다.

공공 임대주택을 새로 100만 채 공급하려면 채당 평균 1억 원을 잡아도 무려 100조 원이 필요하다. 홍 의원은 "공짜, 무상이 아니라 다가구 주택 입주 시 한 달 20만~30만 원, 소형 아파트 입주 시 50만~60만 원씩 저렴한 임대료를 받고 제공하겠다는 것"이라고 설명했다. 사실이라면 애당초 신혼부부와 부모들의 표심을 노린 '과대 포장 신상품'이 아니냐는 의심을 피할 수 없다.

새정치연합은 선거 때마다 막대한 재원이 소요되는 '보편적 복지론'에 집착했다. 여당까지 복지 경쟁에 가세하면서 정치권 등이 복지비용을 서로 떠넘기는 '복지 대란'을 맞고 있다. 국가 재정은 거들떠보지도 않고 '퍼주기' 식 복지에만 매달린다면 17대 대선 때 '신혼부부에게 1억 원 제공' 공약을 내걸었던 허경영 후보와 다른 게 뭐냐는 비아냥거림을 들을 것이다.

_〈동아일보〉 2014년 11월 15일자 31면

2014년 11월 15일자 동아일보에 실린 사설이다. 사설은 특정 현안에 대해 언론사의 입장을 밝힌 글이다. 보통 논설위원들이 쓰지만 글쓴이 개인이 아니라 소속 언론사의 의견이기 때문에 누가 이 글을 썼는지 표시하지 않는다. 사설의 일반적인 특성에 따라 이 글도 말하고자 하는 바가 분명하며 문장은 간결하고 치밀하다. 특히 비판의 대상으로 삼은 새정치민주연합(더불어민주당의 전신) 소속 의원들의 신혼부부 주택 공급 방안이 왜 포퓰리즘인지를 나름의 논리에 따라 조목조목 따져들고 있다.

이 글이 전제하고 있는 포퓰리즘의 문제점은 세 가지로 요약할 수 있다. 첫째, 실현가능성이다. 새정치연합 의원들은 연간 신혼부부 10만 쌍에게 공공 임대주택을 공급하고 장기적으로는 모든 신혼부부가 임대주택에 살 수 있도록 공급 규모를 확대하겠다고 밝혔다. 하지만 이 글에 따르면 매년 짓는 공공 임대주택 물량이 평균 10만 채 정도다. 새정치연합 의원들의 계획대로 하자면 매년 짓는 공공 임대주택을 모조리 신혼부부들에게 공급해야 한다.

둘째는 형평성이다. 매년 짓는 임대주택 10만 채를 모조리 신혼부부들에게 주면 기초수급 대상자나 고령자, 장애인 등 기존에 임대주택 혜택을 받던 사회적 약자들이 기회를 잃게 된다. 또 서민 주거 안정을 위해 쓰도록 돼 있는 국민주택기금을 신혼부부들을 위해 쓰면 신혼이 아닌 서민들에 대한 지원 여력이 줄어든다. 다른 사회적 약자들을 제쳐놓고 신혼부부 지원을 최우선 순위 정책으로 올려야 하는 그럴듯한 이유를 대지 못한다면 '과잉복지'라는 비판이 나올 수 있다.

셋째는 재정건전성이다. 이 글에서는 '임대주택 100만 채를 공급하려면 채당 평균 1억 원을 잡아도 무려 100조 원이 필요하다'는 문장 하나로 재정건전성에 관한 문제제기를 훌륭하게 해냈다. 왜 채당 1억 원인지, 100만 채를 몇 년에 걸쳐 공급하는지, 모두 짓는 것인지, 기존 주택을 활용하는 것인지, 월세로 충당되는 비용은 얼마인지 등에 대한 계산은 하나도 없다. 하지만 '100조 원'이란 천문학적 숫자 하나면 독자들의 이목을 끄는 데에는 별 문제가 없다. 이 글이 쓰인 2014년도의 정부 예산이 355조 원가량이었으므로 100조 원짜리 정책을 추진한다고 하면 재정을 고려하지 않은 포퓰리즘이란 목소리가 나오는 것도 당연하다.

이 글은 독자들의 이성과 감정을 동시에 공략한다. 실상을 제시하고 숫자를 들이밀면서 읽는 이의 마음속 깊은 곳에서 분노와 허탈감을 길어 올린다. 정책의 수혜 계층인 신혼부부나 공공주택 관련 전문가가 아닌 평범한 독자라면 연신 혀를 차며 나라 걱정을 하는 게 자연스러운 반응일 것이다. 글쓴이도 그 정도 반응만 이끌어내면 나쁘지 않다고 생각했을지 모른다.

이 글의 진짜 무서움은 마지막에 있다. 앞에서 조목조목 근거를 가져다대며 쓴 몇 문단의 글보다 '허경영'이란 이름 석 자는 더욱 강렬한 인상을 남긴다. 신문 사설의 독자라면 한국 사회에서 그 이름이 무엇을 의미하는지 정도는 알고도 남을 것이다. 고도의 집중력과 날카로운 문제의식을 가지고 이 글을 읽을 필요가 없는 대다수 독자들의 머릿속에는 결국 '새정치연합=허경영'이라는 인상만 남았을 가능성이 크다.

포퓰리즘이란 표현은 흔하게 반복되고 그 대상도 다양하지만 비판의 논리는 대체로 이 글에 담긴 요소들을 크게 벗어나지 않는다. 당장 포털 사이트에서 '포퓰리즘'을 검색해보면 이 단어를 사용한 기사들에서 비슷한 논리가 반복되고 있다는 걸 쉽게 알아챌 수 있을 것이다.

어떤 정책을 추진할 때 실현가능성, 형평성, 재정건전성 중 하나만 문제가 있다고 해도 쉽지가 않을 텐데 셋 다 문제가 있는 게 분명하다면 자신 있게 그 정책을 추진할 정부는, 아마 민주주의 정부 가운데서는 없을 것이다. 어마어마한 자신감과 격단력으로 정책은 민어불일 수도 있겠지만 그런 결정은 상당한 지지율 하락을 감당해야만 한다.

복지와 포퓰리즘의 끈질긴 인연

포퓰리즘은 정부의 다양한 정책 중에 특히 복지 정책을 비판할 때면 어김없이 등장한다. 현대사회에서 복지 확대는 정부의 피할 수 없는 숙명과 같다. 입법, 사법, 행정 등 3부 중 행정부가 유독 빠른 속도로 비대해지는 것도 복지 확대와 상당 부분 관련이 있다.

대한민국도 정권의 성격에 따라 강약의 차이는 있었지만 보수 정권, 진보 정권 할 것 없이 모두 매년 복지 예산을 확대해왔다. 2009년도 정부 예산안을 보면 복지 분야 예산은 약 73조 7,000억 원으로 총 지출의 27%가량을 차지했다. 그러다 2013년도에는 처음으로 복지 예산이 100조 원을 넘어섰다. 2019년 정부 예산안의 복지 예산 비중은 34.5%, 액수는 162조 2,000억 원에 달했다. 10년 만에 두 배 넘게 증가한 셈이다.

매년 증가하는 복지 예산이지만 그때마다 국회에서는 예산안 처리에 진통을 겪는다. 다행히 국회의 문턱을 넘어도 가시밭길은 끝나지 않는다.

복지는 개개인의 삶에 직접적으로 영향을 미치는 분야이므로 실제 집행은 지방정부가 맡는 경우가 많다(중앙정부가 도입한 양육수당을 동 주민센터에서 신청하는 것처럼 말이다). 이때는 중앙정부가 편성한 예산을 지방정부에 보내거나 중앙정부와 지방정부가 일정 비율로 나눠 예산을 부담하는데 때때로 지방정부가 디폴트(Default·지급 불능)를 선언하기도 한다. 지방정부의 재정을 고려하지 않고 중앙정부가 일방적으로 만든 복지 정책을 '돈이 없어서' 집행하지 못하겠다는 이야기다. 이때도 포퓰리즘이란 단어는 단골로 등장한다.

공약 신분일 때부터 선거 승리 후 실제 정책의 자리를 꿰찬 뒤에도 복지 정책에는 포퓰리즘이란 꼬리표가 떨어지지 않는다. 한국 사회에서 복지 정책이 갖는 숙명이라고도 할 수 있다. 특히 새로 도입하려는 복지 정책이 수혜자의 경제적 능력을 따지지 않고 모두에게 적용되는 이른바 보편복지에 해당하는 경우 논란은 더욱 거세진다. 다음을 보자.

[B] 또 도진 '票퓰리즘'… 광역단체장 후보들 앞 다퉈 '무상 공약'

6·13 지방선거에 출마한 광역자치단체장 후보들이 경쟁적으로 '무상 공약'을 쏟아내고 있다. 이전 선거에서 '좌파 포퓰리즘'이라며 비판하던 보수 정당 후보들도 가세하고 있지만, 대부분 후보가 구체적인 재원 마련 대책은 내놓지 못하고 있어 비판의 목소리가 높다.

1일 문화일보가 17개 시·도 광역단체장 후보들의 5대 공약을 분석한 결과, 경기를 제외한 16곳의 후보들이 무상교육·무상급식·임대주택 보급 등 선심성 공약을 제시한 것으로 나타났다.

양승조 더불어민주당 충남지사 후보는 1, 2순위로 발표한 공약이 모두 무상 공약이다. 양 후보는 고교까지 급식·수업료·입학금을 전액 지원해 무상교육을 실현하고, 공공주택 2만 호와 청년·새 출발 가정에 사회주택 5,000호를 공급하겠다고 약속했다. (중략)

보수 정당 후보들도 앞 다투어 무상 공약 발표에 가세하고 있다. 홍준표 자유한국당 대표가 지사로 있을 때 무상급식 예산 지원을 중단했던 경남의 경우, 오히려 같은 당 김태호 후보가 관내 초·중·고 무상급식 공약을 들고 나왔다. 인천시장 선거에 출마한 유정복 한국당 후보는 무상급식뿐 아니라 무상보험·무상교통·무상교육·무상교복을 포함한 '5대 무상특권'이란 공약을 내걸었다.(이하 생략)

_〈문화일보〉 2010년 6월 1일자 1면

보수 성향이 짙은 한 석간신문의 1면 기사다. 2018년 6월 제7회 전국동시지방선거 당시 시도지사 후보들이 내놓은 무상 복지 공약을 비판할 목적으로 썼다. 제목에 표(票)퓰리즘은 포퓰리즘 정책이 선거에서 표를 얻기 위한 헛된 공약이라는 의미를 더욱 강조한 표현이다. 두 표현 모두 언론에서 자주 쓰인다.

글의 공격 대상은 여아 시도지사 후보들이 내놓은 무상 공약이다. 무상교육과 무상급식 그리고 앞에서도 본 적이 있는 임대주택(무상주거) 보급이 주요 타깃이며 여기에 청년수당, 아동수당, 출산지원금 등 직접 돈을 쥐어주는 공약도 문제 삼고 있다. 기사에 무게를 싣고 독자들의 주목을 끌기 위해 1면에 짧게 실린 기사인데, 신문 제작 관행대로라면 3면이나 4면쯤에 관련 해설 기사를 게재했을 것이다. 왜 이런 공약들이 포퓰리즘인지 설명했을 테고, 독자들은 거기서 실현가능성, 형평성, 재정건전성 같은 단어를 만날 수 있을 것이다.

이 기사는 무상교육, 무상급식, 임대주택 보급 등을 '선심성 공약'이라고 판단했다. 꼭 필요한 정책이 아닌데도 후보들이 표를 위해 나랏돈으로 선심을 쓰고 있다는 비판이 담겼다. 예산을 쓸데없이 낭비한다는 말과 다르지 않다.

특히 무상교육과 무상급식은 수혜 계층을 특별히 구별하지 않는 대표적인 보편 복지에 해당한다. 보편 복지를 여야 후보 따지지 않고 주요 공약으로 내세우고 있으니 복지 확대에 반대하는 보수 언론은 목에 핏대를 올릴 만하다. 이 기사에는 없지만 2011년 오세훈 서울시장의 사퇴까지 이어진 '서울시 무상급식 확대 논쟁' 당시처럼 "삼성 이건희 회장의 손자도 나랏돈으로 급식을 먹여야 하나"라는 문제 제기가 반복적으로 나올 만하다.

사실 보편 복지를 시행하더라도 수혜 계층 중 이건희 회장의 손자 같은 부자는 극히 일부다. 그럼에도 언론은 '부자 복지'라는 이름표까지 붙이는 것이 현실이다.

복지 정책도 결국은 정치 행위

기사의 주장처럼 여기 거론된 모든 공약을 포퓰리즘이라는 한마디 말로 뭉뚱그리기는 어렵다. 똑같은 공약이라도 지역에 따라 제반 사정이 모두 다르기 때문에 똑같이 평가할 수가 없다.

재정건전성만 해도 어떤 지자체는 정말 예산이 부족할 수 있는 반면에 어떤 곳은 살림이 넉넉해 아이들 급식쯤은 예산으로 해결하고 남는 경우도 있다. 신규 인구의 유입이나 출산율이 저조해 지자체의 지위가 흔들릴 정도라면 다른 사업을 제쳐놓고 아동수당이나 출산지원금을 인상하자는 목소리가 클 수도 있을 것이다.

이런 경우에 포퓰리즘이란 비판의 근거는 약해진다. 그런데도 모든 지자체의 무상 복지 정책을 한 데 묶어 포퓰리즘이라 몰아붙이는 건 복지 정책 자체에 대한 보수 언론의 화학적 거부 반응일 뿐이다.

국가든 지자체든 쓸 수 있는, 그리고 써야 하는 예산은 정해져 있다. 정책이라는 건 결국 한정된 예산을 어떤 우선순위와 비율에 따라 어떤 사업에 투입할지에 관한 문제다. 정치는 '한정된 자원을 효율적으로 배분하는 의사결정 과정'이라는 교과서의 정의가 바로 그런 뜻이다. 무상 급식, 무상 교육, 무상 주거도 공동체의 현실에 따라 정책 결정자가 예산 배분을 고려하지 못할 이유가 없다. 금수저든 흙수저든 같은 출발선에서 출발해야 한다는 것이 무엇보다 중요한 원칙이라고 생각한다면 무상 복지 정책은 최우선 순위가 될 수도 있다.

다만 이런 정책들이 진짜 필요한지, 여타 사업들보다 먼저 추진해야만 하는지 판단을 내리고, 추진 과정에서 일어나는 대립과 갈등을 적절히 해결하며 최종적으로 문제에 대한 책임을 지는 것 역시 정책 결정자의 몫이다. 공약의 내용이 아니라 이런 일련의 과정에 대한 인식 및 책임감에 대한 결여를 오히려 포퓰리즘이라고 불러야 그 뜻에 부합한다고 하겠다.

포퓰리즘 논란을 벗어난 정책은 가능한가

포퓰리즘이란 표현에 대해 한 가지 더 생각해볼 문제가 있다. 과연 그 비판의 그물에 걸리지 않는 정책이 있느냐는 점이다. 이른바 허경영식 무상 복지 정책이 꼭 아니더라도 정치인들의 공약은 본질적으로 실현가능성 과 형평성, 재정건전성 등 지표에 따라 세간의 평가를 받게 된다. 복지 정 책은 수혜 계층이 특정되고 투입되는 예산이 투자라기보다는 지원으로 인식되는 경우가 많기에 유독 포퓰리즘이란 비판에 쉽게 직면한다. 그러 나 이런 비판의 논리는 다른 분야의 정책에도 그대로 적용할 수 있다.

실제로 언론은 복지뿐 아니라 유권자들의 선택과 삶에 큰 영향을 미 치는 대형 공약, 대표적으로 사회간접자본(SOC) 건설 약속 등도 포퓰리 즘의 렌즈로 뜯어보는 경향이 강하다. 이명박정부(2008-2013) 시절 뜨거 운 감자로 떠올랐던 동남권 신공항 건설 사업이 비슷한 예다. 중앙정부 에서 타당성을 따져 추진해야 할 국책사업을 둘러싸고 대구·경북과 부 산 간 유치 경쟁이 불붙으면서 시·도지사 후보들은 저마다 신공항 유치 를 약속했다. 당연히 포퓰리즘 논란이 재현됐다.

이뿐 아니라 공무원 봉급 인상, 최저임금 인상, 군복무 기간 축소, 대 형 국제행사 유치 등 다수 국민의 삶과 우리 사회를 바꾸는, 그리고 그 에 따른 비용으로 당연히 예산이 투입돼야 하는 정책들은 하나같이 포 퓰리즘이란 비판이 가능하다. 이 테두리를 벗어나 있는 정책이라고 할 것은 그다지 많지 않다.

현실이 이렇다 보니 포퓰리즘은 정치권에서 치밀한 근거가 없이 막 연한 인상만 가지고도 상대 진영을 공격할 때 편하게 동원할 수 있는 표 현으로 자리 잡았다. 지금의 대한민국 정치인과 언론들은 진짜 포퓰리즘 인 것, 포퓰리즘이 아닌 것, 포퓰리즘인지 아닌지를 따지기 애매한 것들을 입맛에 따라 포퓰리즘으로 싸잡곤 한다. 자기 진영의 이해관계에 따라 자의적으로 포퓰리즘 딱지를 붙이고 비판 여론을 형성해 정책 추진에 제동을 거는 것은 지극히 저질스런 정략인데도 말이다.

정치에는 신뢰뿐만이 아니라 상상력도 필요하다. 정치인이라면 의당 선거 때 약속한 대로 유권자들의 바람을 실현시키려 노력해야 하고, 공동체를 어떻게 변화시킬 것인지에 대한 신념과 아이디어를 가져야 한다. 정책은 사회를 어떻게 변혁하겠다는 신념과 거기서 출발한 아이디어가 구체화된 결과물이니까.

그러나 포퓰리즘이란 표현은 반대의 근거를 깊이 고민하지 않고도 상대 진영의 노력을 수포로 돌려버린다. 평등과 분배를 지향하는 진보든, 자유와 성장을 추구하는 보수든 공동체를 더 나은 방향으로 바꿔가려는 노력이 모두 무책임한 표 장사로 치부되는 것이다. 이런 전략이 반복되면 그 사회에는 정치적 상상력이 제한되고 결국 변혁의 동력마저 끊기게 된다. 대한민국 사회도 특별히 예외일 수는 없다.

정쟁을 위해 탄생한 포퓰리즘 논란

대한민국에서 포퓰리즘은 출생 배경부터가 여야의 정쟁을 위해 도입된 표현이라고 해도 무방하다. 이 표현을 한국의 정치인과 언론인 중 누가 언제 어떻게 처음 썼는지를 밝히는 건 쉽지 않다. 하지만 학자들 사이에서는 1990년대 후반에 국민의정부(1998-2003)를 비판하기 위해 야당이 본격적으로 쓰기 시작해 참여정부(2003-2008) 이후 계속 확산됐다는 데에 이견이 없다.

조사결과에 따르면 10대 종합 일간지에서 이 단어가 쓰인 횟수는 1990-1992년에 3건, 1993-1997년에 14건에 그쳤지만 1998-2000년에는 432건으로, 2003-2005년에는 1149건으로 급증했다.* 즉 이른바 '좌파 정부'라는 김대중·노무현 정부의 성격을 비판적으로 규정하기 위해 야당이 찾아낸 개념이 바로 포퓰리즘인 셈이다.

이 표현이 처음에는 복지 확대에 대한 비판에만 국한돼 쓰인 것은 아니었다. 두 정부의 복지 확대 정책에 대한 비판도 담겨 있었지만 이를 넘어서 정권의 정치적 기반 자체에 대한 문제 제기에 더 가까웠다. 대중 영합주의라는 말 속에는 두 정부가 기득권 엘리트 집단이나 의회, 정당이 아니라 아무런 힘을 가지지 못한 평범한 민중의 지지를 기반하고 있다는 점에 대한 '비판'이 담겨 있다. 구체적인 예로 노사모(노무현을 사랑하는 사람들의 모임)를 들 수 있는데, 이 정치의식이 강한 시민 집단에 대한 정치인들의 반감이 '시민사회와 직접 소통 = 대의 민주주의 경시 = 중우(衆愚)정치' 같은 등식을 탄생시킨 것이다.

주지하다시피 고대 그리스의 철학자 플라톤은 현명하지 못한 민중이 비합리적 판단을 내릴 수 있는 정치 체제라는 의미에서 직접 민주주의를 중우정치라며 경계했다. 복지 확대 정책을 포퓰리즘이라고 비판하는 것도 복지의 확대는 우매한 민중의 비합리적 판단이라는 전제가 깔려 있다. 나라를 걱정하는 합리적인 사람이라면 실현가능성, 형평성, 재정건전성 등을 진작 따져보지 않았겠는가. 한국 사회에서 쓰이는 포퓰리즘이

*   이원태, 「인터넷 포퓰리즘과 한국 민주주의」, 『시민사회와 NGO』 4:1, 한양대학교 제3섹터 연구소, 2006.

란 표현은 플라톤에 일정 부분 빚을 지고 있는 셈이다.

이 시점에서 포퓰리즘을 정치의 본질과 연결시켜 생각해볼 수 있다. 플라톤이 중우정치의 위험성을 경고했지만 대한민국을 비롯한 상당수의 국가들은 민주주의를 채택했다. 민주주의는 다수의 지지를 바탕으로 다수가 원하는 사회를 만들어가는 정치 시스템이다. 민주주의 사회에서는 소수의 지지만으로 권력을 얻는 게 불가능하다. 그래서 정치인들은 정권을 획득하기 위해 더 많은 사람들의 지지를 구하며, 이를 위해 더 많은 사람들이 원하는 공약을 내놓으려고 한다. 민주주의나 포퓰리즘이나 결국은 다수 유권자의 지지를 받기 위해 노력한다는 점은 같다. 어쩌면 포퓰리즘은 민주주의와 동전의 양면 같은 관계일지도 모른다.

진정한 포퓰리즘이란 무엇일까

그렇다면 포퓰리즘이란 비판은 아예 성립하지 않는 것일까. 물론 그건 아니다. 정치인들이 내놓는 공약 중에는 분명 대중 영합주의가 존재한다. 하지만 그 판단은 위에서 논의한 대로 오로지 재정건전성, 형평성, 실현 가능성만을 가지고 내려서는 안 된다. 그 잣대로만 본다면 입맛에 따라 갖다붙이는 포퓰리즘이란 비판을 완벽하게 피할 수 있는 공약은 없다.

대신 우리는 공약의 내용뿐 아니라 그 공약을 내걸고 선거를 치르고 있는 정치인이 어떤 사람인가를 함께 살펴야 한다. 제대로 된 정치인이라면 우리 사회를 어떤 방향으로 만들어갈 것인가에 대한 분명한 지향점을 가지고 있을 터다. 크게는 보수, 중도, 진보와 같은 이념 성향이 있고 좀 더 들어가면 정치, 안보, 경제, 교육, 문화 등 세부 분야 정책에 대한 나름의 철학이 있을 것이다. 물론 그 지향점이란 것이 영원불멸은 아니다. 소속 정당의 당론에 영향을 받거나 정치 경험이 쌓이면서 조금씩 수정될 수도 있다.

그러나 선거 때가 돼 표를 바라고 갑자기 그 정치적 지향점을 손바닥 뒤집듯 바꿔버린다면 우리는 한번 의심해봐야 한다. 보수 정치인이 급진적인 분배와 평등을 약속하고 진보 정치인이 시장경제의 원칙과 자유를 강하게 부르짖는다면 그 약속은 과연 선거 이후 지켜질 수 있을까. 그런 공약은 정치인의 지향점과 양심에 상관없이 표를 얻기 위해 잠시 표정을 바꾼 것일 가능성이 높다. 포퓰리즘이란 비판은 바로 그런 행위를 매질할 때 쓰는 게 더욱 적절하다.

포퓰리즘이란 표현은 이 책에서 다룬 여러 단어 중에서도 아마 가장 긴 수명을 자랑할 것이다. 그게 이 단어를 책의 첫 번째 표제어로 선택한 이유다. 적어도 대한민국이 민주주의를 버리고 전제정치나 귀족정을 채택하지 않는 한 이 정쟁의 언어는 때때마다 언론에 등장할 것이다. 그렇다고 뉴스에서 포퓰리즘이란 단어가 등장할 때 "또 쓸데없는 정쟁을 하네"라며 그냥 넘어가서는 안 된다.

사실 시민들의 삶과 별 관계가 없는 문제에는 포퓰리즘이란 표현이 동원되지 않는다. 자기들 밥그릇 싸움인 선거구 획정이나 국회 상임위원회 구성 같은 것을 놓고 포퓰리즘을 운운하는 정치인은 본 적이 없을 것이다. 포퓰리즘이란 비판이 가해졌다면 그건 그 정책이 좋든 나쁘든 우리의 실생활에 큰 영향을 끼친다는 뜻이다.

이 표현이 자주 나올수록 우리는 더욱 철저히 그 쓰임에 대해 살펴보고 내용을 따져들 필요가 있다. 그리고 언론이 입맛대로 쓰는 포퓰리즘의 왜곡된 쓰임새를 의식적으로 거부한다면 이 기레기의 언어도 언젠가는 긴 수명이 끝나는 날이 올 것이다.

시위꾼: 불온한 세력인가, 변혁의 주체인가

시위꾼	[명사] 집회 현장에 반복적으로 등장하는 활동가들을 일컫는 말. 주로 정부에 비판적인 집회의 폭력성과 불법성 등을 부각시킬 때 쓰인다.

2001년 대학에 입학하고 선배들 손에 이끌려 처음 학외 집회를 나갔던 날의 기억이 지금도 또렷하다. 반쯤은 구호를 외치고 반쯤은 수다를 떨며 행진이라는 것을 하던 중이었다. 행렬이 막 서울 명동의 한 모퉁이를 돌아 명동성당 앞으로 향하던 순간이었다. 눈앞에 체스 판 위의 병정처럼 단단히 줄지어 길을 막고 선 전경 부대가 보였다. 당시 외친 구호와 집회 목적이 무엇이었는지는 기억나지 않지만 그때 마주친 전경들의 검은 방패와 헬멧이 햇살에 번쩍이던 모습만큼은 지금도 집회 현장을 지날 때마다 자동으로 재생된다.

이어지는 장면은 이른바 '사수대'가 기합처럼 욕설을 내뱉으며 한 덩어리로 뭉친 전경의 행렬을 밀어붙이는 몸싸움이었다. 그때까지만 해도 으레 집회는 투쟁적 민중가요가 배경음악으로 깔린 가운데 전경과 사수대 간 욕설과 몸싸움이 양념처럼 더해진 채로 진행됐다.

그러나 2016년 촛불집회는 대학시절 집회의 추억을 모조리 무너뜨렸다. 대통령 탄핵을 외친 집회에는 방패로 땅을 찍으며 시민들을 위협하는 전경도 없었고 그들과 욕설을 주고받으며 몸싸움을 벌이는 사수대도 없었다. 언론은 연일 촛불집회가 유례없는 '평화집회'로 진행되고 있음을 주요 뉴스로 다뤘다. 현장에서는 민중가요가 아니라 대중가수들의 노래가 흘러나왔고 각종 문화 공연이 열렸다. 가족 나들이로 집회에 참석하는 사람들도 적지 않았다. 언론의 묘사만 보자면 2016년 촛불집회에는 국가의 폭력도, 그에 맞서는 시민들의 폭력도 존재하지 않았다.

집회와 폭력, 끈질긴 인연

집회와 폭력은 어떻게 보면 불가분의 관계다. 굳이 프랑스혁명이나 68혁명처럼 혁명의 지위를 부여받은 역사적 사건을 들먹거릴 필요도 없다. 대한민국에서 비폭력 평화집회가 이뤄진 것 역시 비교적 최근의 일이니까. 특히 100만 명이 넘는 인파가 몰린 집회 현장에서 경찰과 시민 어느 쪽도 폭력을 행사하지 않았다는 것은 정부수립 이후 2016년 촛불집회가 처음이다. 1990년대 중반까지는 집회 현장에 염병(화염병)과 빠이(쇠파이프), 최루탄이 빠지지 않았고, 민주주의 정부가 들어선 2000년대에도 전경과 집회 참석자 간의 몸싸움은 흔한 요소였다.

가까운 예로 촛불집회 이후인 2017년에도 박근혜 대통령 탄핵에 반대하는 소위 태극기 집회에서는 4명의 사망자가 발생했다. 이에 비하면 매주 수십만 명이 모여 '대통령 퇴진'이란 어마어마한 구호를 외친 촛불집회가 비폭력 평화집회로 끝났다는 것은 기적에 가깝다.

그런데 여기 흥미로운 점이 하나 있다. 촛불집회 때에도 집회를 다루는 언론의 시각은 과거와 크게 다르지 않았다는 것이다. 집회에 모인 시민들이 무엇을 주장하느냐와 별개로 그 현장에 폭력(경찰에 의한 것이든 시민에 의한 것이든)이 있었느냐 없었느냐를 중요하게 보는 관점 말이다. 다행히 촛불집회에는 언론이 시비를 걸 만한 대단한 폭력이 없었다는 게 달랐을 뿐, 집회와 폭력을 당연한 듯 연결시키고 폭력의 유무를 따져 집회의 정당성까지 평가하는 언론의 인식은 여전했다. 만약 촛불집회에서 이런저런 폭력 사건이 발생했다면 언론의 논조는 달라졌을 것이고 집회의 결과도 지금과 많이 달라졌을지 모른다.

'시위꾼'은 언론이 주도해온 이 오랜 집회에 관한 담론을 더욱 견고하게 만들어주는 대표적인 표현이다. 집회 현장에 반복적으로 출몰하는 사람들을 파괴적인 폭도 또는 국가 전복을 획책하는 고정간첩인 양 몰아가는 이 말은, 지금까지도 특정 집회의 정당성을 부정하고 시민들 사이에 집회에 대한 혐오를 확산시키는 데 크게 기여하고 있다. 과연 보수언론들이 말하는 시위꾼은 어떤 사람들이며 그들은 왜 그런 짓을 하는 것일까. 시위꾼은 정말 사회 혼란을 부추기는 암적인 존재인 것일까.

먼저 언론이 시위꾼을 문제 삼는 방식을 살펴보자.

**[A] 청와대만 지키는 정권,
광화문은 한 달 넘게 밤마다 무법천지… '폭력의 해방구'**

지금 이명박정부가 어디에 있는지 보이지 않는다.
한 달 이상 서울 도심이 밤마다 시위대에 의해 점거돼 무법(無法)천지가 되고 시민들의 불편과 불안은 극에 달하고 있지만, 현 정부는 무책임하고 무기력하게 눈치만 살피며 숨어 있다.

26일 새벽에는 시위대가 경찰을 향해 흙과 벽돌을 던지고, 전경버스 창문을 깨고, 버스에 밧줄을 걸어 당기는 등 '80년대식' 폭력 시위를 연출했다.

현장에서 시위대에 붙들린 전경들이 방패와 헬멧을 빼앗긴 뒤, 바닥에 쓰러져서는 수십 차례 짓밟히고 발길질 당했다. 어떤 전경은 "방패 주세요. 헬멧 주세요. 저 그거 없으면 영창 가요"라며 시위대에 애원하는 광경도 있었다.

시위대는 조직적으로 조선일보와 동아일보사를 공격해, 신문사 로고를 떼고 오줌을 누고 오물을 던지기도 했다. 다음날 새벽까지 서울 도심은 정부 공권력이 전혀 작용하지 않는 '해방구'로 방치됐다.

치안총수인 어청수 경찰청장이 "훼손된 법질서가 회복되도록 법과 원칙에 따라 엄정 대응하겠다"고 국무회의 석상에서 보고한 게 바로 전날이었다. 또 이명박 대통령도 불법·폭력 시위에 엄정 대처 방안을 천명했다.

하지만 그날 현장에서 시위대들은 "평화시위는 어제로 끝났어"라고 외쳤다.

말로만 떠드는 정부와 대통령은 벌써 시위대의 조롱 대상이 된 지 오래다.

(이하 생략)   _〈조선일보〉 2008년 6월 27일자 1면

2008년 이명박정부의 미국산 쇠고기 수입 재개 협상에 반대해 열린 '광우병 촛불시위*'가 한 달가량 이어진 시점에 나온 보수 언론의 기사다. 객관적 사실을 바탕으로 해설하고 의견을 제시한 기사라기보다는 해당 언론사의 입장을 전면에 내세운 사설의 성격에 가깝다.

*   당시에는 촛불'집회' 보다 촛불'시위'라는 표현이 일반적으로 쓰였지만 사실 공식적인 명칭은 촛불'문화제'였다. 참여연대 등의 노력으로 2009년 헌법재판소가 야간 집회를 금지한 집회 및 시위에 관한 법률(집시법)에 대해 헌법불합치 결정을 내리기 전까지 야간 집회는 불법이었다. 당연히 해가 져야 제맛인 촛불집회도 그 전까지 불법 야간 옥외 집회였던 것이다. 이에 시위나 집회의 대안으로 쓰인 표현이 문화제였다. 문화제는 집회시위와 달리 집시법에 따른 신고 의무가 없다.

아무튼 이 기사는 시위대의 폭력성을 강조하면서 정부의 적극적인 대응, 곧 강경 진압을 촉구하고 있다. 여기서 시위대는 평범한 시민들과 분리돼 비상식적 반사회적 행동을 일삼는 무법자들이고, 전경은 폭도들에게 짓밟히면서도 영창 갈 걱정을 하는 나약하고 가여운 존재로, 또 경찰은 무기력한 법질서의 수호자로 그려졌다.

이 기사만 봐서는 이 폭도들이 누구인지, 그들이 왜 저런 행동을 하는지 도무지 알 수가 없다. 하지만 하나 분명한 것은 당시 광우병 촛불 시위에 나간 참가자 중 저런 행동을 한 사람들은 극히 일부라는 점이다. 이 집회에는 중고등학생과 이른바 '유모차 부대'가 참석했고 하루 최대 10만 명이 모이기도 했는데 그런 참가자들이 기사에서 다룬 비상식적 행동을 다 같이 했다고 보기는 당연히 어렵다.

그런데 이 기사는 일부의 폭력을 전경화해 독자들이 시위대 전체를 혐오하도록 만든다. 또 '폭도 vs 경찰'의 대결 구도를 만들어 광화문 일대는 선량한 시민들이 발을 디딜 수 없는 곳처럼 묘사했다. 일부 시위 참석자를 문제 삼아 시위의 정당성 자체를 부정하고 세를 약화시키려는 보수 언론의 전형적인 보도 방식이다.

폭력은 정당화하기 어려운 저항 수단

폭력성은 언론이 시위꾼을 문제 삼는 가장 주요한 특성이다. 시위꾼들은 항상 집회 현장에서 폭력을 직접 행사하거나 이를 유도하는, 폭력성을 내재한 존재로 그려진다. 폭력은 물론 상식적으로도 성숙한 시민사회의 가치와는 거리가 멀다. 우리는 폭력은 명백한 범죄이며 어떠한 경우에도 정당화될 수 없다고 꾸준히 교육받았다. 마하트마 간디(1869-1948)와 마틴 루터 킹(1929-1968)이 위대한 이유는 비폭력 저항으로 숭고한 승리를 이뤄냈기 때문이다. 폭력적인 시위꾼과 평범한 시민을 따로 떼어내 보는 것은 그런 점에서 지극히 자연스럽다.

시위꾼이란 표현의 부당함을 주장하기 위해 이 글을 쓰고 있지만 폭력 집회를 옹호할 생각은 전혀 없다. 개인 간의 사사로운 폭력과 집회에서의 폭력이 성격상 똑같지는 않다고 해도 "어떤 폭력은 착한 폭력이나"라고 주장하는 건 설득력이 없다. 게다가 집회에서의 폭력은 폭력 그 자체로도 문제이지만 집회의 본질을 변질시키고 그 추동력을 떨어뜨리기에 비난받아 마땅하다.

실제로 학자들은 비폭력 저항이 폭력적 저항에 비해 성공률이 높다는 사실을 연구로 입증했다. 에리카 체노베스와 마리아 스테판이라는 정치학자가 1900-2006년 사이에 발생한 시민혁명의 사례 323개를 분석한 결과, 200여 개의 폭력적 저항의 성공률은 26%에 그친 반면 비폭력 저항은 53%가 성공을 거뒀다고 한다.[*]

특히 폭력적 저항은 참여자가 5만 명을 넘지 못했고 성공 후에도 다시 독재 체제로 돌아간 경우가 많았다. 동서고금을 막론하고 국가 폭력에 대한 적극적 저항의 형태라 하더라도 폭력은 폭넓은 공감과 참여를 유발하기 어려우며 폭력의 악순환을 끊기도 쉽지 않다는 뜻이다.

---

[*] 이관후, 「비폭력 시민 저항의 이해」, 『시민사회와 NGO』15권 1호, 한양대학교 제3섹터연구소, 2017. 62-63쪽에서 재인용.

시위 현장 어디에나 시위꾼은 있다

문제는 시위꾼이란 표현이 폭력적인 시위꾼뿐 아니라 비폭력 시위꾼까지 모두 평범한 시민으로부터 격리시킨다는 점이다. 대한민국의 전복을 꿈꾸는 고정간첩이라서가 아니라 집회를 기획하고 진행하는 일이 직업이기에 현장에 반복 등장하는 사람들은 적지 않다.

예를 들면 전국민주노동조합총연맹(민주노총)과 한국노동조합총연맹(한국노총) 같은 노동단체 관계자, 참여연대나 경제정의실천시민연합, 환경운동연합을 비롯한 시민단체 활동가, 대한의사협회나 대한약사회 같은 이익단체 관계자 들이 그렇다. 소속 조합원의 이익을 위해 또는 자신들이 추구하는 방향으로 사회를 발전시키기 위해 목소리를 내는 게 이들의 직업이다.

이들이 주도한 집회들이 때로 폭력 논란을 겪는 것도 사실이다. 그러나 이런 노동단체, 시민단체, 이익단체를 모두 폭력 집단으로 매도하면서 불온의 딱지를 붙이고 경계선을 긋는 것은 결과적으로 시민들에게도 유익하지 않다.

집회는 여러 사람이 모여 하나의 목소리를 내는 시민 저항의 양식이다. 그런데 어떤 주장에 동의한다고 하더라도 아무런 구심점이 없다면 많은 사람들이 같은 시간 같은 장소에 모여 같은 목소리를 내기 어려울 것이다. 발언대 설치나 유인물 제작, 집회 프로그램 및 행진 코스 기획 같은 실무를 다 떠나서 최소한 집회 일자와 장소를 정해 경찰서에 집회 신고를 낼 사람이 있어야 합법적 집회의 조건을 갖추게 된다.

보수 언론이 시위꾼이라고 딱지를 붙인 사람들이 모두 없어진다면 집회의 의제를 설정하고 행사를 기획·진행할 주체도 덩달아 사라진다. 그런 주체가 없는 집회는 규모를 키우기도 쉽지 않고 동력을 오랫동안 유지하기도 어렵다.

2016년 촛불집회는 시민들의 자발적 참여가 돋보인 비폭력 평화집회였지만 당연히 그곳에도 시위꾼들이 존재했다. 촛불집회의 공식 주최자는 '박근혜 정권 퇴진 비상 국민행동'(퇴진행동)이란 단체였다. 여기에는 1,500여 개 시민단체가 참여했는데 기존에 보수 언론이 시위꾼이라고 이름 붙인 인사들이 수두룩하게 이름을 올린 것은 물론이다. 촛불집회에 참가한 대부분 시민들은 이들이 누군지 큰 관심이 없었을 수 있지만, 매번 성명을 발표하고 집회 참가자 수를 집계해 언론에 알리고 행진을 기획하고 무대를 설치해 문화 공연의 판을 열어준 게 바로 이들의 일이었다.

당시 보수 언론은 물론 진보 언론에서도 이 시위꾼 단체를 크게 조명하지 않았다. 이념 지향을 떠나 언론들이 공히 이들은 부차적인 존재이며 촛불의 진정한 주체는 '평범한 시민'이라고 보았기 때문이다. 그렇지만 2016년 촛불집회가 폭력적 저항의 양상을 띠었다면 아마 퇴진행동과 소속 인사들의 이름은 연일 신문 지면을 도배했을지 모른다.

외부세력, 시위꾼에게 향하는 또 다른 비난

폭력성과 더불어 언론이 시위꾼을 문제 삼는 또 다른 논리는 이들이 당사자도 아니면서 온갖 사건에 관여한다는 점이다. 시위꾼의 폭력성을 강조하는 말이 '폭도(暴徒)'나 '불순 세력'이라면, 이들의 연대 활동에 대한 불만은 '외부세력'이란 표현으로 압축된다.

[B] 사드반대 서울집회 외부세력 개입 조짐

경북 성주군민들이 21일 상경해 고고도미사일방어체계(THAAD·사드) 배치 반대 대규모 집회를 연 가운데, 집회 개최를 앞두고 옛 통합진보당 관련 인사 등 외부 세력들이 또다시 집회에 개입하려 한 정황을 경찰이 포착한 것으로 확인됐다.

경찰청과 서울지방경찰청에 따르면 '성주 사드 배치 저지 투쟁위원회'는 이날 2000여 명이 참가한 가운데 서울역 광장에서 사드 배치 반대 집회를 열었다. 투쟁위는 일찌감치 평화적으로 집회를 진행하겠다고 예고했다. 외부 세력 개입을 막기 위해 참석자들에게 '파란 리본'을 나눠줘 왼쪽 가슴에 달게 했다.

지난 15일 황교안 국무총리가 사드 배치 설명회에 참석하기 위해 성주군을 방문했을 당시 폭력 사태가 빚어졌고, 이 과정에서 옛 통진당 출신들이 개입한 정황을 경찰이 파악한 만큼, 외부 세력에 휘둘리는 일이 재발하지 않도록 사전에 차단하겠다는 취지였다.

하지만 최근 민중연합당 등에 소속된 옛 통진당계 인사들이 사드 반대 상경 투쟁을 함께하자며 투쟁위에 접촉한 움직임이 포착되면서 경찰이 바짝 긴장하고 있다.(이하 생략)   _〈문화일보〉 2016년 7월 21일자 9면

한반도 사드 배치 결정은 2016년 대한민국을 흔들었던 사건이다. 북한이 2016년 1월 6일, 4차 핵실험을 단행하고 곧이어 다음 달에 장거리 미사일까지 발사하자 박근혜정부는 주한미군의 사드 배치 검토를 공식화했다.

사드는 적군이 미사일을 쏠 때 이를 감지한 뒤 방어용 미사일을 쏘아 공중에서 적 미사일을 파괴하는 미사일방어(MD) 시스템이다. 한미 정부는 주한미군은 물론 대한민국 국민들을 북한의 핵미사일로부터 지키기 위해 사드를 설치하겠다고 했지만 국내외에서는 반대의 목소리가 그치지 않았다. 사드를 구성하는 레이더가 중국 지역을 탐지할 수 있어 외교적 문제(중국과 외교적 문제는 곧 경제통상 문제와도 관련된다)가 발생하며, 레이더의 전자파기 인체와 생태계에 해를 끼칠 수 있다는 이유에서였다. 특히 국내에서는 사드 포대 배치 지역으로 결정된 경북 성주군과 인근 김천시 주민들의 반대가 격렬했다.

위 기사는 사드 배치 지역이 결정된 이후 성주군민들이 반대 상경 집회를 개최한 소식을 다뤘다. 그러나 얼핏 봐도 이 기사의 목적은 성주군민들의 목소리를 충실히 전하려는 데 있지 않다. 핵심은 군민들이 주최하는 집회에 '통합진보당 관련 인사 등 외부 세력'들이 개입하려는 '정황'이 있어 성주군민은 물론 경찰 당국도 긴장을 하고 있다는 부분이다. 통합진보당 인사들을 불법의 결정체처럼 그린 부분은 별개로 치더라도, 기사 몇 줄만으로 보수 언론이 외부세력을 뉴스 소비자들에게 어떻게 묘사해 전달하려 하는지가 선명하게 드러난다.

여기서 사드 문제의 당사자는 성주군민으로 한정된다. 기사 어디에서도 성주군민이 사드 배치 반대 집회를 연 것에 대한 비판은 없다. 성주군민은 문제의 당사자이기에 그들이 반대 목소리를 내는 것은 당연하다는 생각이 바탕에 깔린 것이다.

통합진보당 출신 인사들은 이 선량한 군민들과 대비된다. 이들은 사드 배치와 관련도 없으면서 집회에 은근슬쩍 끼어들어 폭력과 혼란을 선동하려는 존재로 그려졌다. 성주군민은 평화 집회를 계획하는 당사자, 통합진보당 인사들은 폭력 불법 시위를 획책하는 외부세력으로 정확히 나눠진다.

게다가 외부세력 때문에 경찰이 대규모 병력을 현장을 투입했다는 소식까지 전하면서 앞에서도 보았던 '경찰 vs 시위꾼(외부세력)'의 대결 구도를 만들고, 집회 현장은 선량한 시민들에게는 위험한 공간이란 뉘앙스를 풍긴다.

정책 결정의 외부자란 누구인가

한걸음 물러나 생각해보자. 언론이 다루는 뉴스 중에 당사자와 외부세력을 칼 같이 나눌 수 있는 경우가 과연 얼마나 될까. 사드 문제에서 배치 지역 선정에 관한 한 성주군민과 김천시민이 가장 큰 피해를 본다는 점은 결코 부정할 수 없을 것이다.

하지만 사드 배치는 포대가 배치되는 성주군만의 문제가 아니라 국가적 차원의 문제다. 사드는 성주군 일대뿐 아니라 대한민국 영토의 3분의 2가량을 방어하는 MD이며 배치 결정 자체가 한미동맹 및 한중 관계와 긴밀하게 연결되어 있다. 사드는 성주군수가 결정해 성주군 한 귀퉁이에 설치해서 성주군민이 주로 사용하는 문화체육시설과는 질적으로 다르다.

대한민국 국민이라면 누구나 이런 무기체계 도입에 관해 외부세력 취급을 받을 이유가 없다. 성주군만의 문제였다면 애초에 이를 전국 단위

주요 언론들이 대대적으로 다룬다는 것 자체가 말이 되지 않는다. 외부 세력이란 표현 역시 집회의 정당성에 문제를 제기하고 집회의 동력을 떨어뜨리려는 언론의 얕은 전략의 일부일 뿐이란 뜻이다.

이런 전략은 제법 잘 먹히는 것 같다. 위 기사만 봐도 성주군민들은 보수 언론의 외부세력 담론을 그대로 수용하고 있다. 그게 전부라고 할 수는 없지만 집회에서 얼마나 많은 사람이 모였는가는 상당히 중요한 문제다. 어떤 주장에 동의하여 적극적으로 목소리를 내는 사람이 몇 명이냐는 여론을 파악하는 유용한 잣대가 될 수 있다. 이 때문에 언론은 항상 집회가 열릴 때마다 '경찰 추산 00명, 주최 측 추산 00명' 하는 식으로 참가자 수를 보도한다.

그런데 기사를 보면 성주군민 투쟁위원회는 집회에 참가하겠다는 사람들을 마다하고 그들과 선을 긋기 위해 파란 리본까지 따로 달았다. '사드 문제는 성주군민만이 당사자이며 나머지는 외부세력'이라는 보수 언론이 만든 프레임을 그대로 수용한 탓이다.

투쟁위는 외부세력을 받아들이면 집회의 성격이 변질돼 진정성을 의심 받고 나아가 국민들의 지지를 받기도 힘들어진다고 판단했을 것이다. 여론의 비판보다 지지를 원하는 투쟁위 입장에서는 합리적으로 결정한 것일 수도 있지만 그 결과 사드 반대 집회는 군민들만의 집회로 한정됐다. 어떤 쪽이 더 나은 결과를 가져왔을지는 알 수 없지만 당사자의 범위를 지역민으로 한정하면서 스스로 연대의 가능성을 잘라버린 것은 안타까운 부분이다.

희망버스가 보여준 연대의 힘

근래 언론에 오르내린 외부세력의 대표적인 예로 희망버스를 들 수 있다. '정리해고 비정규직 없는 세상을 위한 깔깔깔 희망버스'라는 긴 공식 명칭을 가진 이 운동은 2011년 부산 한진중공업의 일방적 정리해고에 맞서 크레인 위에서 고공농성을 벌였던 김진숙 민주노총 지도위원을 응원하기 위해 처음 조직됐다.

당시 보도에 따르면 그해 다섯 차례에 걸쳐 추진된 희망버스에는 총 3만 8,000여 명이 탔다. 이 버스에 탄 사람들은 당연히 한진중공업 해고 노동자들이 아니었다. 그들의 고통에 공감하고 부당한 구조 자체에 함께 저항하려던 사람들이었다. 노동운동가와 교수, 대학생, 문화예술인, 장애인, 성소수자…… 곧 보수 언론이 말하는 외부세력이었다.

만일 이 외부세력의 연대가 없었다면 어땠을까? 아마도 한진중공업 문제가 사람들 사이에서 그렇게까지 회자되지는 않았을 것이다. 그러나 희망버스가 이어지고 언론이 이 문제를 꾸준히 다루면서 결국 국회는 청문회까지 열었다. 사측이 노동자들을 일방적으로 해고한다고 이런 사건을 국회가 일일이 다룰 리는 절대 없다. 그저 해고 노동자들끼리 힘겨운 투쟁을 이어가다 끝내는 눈물을 삼키고 싸움을 포기하는 게 보통의 일이었다.

하지만 한진중공업 사태는 외부세력의 연대가 있었기에 특정 회사를 넘어 대한민국의 고용 제도와 노동 조건 전반을 고민하는 상징적 사건의 자리를 차지할 수 있었다.

'밥풀때기 논란'과 시위꾼

시위꾼이란 표현도 시원(始原)을 따지기가 쉽지 않다. 고대로부터 국가가 형성되고 지배층과 피지배층이 나뉜 뒤로 권력층에 불만을 적극 표출하고 때로는 폭력까지 동원하는 사람들은 늘 있어왔다. 그러면 지배층은 민란을 꾸민 주모자와 여기 휘둘린 무지한 백성을 분리하여 적절한 선에서 소요를 정리하고 체제를 유지하는 길을 택했다.

시위꾼이란 단어가 인돈에 폭발적으로 등장한 것은 2008년 광우병 촛불시위 때다. 하지만 그에 앞서 지금과 비슷한 뜻으로 이 표현을 쓰기 시작한 것은 1991년 이른바 '밥풀때기 논란'부터인 것으로 보인다.

1987년 이후 시위 현장에 반복적으로 등장해 폭력적 행동을 하는 노동자들을 이른바 '밥풀때기'라고 불렀는데, 당시 검찰과 언론은 이들의 성격을 규정하면서 상습 시위꾼, 불순 시위꾼 등의 표현을 사용했다. 현장에서 밥풀때기들은 거친 행동으로 내부에서도 논란이 됐고 경찰 위력 진압의 빌미를 제공하기도 했다.

> "당신들 밥풀때기들 때문에 민주화시위가 일반 시민들한테 얼마나 욕을 먹는 줄이나 아쇼? 당신들 도대체 누구, 아니 어느 기관의 조종을 받고 이런 망나니짓을 하는 거요?"
> 병원 현관 쪽에서 볼멘소리가 들렸다. (중략)
> "그래 우리는 밥풀때기다. 근데 당신이 뭐 보태준 거 있냐고 썅."
> "당신들이 뭔데 초대되지도 않은 곳에 끼어들어서 감 놔라 배 놔라 판 깨는 짓거리를 하냔 말이오."(중략)
> "아, 그러잖아도 병원 관계자들로부터 강력한 항의를 받아 조심조심하는 판

국에 왜 갑자기 병원을 향해 돌을 던지고 침을 뱉는 행위를 하느냐 말이죠 이건 분명 우리 학생들과 대책위의 위상을 떨어뜨리려는 저의가 있는 고의 적 행동임이 틀림없다 이겁니다. 이제는 우리 시민들이 나서서 저런 밥풀때 기에 대해 분명한 선을 긋고 마침 검찰에서도 수사 의지를 밝힌 만큼 적극 수사에 협조해서라도 정화를 하든지 해야지 여론도 계속 우리 쪽으로 끌어 들일 수 있는 거 아닙니까?"(중략)

_김소진, 「열린 사회와 그 적들」, 『열린 사회와 그 적들』, 문학동네, 2002. 71-72쪽.

노태우 대통령의 당선과 1990년 3당 합당에 대한 시민들의 반발이 계속 이어지던 가운데 1991년 5월 노태우 정권의 퇴진을 요구하는 집회 에서 한 대학생이 백골단의 강제 진압에 숨을 거두고 만다. 당시 성균관 대 불문학과 3학년이던 김귀정(1966-1991) 열사다. 김귀정 열사 폭력사 대책위원회는 시신 부검 문제를 둘러싸고 그녀의 시신이 안치돼 있던 백 병원에서 검경과 대치했다.

영장 집행 과정에서 검찰과 대책위 사이에 충돌이 있었는데 당국에 서는 폭력의 주체를 상습 시위꾼인 밥풀때기로 한정하고 대책위와 구분 하는 입장을 취했다. 또 언론은 이들을 '정체불명의 집단', '일정한 직업 이 없는 사회 불만계층', '폭력배' 등으로 몰아붙였다. 결국 대책위도 밥 풀때기들은 자신들과 무관한 집단이라는 공식 입장을 발표하기에 이르 렀다.

위에 인용한 소설가 김소진(1963-1997)의 작품은 당시 백병원에서 농성하는 대책위 내부의 밥풀때기 논란을 사실적으로 다뤘다. 공장 노 동자 출신의 거친 성향을 지닌 밥풀때기들의 돌출 행동으로 대책위 전체에 대한 여론이 악화되자 한 '넥타이 부대' 출신이 밥풀때기와 선을 긋고 수사에 협조해서라도 대책위를 정화하자는 주장을 펼치는 장면이다. 이 인물은 시민들이 나서서 대책위의 본질을 흐리는 폭력적인 밥풀때기들을 쳐내야 우호적 여론이 형성된다는 논리를 펼친다.

지금 표현대로 하면 밥풀때기들은 폭력 성향의 외부세력과 닮았다. 모르긴 몰라도 아마 앞서 거론한 성주군 사드 투쟁위 내부에서도 이와 비슷한 얘기가 오갔을 것이다. 그리고 그렇게 내린 결론이 외부 시위꾼과 '일반' 군민을 구별하기 위해 가슴에 파란 리본을 다는 구별짓기였을 것이다.

시위꾼은 건전한 집회시위의 기준 문제

시위꾼이란 표현은 시민사회의 저항 양식인 집회시위에 관해 '건전한 주체'를 어디까지로 볼 것이냐는 문제와 관련이 있다. 시위꾼이란 이름표가 붙은 사람들은 평범하고 건전한 시민이 아니며 뭔가 다른 목적에서 집회시위에 참가한 불순한 자들로 규정된다.

그건 그들이 실제로 폭력성을 지녔는지, 당사자인지 외부자인지와 무관하다. 그 이름이 붙는 순간은 그들은 반국가적, 반사회적 때로는 반민족, 반민주적 세력으로 위치하게 되며 평화로운 분위기에서 진정성 있는 집회를 추구하는 '평범한 시민'과 분리·고립된다. 학생사회의 운동권(소위 '꿘충')이란 말이 결국은 운동권과 운동권이 아닌 평범한 학생을 나누는 것과 마찬가지다.

더 큰 문제는 어떤 저항의 주체가 건전한지 아닌지를 누가 결정하느

나는 점이다. 그 결정권은 집회에 참가한 시민들에게 있는 게 아니다. 한 집회 현장에 있는 누군가에게 시위꾼이란 딱지를 붙이고 이를 통해 건전한 주체와 불건전한 주체를 나누며 나아가 '건전한 집회는 이런 것'이라고 규정하는 힘은 바로 권력층과 언론에 있다. 권력을 가진 자들이 잘못된 결정을 하고 언론이 이를 바로잡지 못해 시민들이 직접 저항에 나섰는데 다름 아닌 그 저항의 대상이 올바른 저항의 방식을 정해놓고 건전한 저항과 불건전한 저항을 가르고 있는 셈이다.

사회학자들은 사회운동이 다양한 개인과 집단, 조직들 사이의 상호 연결망에 기반을 둔다고 설명한다. 즉 공동체 구성원들 간의 상호작용, 연대가 없다면 사회의 변화를 꿈꾸고 실현하는 행동은 불가능하다는 뜻이다. 꼭 이런 이론이 아니더라도 평범한 시민 한두 사람의 힘만으로 우리 사회를 바꾸기 쉽지 않다는 것은 어쩌면 당연한 이야기다.

물론 권력을 쥔 정부와 시민사회를 반드시 대립 관계로 볼 필요는 없다. 그럼에도 언젠가 정부가 사회계약에 반하는 결정을 하고 무자비한 국가 폭력을 행사할 때는 시민들이 여기 맞설 수밖에 없다. 그 저항을 지역이나 계급, 세대, 성별 등을 기준 삼아 건전/불건전으로 나누면 결국 권력에 저항하는 시민들의 힘은 약해질 수밖에 없다. 사드, 밀양 송전탑, 제주 해군기지, 세월호 집회 등이 모두 그런 예에 속한다.

대한민국의 모든 권력은 국민으로부터 나오지만 힘을 한 데 모으지 못하면 국민들이 정부의 독주를 막을 방법은 없다.

시위꾼의 격리 전략은 정치적 주도권의 문제

시위꾼을 평범한 시민들로부터 격리하려는 의도는 단순히 집회 세력의 약화에만 있는 것이 아니다. 현실적으로 정치의 주도권을 누가 쥐느냐의 문제까지 얽혀 있다. 정치권에서 시위꾼을 바라보는 시선은 오히려 여기에 핵심이 있다고 할 수 있다.

언론이 시위꾼을 문제 삼는 방식 중 폭력성과 외부세력 여부에 못지않게 자주 제기되는 것이 명시성 문제다. 시위꾼은 순수한 목적에서 집회에 나온 일반 시민이 아니며 뭔가 정치적인 속셈이 있기에 온갖 집회 현장에 나타나 혼란을 주도한다는 시각이다.

이런 생각은 언론을 통해 알게 모르게 반복적으로 전파되고 있다. 1987년 6월 항쟁에는 '넥타이 부대'가 있었다. 최루탄이 터지는 시위 현장에 블루칼라나 운동권 학생이 아니라 전에 없던 흰 와이셔츠에 넥타이를 맨 화이트칼라들이 대거 출현했다는 것은 시민 저항의 결이 그 전과 달라졌다는 증거가 될 수 있다. 2008년 광우병 촛불시위 때는 '유모차 부대'와 중고등학생 참가자들이 집중 조명을 받았다. 2016년 촛불집회는 나들이처럼 나온 가족 단위 참가자 그리고 혼자 집회에 나온 '혼참러'들이 있었다. 이들은 시대는 다르지만 모두 집회의 정당성을 높여주고 현장에 새로운 활력을 불어넣으며 집회의 파급력을 높이는 요소로 다뤄졌다. 오죽하면 이 사람들까지 광장으로 뛰쳐나왔겠는가라는 논리다.

바로 이 지점에서 조금 삐딱한 시각이 필요하다. 앞서 거론한 이들이 순수한 마음에 집회에 나온 사람들이라고 한다면, 나머지 참가자들은 무엇일까. 화이트칼라도 유모차도 중고등학생도 가족 단위 참석자도 없는 그런 집회는 뭐라고 해야 할까.

아무렴 블루칼라와 운동권 학생, 무직자, 시민단체 활동가들만 모였다고 해서 이를 간단히 불순한 회합이라고 규정할 수는 없을 것이다. 하지만 순수한 참가자들에 주목하는 언론의 시각은 역설적이게도 집회를 주도하거나 자주 참가하는 사람들에겐 정치적 속셈이 따로 있다는 인식을 은연중 강화한다.

정치는 순수하지 못한 행위?

순수한 시민과 정치적인 시위꾼을 나누는 구도의 저변에는 정치는 순수와 거리가 멀다는 생각이 깔려 있다. 시민들이 광장에서 목소리를 내는 행위 자체가 정치적 행위인데도 이를 비정치적 행동처럼 여긴다. 그러면서 정치라는 것은 뭔가 저 너머에 있는 복잡하고 계산적이며 때로는 순수하지 않은 활동으로 그린다. 그렇다면 이 정치를 하는, 또 할 수 있는 사람들은 대체 누구일까. 이런 논리의 흐름이라면 그 답이 '순수한 시민'들은 아닐 것이다.

넥타이 부대나 유모차 부대는 시위가 끝나면 일상으로 돌아갈 사람들이다. 반면 소위 시위꾼들은 시위가 끝난 뒤 돌아갈 일상이라는 것이 다름 아니라 시민운동, 노동운동 같은 사회 변혁 활동이다. 정치권 입장에서 볼 때 시위꾼과 시민이 갈라지지 않으면 시위를 통해 모인 변혁의 동력은 일상적으로 정치 활동을 벌이는 활동가들에게 넘어갈 수 있다. 그리고 그건 정부든 여야든 제도권이 감당할 수 없는 변화를 몰고 올 수도 있다.

그러나 꾼들과 성공적으로 분리된 시민들이 분출한 변화의 열망은 아주 자연스럽게 의회(특히 제1야당)에 흡수된다. 1987년이 그랬고 2016년이 그랬다. 시민들의 열망을 실현할 책임과 권리가 저항 또는 개혁의 대상일 수도 있는 정치인들에게 주어지는 아이러니한 상황이 벌어지는 셈이다.

지난 촛불집회를 돌아보면 박근혜 대통령이 탄핵된 이후에도 국회에는 친(親)박근혜계 국회의원들이 적지 않았다. 친박 의원들은 당시에는 물론 숨을 죽이고 있었지만 얼마 지나지 않아 다시 얼굴을 내밀었고 각자의 목소리를 내기 시작했다. 그런데도 촛불시민들은 그들이 속한 의회에 변혁의 책임과 권리를 넘겨주고 일상으로 돌아갔다. 문재인정부가 출범한 이후에도 노동계에서 정부에 대한 비판이 끊이지 않은 것도 이와 무관하지 않다.

집회는 직접 민주주의를 실현하는 양식이다. 하지만 거기서 제기된 문제는 결국 대의 민주주의 제도 내에서 풀어야 한다. 이것이 현실이다. 허탈한 일이지만 대의제 민주주의 내에서는 한계가 분명할 수밖에 없는 부분이다.

시위꾼이란 표현의 부당함에 대해 지금껏 얘기했지만 그럼에도 한 가지 간과할 수 없는 부분이 있다. 바로 '관제 데모'다. 관제 데모는 정부나 정치권에서 뒷돈을 받고 사람들을 조직해 권력의 입맛에 맞는 구호를 외치는 집회를 말한다. 돈을 따라서 양심을 버리고 마음에도 없는 구호를 외치니, 여기 나가는 사람들은 그야말로 시위꾼이라고 할 만하다.

본질적으로 일당을 받고 여론을 조작하는 관제 데모와 좌든 우든 신넘을 바탕으로 활동하는 시민단체 활동가를 같은 선에 놓고 볼 수는 절대 없다. 그럼에도 표면적인 활동만 가지고는 이들 사이의 구분이 쉽지 않다. 게다가 시위꾼이란 딱지 하나면 진짜와 가짜를 손쉽게 한 데 얼버무릴 수 있기에 더더욱 진위를 가리기 어려워진다.

이럴 때는 투명성이 가짜를 골라내는 하나의 기준이 될 수 있을 것이다. 단체의 설립 목적이나 시기가 불분명하고 회계 상태 역시 불투명하며 실제 활동에도 의문점이 많은 단체는 신념과 상관없이 돈을 받고 움직이는 꾼들이 아닌지 한번쯤 의심해볼 만하다.

시위(示威)의 사전적 정의는 '많은 사람이 공공연하게 의사를 표시하여 집회나 행진을 하며 위력을 나타내는 일'(네이버 국어사전)이다. 많이 모여야 하고 비밀결사가 아니라 공공연해야 하며 분명한 의사를 표시해야 한다.

여기에 하나 덧붙인다면 '뭔가를 바꾸려 한다'는 것이다. 바꿀 게 없다면 굳이 위력을 나타낼 필요가 없으니 변화의 요구가 시위의 본질이라고 해도 무리는 아니다.

시위꾼이란 표현은 결국 이런 변화를 요구하는 시민적 저항에 대한 권력의 반격이자 억압이다. 변화를 거부하고 현상을 유지하려는 누군가가 고안해냈을 것이 분명한 이 단어는, 현실에 불만을 토해내며 변화를 주도하려는 자들에게 부정적인 이미지를 덧씌우는 역할을 지금도 여전히 잘해내고 있다.

언론이 시위에 관해 보도하는 것을 보거나 들을 때 드는 느낌은 사람마다 다르다. 그런데 뉴스에서 집회시위라는 단어만 나와도 덮어놓고 짜증이 난다면 어떨까. 이런 반응은 특정 집단의 주장이 마음에 들지 않는다는 것과 전혀 차원이 다른 문제다. 시민들이 한 데 모여 자기 목소리를 내는 행위 자체에 대한 거부 반응이기 때문이다.

민주주의 사회에서 집회시위를 포함해 다양한 방식으로 시민들이 직접 자신의 목소리를 내는 것은 지극히 자연스러운 행위나. 그들의 수장이 옳거나 틀리거나, 또는 내가 동의하거나 동의하지 않거나를 떠나 적법 절차로 이뤄진다면 그 행위 자체는 존중받아야 마땅하다. 대통령의 탄핵을 요구하는 집회처럼 탄핵된 대통령의 복권을 요구하는 집회 역시 그 행위 자체를 부정할 수는 없다.

철학자 미셸 푸코는 '통치는 권력 기구들이 다양한 방법으로 개인의 욕망과 신념에 영향을 미쳐 이들이 특정한 방식으로 행동하게 만드는 계산적 활동'이라고 정의했다. 누군가 나도 모르게 내가 집회를 혐오하고 두려워하도록 만들고 있는 것은 아닐까. 천천히 생각해볼 문제다.

스트롱맨: 그는 과연 우리에게 필요한 존재인가

스트롱맨　[명사] 강력한 정치적 기반을 갖추고 강경 외교안보 노선을 선택한 국가 지도자를 뜻하는 말. 특히 한반도 주변국인 미국의 도널드 트럼프 대통령, 중국의 시진핑 국가주석, 일본의 아베 신조 총리, 러시아의 블라디미르 푸틴 대통령 및 북한의 김정은 국무위원장을 지칭할 때 주로 쓴다.

여기 한 학생이 있다. 공부를 못하는 편도 아니고 운동도 어느 정도 잘하지만 최상위권은 아닌, 그래서 자타공인 우등생의 반열에 들고 싶어 밤낮으로 노력하는 친구다. 그런데 문제는 이 학생의 짝꿍이 상당히 불량하다는 점이다. 어떨 때는 사이가 좋다가도 또 한동안은 말도 안 되는 트집을 잡아 주변 학생들을 괴롭힌다. 도대체 무슨 생각을 하는지 모를 짝꿍 때문에 학교생활에 애로가 많다.

게다가 주변에는 전교 등수 한 자릿수를 다투면서 덩치도 좋고 힘까지 센 녀석들이 사사건건 참견을 하고 온갖 불만을 털어놓으며 예민하게 군다. 온통 까다로운 녀석들로 둘러싸인 이 친구는 학교생활을 대체 어떻게 해나가야 할까. 어찌 해야 이유 없는 괴롭힘을 당하거나 방해 받지 않고 자신의 목표를 차근차근 달성해 나갈 수 있을까.

이미 눈치 챘을 테지만 이 학생은 동북아시아 국제정치 지형에서 대한민국이 처한 냉혹한 현실을 비유적으로 보여준다. 2017년 문재인정부가 출범하고 2018년 북한 김정은 국무위원장이 남북 관계 개선 의지를 담은 신년사를 발표한 이후 한반도에는 평화무드가 조성되긴 했다. 하지만 핵무기를 가진 북한은 여전히 주변국의 머리를 싸매게 만드는 문제적 존재다. 평화무드 전까지만 해도 북한의 별명은 '불량국가'였다.

또 대한민국을 둘러싸고 있는 미국, 중국, 일본, 러시아는 하나 같이 국제정치 무대에서 힘을 가진 강대국들인데 이 나라들은 모두 자국의 이익에 따라 움직이며 때로는 대한민국을 압박한다. 게다가 여기에는 냉전시대 분류대로 제1세계(자유민주주의 진영)와 제2세계(사회주의 진영) 국가들이 섞여 대립과 협력의 줄타기를 하는 형국이라 쉽게 풀 수 없는 문제들도 자주 발생한다. 국제사회의 책임 있는 중견국이자 한반도 문제의 당사자이며, 또 선진국과 중진국의 경계에서 갈 길이 바쁜 우리에게는 참으로 머리 아픈 일이 아닐 수 없다.

국제정치 속 스트롱맨과 대한민국

이렇듯 국제정치 영역에서 대한민국이 처한 어려운 상황을 설명할 때 자주 등장하는 단어가 바로 '스트롱맨(Strong Man)'이다. 우리 언론은 한반도 주변국에 스트롱맨 성향의 지도자들이 대거 등장하면서 동북아 정세가 어려워질 것이라고 반복해서 경고하고 있다. 격동의 동북아 한가운데 있는 만큼 대한민국은 정부가 제대로 된 외교능력을 보여주지 못할 경우 주변국과의 관계가 꼬이는 것은 물론이요 한반도 문제와 경제통상 부분 역시 적잖은 손해를 보게 될 것이라고 우려한다. 이 정도 걱정과 경고는 어찌 보면 언론이 해야 할 당연한 역할로 보이기도 한다.

그러나 동북아 정세에 대한 이 같은 판단이 굳어지고 스트롱맨이란 표현이 널리 퍼져 일상적으로 쓰이는 것은 다른 측면에서 문제를 일으킬 소지가 있다. 언론이 대한민국이 놓인 국제정세에 대한 이런 우려를 강조하면서 여기에 대한 독자들의 인식 문제를 얼마나 고려했는지는 알 수 없다. 아마 같은 표현을 같은 맥락에서 쓰더라도 기자마다, 언론사마다 내밀한 속내는 조금씩 달랐을 것이다.

기사의 의도와는 무관하게 스트롱맨이란 단어를 반복해서 노출하다 보면 독자들은 은연중 건전하지 못한 정치적 신념을 강화할 수도 있다. 즉 언론이 독자들에게 잘못된 생각을 심어줄 수 있다는 얘기다. 이 글에서는 그 문제를 주로 지적하고자 한다.

스트롱맨은 어떤 지도자일까. 또 그들은 왜 유독 한반도 주변에만 잇달아 등장하는 것일까. 그리고 언론이 즐겨 쓰는 기사 속 '스트롱맨'을 어떻게 읽어야 할까. 우선 이 단어를 동원해 동북아의 정세를 설명한 기사부터 읽어보자.

한반도를 둘러싼 주변국의 스트롱맨들

[A] 한반도 둘러싼 '스트롱맨 장기집권 시대'

스트롱맨이라 불려온 한반도 주변 강대국 지도자들의 장기집권이 일제히 가시화됐다. '강한 외교'를 모토로 내건 아베 신조(安倍晋三) 일본 총리는 22일 중의원 총선에서 압승하며 2021년까지 집권이 가능해졌고, 24일 마무리되는 제19차 중국 공산당 전국대표대회(당대회)를 통해 집권 2기를 시작하는 시진핑(習近平) 중국 국가주석은 후계자가 정해지지 않아 3연임까지 내다보게 됐다. 내년 대선 도전을 공식화한 블라디미르 푸틴 러시아 대통령, 미국 우선주의로 똘똘 뭉친 도널드 트럼프 미국 대통령도 이들 장기집권 궤도에 오른 정상과 함께 둘째가라면 서러운 스트롱맨들이다. 자국 우선주의와 공세적 외교 방향을 앞세운 이들 4개국의 스트롱맨이 사실상 문재인 대통령과 임기 끝까지 함께하면서 북핵 문제 해결과 남북평화 구축이라는 난제를 풀어야 할 우리 정부의 외교력은 차가운 시험대에 오르게 됐다.(이하 생략)

_〈한국일보〉 2017년 10월 23일자 1면

이 기사는 문재인 대통령의 임기 초 대한민국 앞에 놓인 외교적 현실을 한 문단으로 잘 요약했다. 위 매체뿐 아니라 최근 몇 년 사이 대부분의 신문·방송은 비슷한 표현을 동원해 비슷한 뉴스를 내보냈다. 그 당시 우리 주변국의 상황은 이 글을 쓰고 있는 2019년까지도 크게 바뀌지 않았다. 내부적인 스캔들은 종종 있었지만 아베 신조 일본 총리는 예상했던 대로 2018년 9월 일본의 집권당인 자민당 총재 선거에서 압도적인 표차로 3연임에 성공했다.

시진핑 중국 국가주석도 2018년 3월에 열린 제13기 전국인민대표회의에서 국가주석의 임기 제한을 없애는 헌법 개정에 성공하면서 실제로 15년 집권(3연임)의 길을 열었다. 블라디미르 푸틴 러시아 대통령은 같은 해 또다시 대선에 승리해 2024년까지 대통령직을 유지하게 됐다. 그리고 알다시피 북한의 김정은 국무위원장의 임기는 따질 것도 없다.

기사를 짧게 인용했지만 여기에는 우리 언론이 생각하는 스트롱맨의 단적인 특성 두 가지가 모두 담겨 있다. 그중 하나가 지금 거론한 대로 높은 지지율을 바탕으로 장기 집권을 유지한다는 점이고, 나머지 하나는 자국 우선주의를 내걸고 주변국을 압박하는 외교적 전략을 추구한다는 점이다.

위 지도자들은 대체로 이 두 가지 특성을 모두 갖고 있지만 도널드 트럼프 미국 대통령은 사정이 조금 다르다. 그는 연임에 성공한다면 2025년 1월까지 미국을 통치하지만 이 글을 쓰는 시점까지도 트럼프 대통령의 재선은 누구도 단언하기가 어렵다. 트럼프 대통령은 장기 집권의 가능성보다는 누구보다 강력한 자국 우선주의, 이른바 '아메리카 퍼스트(America First)'를 내세웠기 때문에 스트롱맨으로 분류됐다고 볼 수 있다. 또 위 기사가 게재된 때는 임기 첫해였으니 대통령의 기세가 남다른 측면도 있었다.

통상 남한과 북한(정식 명칭은 조선민주주의인민공화국), 그리고 남북과 긴밀한 관계를 유지하고 있는 주변 4개국 곧 미국, 중국, 일본, 러시아를 묶어 '6자회담(Six-party Talks) 당사국'이라고 말한다. 2003년 8월부터 남북 및 주변 4개국이 모여 북핵 문제의 평화적 해결 방안을 논의했던 다자회담을 6자회담이라고 하는데, 이 당사국들은 북핵 같은 안보 차원의 문제뿐 아니라 경제나 인적·문화적 교류 분야에서도 긴밀한 관계를 맺고 있다. 그런데 그 6개국 중에 대한민국만 빼고 나머지 5개국이 전부 스트롱맨의 통치하에 있는 것이 최근의 현실이다.

이런 상황을 감안하면 언론들이 "주변국과의 관계에서 어려움이 예상된다"느니 "정부의 외교력이 시험대에 오르게 됐다"느니 호들갑을 떠는 것도 자연스러운 반응이라 할 수 있다.

스트롱맨의 원조는 러시아 푸틴 대통령

대체 스트롱맨이 무엇이기에 우리나라를 어렵게 한다는 것일까. '강한 남자'라는 축자적 의미가 아니라 국제정치 보도에서 통용되는 '카리스마를 지닌 강력한 지도자'라는 뜻에서 보면 스트롱맨의 원조는 러시아의 푸틴 대통령이다. 푸틴 대통령의 별명이 바로 스트롱맨이다. 푸틴의 장기 집권이 본격화되기 전인 2000년대 초반까지만 해도 이 단어는 '월드 스트롱맨 컵' 같은 남성미가 그득한 스포츠 대회의 개최 소식을 전하는 기사에서만 볼 수 있었다.

푸틴은 2000년에 처음 대통령으로 선출된 뒤 재선에 성공해 2008년까지 대통령직을 수행했다. 그리고 2008년부터는 대통령이 아니라 4년간 총리를 맡았다. 3선 연임을 금지한 헌법 때문이었다. 총리 재임 시절에 러시아의 대통령은 드미트리 메드베데프라는 사람이었는데 다름 아니라 푸틴이 대통령을 할 때 비서실장 및 부총리 역할을 했던 인물이다.

4년의 총리 임기를 마친 푸틴은 2012년에 다시 대선에 출마해 당선됐고(이때부터 러시아 대통령의 임기는 6년 중임으로 바뀌었다), 2018년에 또 중임에 성공했다. 현재까지 상황만 보더라도 푸틴은 최소 24년간 러시아의 통치자로 군림하고 있다. 참고로 그는 다시 대통령이 되자 총리 자리에 메드베데프를 앉혔다.

푸틴은 장기간 집권을 하고 있을 뿐 아니라 대외 정책에서도 강경한 모습을 보여왔다. 미국, 유럽 등 소위 서방세계와 갈등이 생길 것이 뻔한데도 우크라이나의 크림반도를 합병한 것이 대표적인 예다. 그리고 무엇보다 본인의 이미지 자체가 국민들에게 '강한 남자'로 비춰지도록 다양한 노력을 기울였다. 푸틴은 스스로 전투기와 소방헬기, 레이싱 카, 할리 데이비슨 오토바이를 몰거나 웃통을 벗고 승마와 사냥을 하는 등 기회가 될 때마다 '강한 남자'의 이미지를 미디어에 노출했다.

스트롱맨이 본격적으로 국제사회에서 지도자의 유형을 나누는 일반 명사로 쓰이기 시작한 것은 2016년, 정확히는 그해 미국 대선에서 공화당의 트럼프 후보가 약진하면서부터다. 영국 파이낸셜타임스(FT)는 트럼프 후보가 미국 대선의 다크호스로 등장하자 '강권을 휘두르는 권위주의 정치인의 부상'이 세계적인 추세라고 설명하면서 이 단어를 썼다. 그러면서 푸틴부터 시진핑, 터키의 레제프 타이이프 에르도안 대통령, 인도의 나렌드라 모디 총리, 트럼프까지를 모두 스트롱맨으로 함께 묶었다.

이 기사가 스트롱맨이란 단어를 꺼낸 것은 트럼프 후보에게 '독재 성향'이 있다고 비판하려는 의도였다고 볼 수 있다. 세계에서 가장 민주적인 나라인 미국에서 어떻게 독재 성향을 띤 대통령이 탄생할 수 있느냐는 미국 유권자를 향한 애달픈 호소였을 것이다. 그러나 스트롱맨 트럼프는 결국 민주당의 힐러리 클린턴 후보를 누르고 미국의 제45대 대통령에 당당히 등극했다.

이때부터 내외신 기사들은 푸틴, 시진핑, 트럼프에다가 안보 관련 법제를 통과시키고 장기집권 기반을 굳힌 아베 총리, 당시 각종 미사일을 빵빵 쏘아올리고 있던 세습독재 지도자 김정은까지를 모두 묶어 스트롱맨이란 말로 한반도 정세를 설명하기 시작했다.

영국의 저널리스트인 기드온 라흐만은 스트롱맨의 특징을 몇 가지로 요약했다.[*] 이 칼럼에 따르면 스트롱맨 지도자들은 민족주의를 자극하고 내부의 불만을 외부의 적을 설정해 무력화시킨다. 또 지도자 개인에 대한 추종 문화를 유도하며, 국제기구를 통한 외교적 만남보다 '맨투맨' 회담을 선호한다. 한마디로 관료 시스템이 아니라 지도자 개인의 카리스마와 인기를 바탕으로 국가를 운영하는 우익 성향 지도자라는 말인데, 북·미·중·일·러 정상들도 이 특성을 대체로 공유한다. 트럼프 내동령이 멕시코 국경에 상벽(미국 언론은 이를 '트럼프 장벽'이라고 부른다)을 세우겠다고 공약하면서 경제 문제에 대한 책임을 외부로 돌리거나 푸틴 대통령이 미디어에서 강한 남자 이미지를 반복해서 강조하고 중국에서 시진핑 주석 찬양가가 등장한 것 등이 좋은 예다.

민족적 감정에 기댄 스트롱맨 경고

그런데 이런 강력한 지도자들이 왜 하필이면 대한민국 주변에 그것도 비슷한 시기에 등장한 것일까. 5명 중 둘 셋 정도만 스트롱 했더라도 숨통이 좀 트였을 텐데. 사실 스트롱맨은 대한민국 주변국에서만 나타난 게 아니다. 위 특징을 공유하는 지도자는 전 세계 어디에나 있다. 최근 들어 새롭게 등장한 지도자 유형이라고 보기도 어렵다.

잠깐 언급했듯 인도의 모디 총리나 터키의 에르도완 대통령도 일찍부터 스트롱맨으로 분류됐다. 무섭게 국가 폭력을 휘두르고 있는 필리핀의 로드리고 두테르테 대통령도 빼놓을 수 없다. 우리에게 익숙한 이름

[*] 「Trump, Putin, Xi and the Cult of the Strongmand Leader」, 《Financial Times》, October 31, 2016.

들 말고도 아프리카와 남아메리카에는 둘째가라면 서러운 스트롱맨들이 수두룩하다. 대한민국 국민들에게 국제정치의 중심은 당연히 대한민국이기에 주변국의 스트롱맨들이 더욱 특별한 존재로 다가올 뿐이다.

여기에는 주변 열강에 시달려온 오랜 역사의 DNA도 작동하고 있다. 우리나라의 개항기 역사를 살펴보면 서글픔을 떨쳐내기가 어렵다. 세계적으로도 흔치 않은 500년이라는 긴 시간 동안 찬란한 문화를 꽃피운 조선이지만 황혼녘에는 중국, 러시아, 미국, 영국, 일본 등 '열강의 각축장'이 됐고 결국 일본의 식민지로 추락했다. 대한민국의 현대사를 관통하는 비극의 시작인 분단과 전쟁도, 우리는 약했고 주변 열강은 강했다는 사실에서 출발한다.

지금 언론이 스트롱맨이란 단어를 쓰는 것도 이런 역사적 배경과 무관하지 않다. 주변국들이 모두 강한데 정부가 정신 차리고 제대로 하지 않으면 구한말의 비참한 역사가 반복될 수 있다는 것이다. 당시의 비참함을 직접 겪은 국민이야 지금 당연히 생존해 있지 않지만 우리는 역사 수업 시간에 그 고통에 대해 끊임없이 배워왔다.

민족적 사명이 된 스트롱맨 극복

이 지점에서 스트롱맨이란 단어의 문제점이 하나 나타난다. 언론이 사용하는 스트롱맨이란 단어는 상당 부분 민족주의적 감정에 기반하고 있다는 점이다. 앞서 말한 대로 스트롱맨 지도자는 본래 민족주의에 호소하는 성향이 짙다. 스트롱맨과 함께 기사 속에 심심찮게 등장하는 단어는 '황제'(중국), '차르'(러시아), '술탄'(터키), '파라오'(이집트) 같은 역사 속 지도

자의 명칭들이다. 이 단어들이 쓰이던 시대를 떠올려보라. 각각 그 나라와 민족이 가장 강성했던, 그래서 주변국을 식민지로 거느리며 대제국을 건설했던 '황금기'였다. 이 나라 국민들에게 스트롱맨은 영광스런 과거에 대한 향수를 자극하고, 때로는 그때의 영광을 재현해줄 수도 있는 강력한 지도자라는 의미인 것이다.

그러나 조선은 제국이 아니었다. 대한제국(1897-1910)이 짧게 존재하기 했지만 이건 제국주의(Imperialism)을 본격적으로 추구하겠다는 뜻보다는 제국주의 열강 사이에서 자주독립 국가로 남겠다는 선언적 의미가 더 강했다. 그럼에도 조선은 결국 일제의 식민 지배를 당했다. 주변국 자국민들과 달리 우리에게는 한반도 주변에 등장한 스트롱맨 지도자들이 우리나라의 존립과 민족의 생존 자체를 흔들 수 있는 심대한 위협인 셈이다. 이 때문에 정부의 외교 활동에는 주변국 스트롱맨들의 발호를 극복하고 대한민국의 존립을 지켜내야 한다는 일종의 민족적 사명이 부여된다.

또 다른 문제점은 언론이 별 고민 없이 이 표현을 반복하고 적용 대상을 확대하면서 스트롱맨 지도자의 등장이 세계사적으로 주요한 흐름처럼 보이게 한다는 것이다. 세습국가인 북한을 제외하고 현재의 미국, 중국, 러시아, 일본의 정상들이 스트롱맨이 아니라고 반박하려는 게 아니다. 그들은 분명히 강한 지도자다. 그러나 스트롱맨을 다룬 기사 속에는 국가별 특수성에 대한 정보가 전혀 없다.

비슷한 특성을 공유한다고 해도 스트롱맨이 되는 과정은 분명히 나라마다 다르다. 중국은 공산당 1당 체제의 사회주의 국가로 국가주석을 전국인민대표대회에서 선출한다. 중국은 당을 장악하면 시진핑 주석처럼 개헌도 가능한 나라다. 일본은 의원내각제 국가로 집권당의 총재가 총리를 주로 맡는다. 임기가 정해져있지 않지만 집권당 총재 자리를 유지한다면 장기집권이 가능하다. 러시아는 대통령이 군사와 외교를, 총리가 내정을 총괄하는 식으로 권력을 분산시켜놓은 이원집정부제 국가다. 푸틴은 강력한 지지율을 바탕으로 대통령과 총리 자리를 오가며 최고 권력자 자리를 지킬 수 있었다.

반면 미국은 초장기 집권은 불가능하다. 재선에 성공할 경우에도 고작 임기 8년이 보장될 뿐이다. 그것도 길다면 긴 시간이지만 미국의 대통령은 국내적으로 대선 외에 중간선거로 유권자들의 평가를 받아야 한다. 트럼프 대통령은 어쩌면 국제관계에서 스트롱맨의 특성이 가장 잘 발현된 정상이라고 할 수 있지만 결국은 정해진 임기 말이 되면 힘이 빠질 수밖에 없다. 언론은 이런 차이에는 애써 눈을 감고 스트롱맨을 거부할 수 없는 당연한 흐름처럼 그려내고 있다. 이것이 진짜 문제다.

대한민국에도 스트롱맨이 필요한가

최고로 심각한 문제는 위의 두 가지가 그릇된 방향으로 결합하는 순간이다. 대한민국 주변으로 스트롱맨들이 잇달아 등장하는 현실 앞에서 강자들에게 침탈당했던 역사의 악몽이 사람들의 위기의식을 강화하고, 여기다가 '스트롱맨의 등장은 필연'이라는 왜곡된 정치의식까지 더해지면 결론은 한 방향으로 향한다. '우리에게도 스트롱맨 지도자가 필요하다'는 바로 그것이다. 실제로 2017년 대선 당시 자유한국당 홍준표 후보는 출마 의사를 밝히면서 "한국도 스트롱맨이 나와야 한다"고 주장했다. 당연히 그 스트롱맨은 홍준표 후보 자신을 지칭하는 것이었다.

[B] 홍준표 "한국도 '스트롱맨' 나와야"

자유한국당의 대선 후보로 꼽히는 홍준표 경남지사는 15일 "한국도 이제는 '스트롱맨'이 나와야 한다"고 주장했다. (중략) 홍 지사는 이날 한국프레스센터에서 한반도미래재단 주최로 열린 2017년 대선 주자 초청 특별대담에서 "이제 세계가 스트롱맨 시대인데, 한국만 좌파 정부가 탄생해선 안 된다"며 목소리를 높였다. 스트롱맨은 강력한 리더십을 가지고 통치하는 '지도자'를 가리킨다. 홍 지사는 "대한민국을 둘러싼 4강을 한번 보라. 미국의 트럼프, 일본 아베도 극우 국수주의자이고, 러시아 푸틴도 똑같다. 중국 시진핑도 마찬가지"라면서 "한국을 둘러싼 사람들이 전부 스트롱맨"이라고 말했다.

〈서울신문〉 2017년 3월 16일자 3면

홍 후보는 한국 사회에서 통용되는 스트롱맨이란 단어의 특성을 아주 잘 이해하고 있었던 것으로 보인다. "세계가 스트롱맨 시대인데 한국만 좌파 정부가 탄생해선 안 된다"는 말에는 우파 민족주의에 기반한 스트롱맨이 세계적 추세이며 다른 유력 후보는 '좌파'라는 전제가 깔려 있다. 홍 후보가 진정한 우파 민족주의자인지, 또 다른 유력 후보가 좌파인지는 논란의 여지가 있지만 대중이 쉽게 이해할 수 있는 수준에서 스트롱맨이란 단어를 활용해 좌우 대결의 프레임을 만든 것은 기가 막힌 솜씨다. 말처럼 주변국 지도자가 다들 '극우 국수주의자'인 마당에 우리만

정반대 성향의 인물을 세우는 건 부담스럽지 않겠냐는 생각을 유권자들은 할 수도 있다. 자연스러운 흐름이다.

앞서 대한민국은 제국을 경영한 기억이 없다고 말했다. 하지만 대한민국도 자랑스러운 역사가 분명히 있다. 그중 하나가 전후 폐허의 상태에서 시작해 전 세계에서 가장 빠른 속도로 산업화를 이뤄냈다는 기억이다. 그 시기 독재 정권이 자행한 인권 탄압이나 비인간적 노동 환경, 정경유착, 비민주적 사회문화 등을 따로 떼어 역사책과 우리의 기억에서 지운다면 그 시절에는 고도성장이란 영광의 흔적만 남을 것이다.

여기서 스트롱맨이란 표현과 대한민국 현대사 사이의 접점이 만들어진다. 강력한 지도자가 이끌었던 고속 성장 시대에 대한 향수는 제국의 기억을 가진 다른 나라와 비슷하게 스트롱맨이 우리 민족의 과거 영광을 재현해줄 것이란 착각에 빠지게 한다. 그리고 그 결과 "우리에게도 스트롱맨이 필요하다"는 생각을 더욱 공고하게 만든다.

스트롱맨과 독재자의 경계, 그리고 박정희

이런 의문을 가질 수도 있겠다. 주변에 온통 스트롱맨인데 그게 나쁜 거냐, 우리라고 안 될 이유가 대체 뭐냐. 사실 이런 의문을 갖는다는 것 자체가 스트롱맨이란 표현의 반복적 사용이 가진 위험성을 단적으로 보여주는 예다.

여기에 이렇게 되물을 수 있다. 우리나라에서 주변국 다른 지도자 같은 스트롱맨이 등장할 수 있느냐. 물론 답은 노(No)다. 강경주의 외교 노선을 택할 수는 있겠지만 대한민국 대통령은 트럼프, 시진핑, 아베, 푸틴,

김정은이 될 수 없다. 대한민국 대통령은 5년 단임이며 그 임기 중에도 총선, 지방선거, 재보궐선거 등으로 끊임없는 평가를 받아야 한다.

북한은 말할 것도 없고 중국, 러시아의 스트롱맨은 임기 중 개헌으로 임기를 연장했다. 대한민국 역사 속 독재자들도 너나 할 것 없이 권력 연장을 위해 헌법에 손을 댄 적이 있었다. 그래서 현행 헌법은 '대통령의 임기연장 또는 중임 변경을 위한 헌법 개정은 그 헌법 개정 제안 당시의 대통령에 대하여는 효력이 없다'(제128조 2항)고 분명히 규정하고 있다. 아무리 전 국민의 전폭적인 지지를 받는다고 하더라도 헌법을 준수하는 한 당분간 대한민국 대통령의 임기는 5년을 넘길 수 없다. 누군가 장기 집권을 꿈꾼다면 대한민국에서 그건 독재가 된다.

이렇듯 스트롱맨과 독재자(Dictator)의 경계는 상당히 모호하다. 경계가 모호하기에 이 단어를 쓸 때, 또 이를 받아들일 때 인식 차원에서도 혼동이 생길 수 있다. 결과적으로 스트롱맨이란 표현은 대한민국에서 존재해서는 안 되는 독재, 또는 그에 가까운 성향을 미화할 위험성이 크다고 할 수 있다.

독재자였던 박정희 대통령은 스트롱맨이란 단어와 만나면 결단력과 추진력이 강하고 국익을 최우선으로 생각했던 지도자로 포장된다. 그는 장기 집권을 하고 철권을 휘둘렀지만 지금의 스트롱맨 지도자들과 같은 반열에 둘 수는 없다. 그의 내치(內治)는 스트롱 했지만 외치(外治)는 전혀 그렇지 않았다. 동맹국이자 민주주의의 기수라 간주되었던 미국에게는 인정을 갈구했다. 한편 이웃한 일본에게는 경제적 지원을 요청했다. 그 결과 3억 달러의 무상 자금과 2억 달러의 차관으로 식민지 시기 관런 청구권을 모두 포기한 1965년 한일 청구권협정은 아직까지 일본군 위안부 및 강제 징용 문제 해결의 발목을 잡고 있다. 그는 장기 집권은 이뤄냈지만 자국 우선주의, 강경 외교노선과는 거리가 멀었다.

지도자의 힘인가, 국가의 힘인가

스트롱맨이란 표현이 가진 모호성은 다른 차원에서도 존재한다. 어떤 국가의 지도자를 스트롱 하다고 말할 때, 여기에는 지도자 개인의 스트렝스(힘)와 국가의 스트렝스와 혼재돼 있다. 즉 트럼프라서 센 것인지 미국 대통령이라서 센 것인지 분명하지 않다는 말이다.

트럼프가 스트롱맨이라면 전임자인 버락 오바마나 조지 W. 부시는 힘이 약했다고 말할 수 있을까. 시진핑 이전 국가주석인 장쩌민, 후진따오나 푸틴의 전임자인 보리스 옐친은 어떨까. 일본에서는 재임기간이 1년이 채 못 되는 총리들도 수두룩했지만 세계 3대 경제대국의 총리를 그 누구도 '위크맨(Weak Man)'이라고 간단히 폄하할 수는 없다.

이렇게 본다면 한반도 주변국 스트롱맨들의 등장이 천지개벽 이래 완전히 새로운 상황이라고 말하기는 어렵다. 한반도를 둘러싼 미국, 중국, 일본, 러시아는 세계적으로 막강한 나라들이다. 미국, 일본, 러시아는 두말할 것 없이 20세기 이후 최고 강대국들이며, 18세기까지 세계 최강의 제국이었던 중국은 19세기 이후 몰락했지만 21세기 들어 무서운 속도로 성장하고 있다.

세계적으로 손꼽히는 경제력, 군사력(군대가 없는 일본은 제외)을 지닌 나라의 지도자는 당연히 국제무대에서도 강력한 발언력을 가지기에 자국의 이익을 얘기하기도 더 쉽다. 한 나라 안에서는 힘이 센 자라도 잘못을 했으면 처벌을 받을 것이란 믿음이 어쨌든 있다. 하지만 국제사회는 공정한 경찰도 강제력을 집행할 법원도 없는 철저히 힘의 논리가 지배하는 세상일 뿐이다.

민주주의에 대한 환멸과 스트롱맨

스트롱맨은 이런 이중의 보호성을 무기로 우리의 인식을 왜곡시킬 수 있다. 단언컨대 건전한 대한민국 국민들이 기대하는 스트롱맨이 독재자는 아닐 것이다. 내부의 불만을 불식시키고자 북한이나 이주 노동자 같은 외부의 적을 설정해 이용하고, 지도자 개인을 숭배하는 문화를 유도하며, 과격 발언을 일삼는 지도자가 과연 대한민국에 필요한가. 그럴 리 없다.

우리에게 필요한 건 본인이 강한 권력을 가진 지도자가 아니라 나라를 강하게 만들 수 있는 지도자다. 이것은 국민으로서 지극히 상식적인 바람이며 굳이 개헌하지 않아도 지금 대한민국 체제에서 충분히 실현 가능한 꿈이다.

종종 '이럴 거면 차라리 독재가 낫겠다'는 푸념을 듣는다. 대개 술자리에서 작금의 정치나 경제 상황을 개탄할 때 등장하는 말이다. 하지만 이 말도 결국 속마음은 '나라가 잘 됐으면 좋겠다'일 터다. 절차적 정당성을 따지고 또 다양한 의견을 존중하는 민주주의의 특성 때문에 국정의 속도감이 떨어지는 상황에 대한 실망은 있을 수 있다. 그러나 그런 실망감이 민주주의에 대한 환멸이나 독재체제에 대한 옹호로 나아갈 이유는 전혀 없다. 그래서는 안 된다.

언론과 정치인을 포함해 누군가 '스트롱맨의 시대'를 강조한다면 그 의도가 무엇일지 한 번쯤 눈여겨봐야 한다. 그것이 현직 대통령에 대한 비판이거나 과거 독재자에 대한 나름의 향수일 수는 있다. 그러나 그런 비판과 향수가 거기서 그치지 않고 우리에게도 스트롱맨 지도자가 필요하다는 결론으로 이어질 때 우리가 지켜온 대한민국의 민주주의 정신에 금이 가기 시작할 것이다. 주변에 가득할지라도 우리에게는 스트롱맨이 있을 수도 없고 있어야 할 이유도 없다.

주변에 즐비한 스트롱맨들은 어떻게 해야 할까. 서두의 예로 돌아가 보면 몇 가지 방법을 생각해볼 수 있다.

우선 담임선생님에게 사정을 설명하고 자리를 바꿔달라고 할 수 있겠다. 하지만 국제무대에는 선생님도 없고 더구나 지정학적 위치가 맘에 들지 않는다고 영토를 바꾸는 방법 따위는 불가능하다. 영화 〈말죽거리 잔혹사〉(2004)처럼 남몰래 운동을 하고 실력을 키워 주변 폭군들의 머리를 쌍절곤으로 신나게 내리치며 박살을 내버리는 방법은 어떨까. 주변국 몰래 경제력과 군사력을 키워 하루아침에 강대국이 되는 방법이 있을 리 만무하다.

이도 저도 아니라면 현실적으로 주변 친구들과 적절한 관계를 맺고 그들 사이의 친소관계나 반 전체 분위기 등을 잘 활용해 큰 갈등을 일으키지 않으면서 내 할 일을 해나가는 방법이 있을 것이다. 그게 역대 정부가 내걸었던 동북아균형자론이니 미중 균형외교니 하는 것들이다.

아마 정부는 지금껏 그랬듯 앞으로도 비슷한 외교적 노선을 유지할 것이다. 대한민국은 미국과 중국은 물론 일본, 러시아 등 어느 하나의 이웃국과의 관계도 포기할 수가 없다. 스트롱한 국가들 사이에서 균형을 유지하는 우리의 외교 노선에 변화가 있다면 아마 대한민국의 국력이 지금보다 현저히 강해진 어느 미래의 일일 것이다.

국제사회에서 한 나라의 지위가 갑자기 등락하는 경우는 흔치 않다. 다만 우리에게는 극적인 변수가 하나 있다. 그때의 변화가 성공적이라면 대한민국의 국력은 빠른 속도로 강해지고 주변 강대국과의 외교에서도 우리가 주도권을 쥘지도 모른다. 바로 통일 말이다.

법치와 떼법: 정치의 영역을 빼앗아버린 공권력

법치, 떼법	[명사] 법치(法治)는 법의 지배, 떼법은 법을 무시하고 떼를 쓰거나 떼거리로 모여 문제를 해결하려는 행태를 뜻한다. 특히 떼법은 집회시위를 법치에 부합하지 않는 불법·위법적 행위처럼 폄훼하는 말로, 보통은 불법 행위를 엄단한다는 결론으로 이어진다. 공권력을 강화하고 시민들의 정당한 권리를 제한하며 권력에의 복종을 요구하는 표현이다.

1997년 국제통화기금(IMF) 외환위기 당시 국민들에게 큰 충격을 준 사건 중 하나는 대우그룹의 부도였다. 수많은 기업들이 쓰러지는 상황이긴 했지만 한때 매출 규모로 재계 2위 자리까지 올랐던 굴지의 대기업마저 부도를 맞았다는 사실은 국가적 위기의 강도가 어느 정도인지를 온 나라가 실감케 했다. 대우그룹은 1999년 계열사 매각 및 워크아웃 등으로 그룹 해체 수순에 접어들었다. 지금 얘기하려는 사건은 그 연장선상에서 일어난 일이다.

그룹이 해체 과정을 밟으면서 주요 계열사였던 대우자동차도 시장에 매물로 나왔다. 하지만 한때 대우 지분을 가지고 있었던 미국계 제너럴모터스(GM) 외에 다른 회사들은 이 상품에 별 관심을 보이지 않았다. 매각이 완료되기도 전인 2000년 11월, 대우자동차는 최종부도 처리됐고 매각 협상은 더욱 어려워졌다. 경영진은 결국 2001년 2월 16일 부평공장에서 일하던 정규직 노동자 1,750명을 일시에 정리해고 했다. IMF의 여파가 새천년이 열린 뒤까지 남아 대량 해고 사태를 불러온 것이다.

노동조합은 즉각 여기에 반발했고 파업에 돌입했다. 하루아침에 실업자 신세가 된 노동자와 그 가족들은 공장 농성 투쟁에 나섰고, 정부는 파업과 농성투쟁 등을 모두 불법으로 간주하겠다며 강경대응 방침을 내놨다. 노동자들이 모여들고 경찰이 이를 강제 해산시키는 과정이 반복됐고 그때마다 노동자들은 줄줄이 연행됐다. 사측은 안전요원이라는 이름의 구사대를 시켜 공장 입구를 봉쇄하고 노조 관계자들의 출입을 원천 차단했다. 노조 관계자들이 적법한 노조 업무를 위한 공장 출입을 방해하지 말라고 외쳤으나 소용이 없었다. 구사대 후열에는 경찰들이 멀뚱히 서 있었다.

노조 측은 인천지방법원에 사측의 노조 업무 및 공장 출입 방해 행위를 금지해달라고 가처분을 신청해 인용 결정을 받아냈다. 당시 민주노총 금속산업연맹 소속이었던 박훈* 변호사가 법원 결정문을 낭독했으나 구사대와 경찰, 그 누구도 문을 열어주려 하지 않았다.

그리고 2001년 4월 10일 그 사건이 벌어졌다. 대한변호사협회 진상조사단의 조사 결과에 따르면 이날 박훈 변호사와 노조원 200여 명은 법원의 가처분을 집행하기 위해 법원 집행관까지 대동하고 공장 정문으로 향했다. 그들을 기다리고 있던 것은 5개 중대 규모의 전투경찰들이었다. 승강이가 벌어졌고 국지적으로 몇 차례 몸싸움이 일어났다. 시위대

---

* 2011년 정지영 감독의 영화 〈부러진 화살〉로 세간에 널리 알려진 김명호 전 성균관대 교수의 '석궁테러사건'의 변호를 맡았던 인물이다. 2017년에는 가수 김광석 부녀 타살 의혹 사건의 변호를 맡아 유명세를 더했다. 하지만 사람들 사이에 그의 이름을 각인시켰던 첫 사건은 대우자동차 대량 해고 사건이었다.

와 경찰 병력 간의 대치가 이어지는 가운데 야당이었던 한나라당 국회의원들까지 면담을 하겠다며 현장에 나타났다.

얼마 뒤 국회의원들이 돌아가자 갑자기 분위기가 달라지기 시작했다. 현장 한 쪽에 구급차가 도착했고 전경들은 조금씩 포위망을 좁히기 시작했다. 사태를 직감한 박훈 변호사의 지휘에 따라 현장에 있던 노조원들은 무저항과 비폭력의 표시로 웃옷을 모두 벗고 바닥에 드러누웠다. 그럼에도 방패를 앞세운 전경들은 포위망을 풀지 않았다. 그리고 한순간, 제일 앞에 누워 있던 한 노동자의 몸이 진공청소기에 빨려들듯 전경들의 방패 행렬 안쪽으로 쑥 사라졌다.

그와 동시에 누워 있던 사람들은 깜짝 놀라 반대쪽으로 달려가려 했지만 경찰의 물결은 노동자들의 대오를 그대로 덮쳐버렸다. 본격적인 물리력 행사가 시작된 것이다. 현장에는 방패에 찍히고 진압봉에 맞은 노동자들의 피가 낭자했다. 노조원들은 맨 바닥에 맨 몸으로 누운 채 가격을 당했고 90여 명이 부상을 입었다. 국민의정부 집권 4년차에 발생한 대우차노조 과잉진압 사건의 전말이다.

변하지 않는 공권력의 본질

당시 경찰의 진압 장면은 시위 현장을 촬영 중이던 대우자동차 노동자 영상패의 카메라에 고스란히 담겼다. 이 영상*은 곧 방송과 인터넷 등으로 퍼졌고 정부는 강도 높은 여론의 비판에 직면하게 된다. 이에 경찰은

---

*   지금도 유튜브에서 볼 수 있다. 다만 폭력성이 심각해 성인 인증을 받아야 한다.
      https://www.youtube.com/watch?v=Y47VJlt1idM

"격분한 상태의 일부 경찰이 우발적으로 저지른 사건"이라고 해명했다. 또 그 책임을 물어 인천지방경찰청장, 부평경찰서장을 직위해제하고 과잉진압을 자행했던 1002중대를 해체시켰다. 당시 김대중 대통령은 '깊은 유감'을 표명했다.

대학 신입생 시절 학과 선배, 동기들과 과방에서 이 사건 영상을 보며 받았던 충격은 지금도 잊을 수가 없다. 폭력은 무엇인가라는 근본적 물음부터 저 노동자들은 왜 맞을 때까지 시위를 하고 있는가라는 사건의 본질에 대한 궁금증, 전경으로 군복무를 하면 저런 짓을 하는 건가라는 현실적인 질문까지 머릿속에 온갖 물음표가 새겨졌다. 무엇보다 평생 인권 운동을 해온 김대중 대통령이 이끄는 정부에서 이런 사건이 일어났다는 사실을 도저히 믿기 힘들었다. 현실에서 버젓이 벌어지고 있는 일이었지만 스무 살 대학생의 눈에는 모든 게 지극히 비현실적인 장면으로 보였다.

그때 얻은 짧은 느낌은 공권력의 본질이 1980년대에 비해 크게 달라지지 않았다는 점이었다. 불행히도 그 느낌은 이후 지금까지 점점 확신으로 변해가고 있다. 국민의정부에서 바통을 넘겨받은 참여정부 시절에도 세계무역기구(WTO) 협상 반대 집회에 참석했던 농민 전용철, 홍덕표 씨가 경찰의 방패와 진압봉에 맞아 사망했다. 하물며 이명박정부와 박근혜정부 때는 구구절절 말할 것도 없다. 보수 진영 일각에서는 지금도 "공권력을 부정하는 자들은 쏴 죽여도 할 말이 없다"는 식의 극단적 주장*을 반복하고 있다.

---

*   근래 사례로 새누리당 이완영 의원의 발언 등이 있다. 「이완영 의원 '미국선 공무집행 중 경찰이 시민 쏴도 무죄'」, 〈국민일보〉 2015년 11월 17일자 6면.

국가의 물리적 폭력은 여전히 거칠다. 하지만 과도한 공권력 행사를 정당한 공무집행으로 포장하는 방식은 과거에 비해 조금은 달라진 듯하다. 1948년 대한민국정부 수립 이후 모든 정권이 활용했던 국가보안 확립, 빨갱이 퇴치, 북한 개입 의혹 등은 더 이상 국민들의 폭넓은 지지를 얻기 힘들다. '종북' 논란의 형태로 색깔론은 여전히 명맥을 유지하고 있지만 공권력 행사를 위한 대의명분으로는 색깔론을 대체하는 다른 발명품의 점유율이 점점 높아지고 있다. 그중 대표적인 구실이 바로 법치와 떼법이다.

법치는 '법에 따라 나라를 다스린다'는 의미다. 그리고 떼법은 '법을 무시하고 떼를 쓰거나 떼거리로 모여 문제를 해결하려는 행태'를 뜻한다. 법치라는 단어는 당연히 언론이 새로 만든 것이 아니라 유구한 역사 속에서 나름의 철학적 근거를 바탕으로 성립된 깊이 있는 단어다. 그러나 정치권 일각과 언론들이 이 단어를 떼법의 반의어처럼 사용하면서 본래 가진 뜻은 심각하게 왜곡되고 있다. 대한민국 언론이 말하는 법치와 떼법은 무엇일까. 두 단어를 함께 묶은 것은 어떤 의도였으며 여기에 무슨 문제가 있는 것일까.

불분명한 법치의 의미

[A] 흔들리는 법치/ '떼법' 점거농성… 법원·검찰이 부추긴다

지난해 5월 29일 서울 서초구 대법원. 전국철도노조 KTX승무지부 소속 해고승무원들이 대법원 1층 로비에 뛰쳐 들어갔다. 피켓을 들고 앉아 연좌농성에 돌입했고, 대법정 문을 열고 들어가 김명수 대법원장과의 면담을 요구했다. 이들은 "양승태 전 대법원장과 대법관들이 박근혜정부와 재판을 거래해 10년 넘게 싸워온 해고 승무원들을 절망에 빠뜨렸다"고 했다. 대한민국 최고법원 안에서 시위가 벌어진 것은 처음이었다.

과격한 노동계 시위가 사법부와 검찰의 심장까지 드나들고 있다. 문재인 정부 출범이후 때와 장소를 가리지 않고 '법치에 불복'하는 농성과 시위는 눈에 띄게 늘었다. 법조계에서는 '떼법'에 대한 실효적인 처벌이 이뤄지지 않을 경우 더 큰 혼란이 올 수 있다는 지적이 나온다.

명백한 불법행위지만 공권력의 대응은 무기력하다. 수사기관 책임자가 나서서 설득하거나 점거당한 기관 실무자가 농성을 풀어달라고 사정하기도 한다. 최고 수사기관인 대검찰청을 점거했던 노조원 6명은 점거 당일 경찰에 체포됐지만, 그날 자정쯤 석방됐다. 간단한 조사만 받았을 뿐이다.(이하 생략)

_〈조선일보〉 2019년 2월 5일자 인터넷판

법을 무시하는 사회 각계 풍조를 비판적으로 다룬 시리즈 기획기사다. 떼법의 실태를 보여주는 다양한 예시를 들었는데 그중 첫머리에 올려놓은 것이 KTX 해고 승무원들의 대법원 로비 시위다.

KTX 승무원 정리해고 사태는 대한민국 사회에 '노동자 직접 고용'이라는 화두를 던진 사건이다. 코레일은 공사 정규직인 것처럼 홍보해 KTX 승무원을 채용했으나 2006년 3월 이들에게 자회사인 KTX관광레저에서 근무하라고 명령했다. 그러고는 이를 거부한 승무원 280명을 한꺼번에 정리해고했다.

해고 승무원들이 제기한 근로자지위확인소송에서 1심과 2심 법원은 원고의 손을 들어줬다. 코레일이 실제 사용자이면서도 승무원들을 자회사로 불법파견했다고 인정한 것이다. 그렇게 문제가 해결되는가 싶었으나 2015년 대법원은 기존 판결을 완전히 뒤집고 코레일의 승소를 선언했다. 거기다 해고 승무원들이 하급심 이후 밀린 급여 명목으로 지급받았던 돈과 이자까지 코레일에 돌려주라고 판결했다. 이 대법원 판결로 한 해고 승무원은 극단적 선택을 했다.

그러다 문재인정부 출범 이후 이 판결이 사법농단을 저지른 양승태 대법원과 박근혜정부 간의 재판 거래 대상 중 하나였다는 사실이 밝혀졌다. 또 공공기관의 직접 고용 원칙이 세워지면서 코레일은 해고 12년 만인 2018년에 이들을 특별채용 형식으로 복직시키겠다고 합의했다.

위 기사에서 언급한 대법원 로비 시위는 재판 거래 사실이 밝혀진 뒤 관련 재판이 아직 진행 중이던 일부 승무원들이 불공정한 법원을 규탄하며 벌인 행동이었다. 기사에 인용된 해고 승무원들의 발언에 재판 거래가 언급되긴 하지만 사건의 흐름을 모두 꿰뚫고 있지 않는 한 독자들이 이 말이 무슨 뜻인지 단번에 이해하기는 어려웠을 것이다.

대신에 기사는 대한민국 최고법원에서 처음 시위가 벌어졌다는 사실을 강조하고 있다. 떼법의 심각성을 부각시키기 위해 대법원을 법치의 상징으로 규정하고 대법원 로비 시위를 법치에 대한 불복처럼 그려냈다. 대법원 로비에서 시위를 벌인 것은 분명한 현행법 위반이다. 집회와 시위에 관한 법률 제11조 1항은 각급 법원과 헌법재판소로부터 100미터 이내 공간에서 시위를 해서는 안 된다고 명시하고 있다. 그럼에도 이를 현행법 위반이라고 하면 그만이지, 법치에 대한 불복이란 말까지 운운할 사안인지는 의문이다. 사실 법치를 훼손한 죄를 묻는다면 정치권력과 사법권력의 부당거래에 재판을 이용한 사법 농단 세력에 비할 자들이 없을 것이다.

이 기사는 법치를 법원 건물과 연결 지어 그 공간에서 떼법 세력에 무참히 짓밟히는 어떤 소중한 가치처럼 막연하게 그리고 있을 뿐이다. 그 실체가 무엇인지는 정확히 드러나지 않는다. 그리고는 떼법 농성을 해도 처벌이 미약하기 때문에 같은 행태가 반복된다는 주장*이 뒤따른다. 불법행위에 대한 공권력의 강력한 대응이라는 보수 언론의 흔한 요구만 남는 것이나.

법질서와 국가폭력의 경고

다음은 떼법이 저항하고 짓밟는다는 법치의 실체가 무엇인지 구체적으로 드러난 기사다.

[B] 朴대통령 "법질서 세워야" 경찰의 날 기념식서 주문

박근혜 대통령은 21일 "지속 가능한 국가 혁신을 이뤄내려면 무엇보다 우리 사회의 법질서가 바로 서야 한다"며 "작은 불법부터 '갑질 횡포', 사회의 근간을 흔드는 헌법 파괴행위까지 어떠한 불법도 용납하지 않겠다는 각오로 임해 달라"고 경찰에 주문했다.

박 대통령은 이날 서울 종로구 세종문화회관에서 열린 71회 경찰의 날 기념식에 참석해 "법 위에 군림하는 떼법 문화와 난폭운전, 불법 파업과 불법 시위, 온라인상 난무하는 악성 댓글과 괴담 등 법질서 경시 풍조를 어렵지 않게 찾

---

* 특히 이 신문은 공권력이 떼법 무리를 단호하게 처단하지 못하고 무기력하게 사정하고 구걸하는 모습을 묘사해 사람들의 공분을 불러일으키는 방식을 좋아하는 것 같다. '시위꾼' 편에 인용한 기사에도 비슷한 장면이 나온다.

박근혜정부 시절 경찰의 날 기념식에서 나온 대통령 발언을 그대로 옮긴 기사다. 박근혜 대통령은 경찰들에게 국가 혁신을 이뤄내려면 법질서를 바로 세워야 한다고 주문하면서 법질서에 대립되는 행위들의 예로 작은 불법, 갑질 횡포, 헌법 파괴 행위 등을 들었다. 법질서 확립을 강조하면서 헌법 파괴 행위를 용납해서는 안 된다고 스스로 말했던 대통령이 바로 다음 해에 헌정 파괴 행위로 탄핵됐으니 이 또한 역사의 유머라고 하겠다. 아무튼 헌법이든 그에 근거한 법령이든 크고 작은 불법은 분명 법질서를 훼손하는 행위이기에 이 부분은 그럭저럭 넘어갈 수 있다.

문제는 다음 문장이다. 이번에는 법질서 경시 풍조를 언급하면서 그 사례들을 줄줄이 들었는데 첫 번째로 등장하는 단어가 떼법 문화다. 법을 무시하고 떼거리로 떼를 쓰는 행위가 대표적으로 법질서를 훼손하는 행위라는 뜻이다. 여기서 떼법에 대립하는 개념으로서 법치의 실체가 무엇인지 드러난다. 곧 떼법이란 표현을 들먹이는 기사들은 법치와 법질서를 비슷한 의미로 사용하고 있다. 그러면서 법질서가 사회적 약자 보호, 사회 발전, 희망찬 미래의 전제 조건인 것처럼 에두른다. 이 역시 법치와 법질서의 가치를 교묘하게 짜깁기한 말일 뿐인데도!

박근혜 대통령의 발언은 또 하나 흥미롭고도 중요한 사실을 보여준다. 난폭 운전, 불법 파업, 불법 시위, 악성 댓글, 괴담 등 떼법 문화와 함께 언급한 행위들은 언뜻 봐서는 어떤 분류 체계에 따라 한데 묶은 것인지 이해하기가 힘들다. 집권 당시에도 박근혜 대통령의 발언은 문장이 제대로 완성되지 않아 바로 이해하기 어려운 경우가 많기로 유명했다. 또 축사 같은 공적 담화도 비선 실세인 최순실 씨가 막판까지 손댄 경우가 많았다고 하니 이것도 그런 경우일지는 모르겠다.

그런데 여기서 난폭 운전만 제외하면 나머지는 모두 한 가지 공통점을 가지고 있다. 떼법 문화, 불법 파업, 불법 시위, 악성 댓글, 괴담 등은 공히 정권에 부담을 줄 수 있는 행위들이란 점이다.

우리 현대사 속에서 권력자들이 이런 행위들을 어떻게 다뤘는지 잠시 살펴보자. 군사정권 시절은 물론이고 정부 수립 초기부터도 권력을 가진 자들은 이런 행위들을 중점적으로 억압했다. 노동 환경 개선을 요구하는 파업이나 정부에 비판적인 정치적 의견을 표출하는 시위들에는 여지없이 색깔론을 덧씌웠고 무자비한 공권력의 집행으로 진압했다. 정부에 불리한 소식이나 소문을 전파하는 행위도 안보를 명분으로 원천 봉쇄되거나 비상식적으로 강한 처벌이 가해졌다. 유신정권의 긴급조치 9호나 신군부의 보도지침 등이 모두 같은 맥락이다.

박근혜정부는 이처럼 정권에 부담을 주는 행동과 목소리를 탄압하는 명분으로 법질서 확립을 내건 것이다. 이는 직전 이명박정부의 노선을 그대로 이어받은 것이기도 하다. 내세우는 명분은 달라졌지만 탄압이라는 본질은 과거와 비교해 크게 달라지지 않았다. 그런 점에서 보면 표면적으로는 불법에 대한 엄단을 말하지만 불법 여부에 대한 판단과 공권력 집행의 방식 등이 지극히 자의적이며 또 정권에 유리한 방향으로만 이뤄질 것이란 사실을 어렵지 않게 짐작할 수 있다.

법질서 확립을 위해 불법에 단호하게 대응한다는 것은 너무 당연하고 뻔한 말이다. 이런 사족을 단다는 것은 정권의 마음에 들지 않는 행동을 하는 자들에게는 국가폭력을 적극적으로 가할 것이란 경고와 같다.

떼법은 기업인과 경찰의 합작품

언론계에서는 떼법이란 신조어를 만들어내고 이를 법치와 세트로 묶은 언론사는 이명박정부 시절 동아일보라는 얘기가 정설처럼 받아들여졌다. 이명박정부 들어 동아일보는 다른 보수 매체에 비해서도 이 단어를 유독 많이 사용했다. 하지만 그 매체가 이 말을 처음 만들어낸 것은 아니다. 동아일보는 과거에 이미 있던 말을 찾아내 다양한 기사에 활용하면서 새로운 활력을 불어넣었다고 하는 편이 맞을 것이다.

뉴스 빅데이터 검색 시스템인 빅카인즈(www.bigkinds.or.kr)에서 검색해보면 떼법이란 표현은 1997년 8월 서울신문 기사에 처음 등장한다. 전국경제인연합회(전경련), 대한상공회의소(대한상의), 한국무역협회, 중소기업중앙회, 한국경영자총협회(경총) 등 이른바 경제5단체의 대표들이 이회창 당시 신한국당 대표를 만난 자리에서 나눈 대화를 요약한 기사에서다. 이 자리에서 삼성 출신인 손병두 전경련 상근부회장은 "정부가 정리해고 등 구조조정 촉진을 도와주지 않는다"며 "법위에 떼법이 있다는 말이 맞다"고 말했다. 기업의 노동생산성이 떨어지는데도 노동자들이 떼를 쓰고 있어 해고할 방법이 없다는 의미였다.

다음으로는 1999년 1월 한국경제에 이 단어가 재등장한다. 경총 주최로 전국의 최고경영자(CEO)들이 모인 자리에서 김덕중 아주대 총장은 "우리나라는 법이 있지만 이른바 '정치법'과 '떼법'이라는 상위법이 존재한다"는 발언을 한다. 어떤 문제를 시장경제 원리로 푸는 것이 아니라 정치 논리와 단체행동으로 해결하려 한다는 뜻이었다. 역시 노동자들의 단체행동을 비하하려는 의도가 짙었다.

2000년부터는 경찰에서 이 단어를 사용한 흔적들이 발견되기 시작한다. 2000년 7월 한 총경은 신문 투고*에서 "우리나라엔 '헌법' 위에 '국민정서법'이 있고 그 위에 '떼법'이 있다"는 말을 썼다. 기업인들 사이에 널리 퍼져 있던 말을 경찰이 그대로 가져온 것이다. 노동자들의 파업과 시위를 탐탁지 않게 바라보는 기업인과 경찰의 유사한 시각이 어휘의 전파에도 영향을 미친 것으로 보인다. 그런데 이 글의 필자는 떼법이란 단어를 또 다른 맥락과 연결한다. 다름 아닌 '공권력의 약화'다.

이 글을 시작으로 떼법이란 단어를 법질서, 공권력 등과 한 데 묶은 목소리는 경찰을 중심으로 꾸준히 등장한다. 이명박정부 출범보다 한참 이전에 이미 기업인과 경찰을 중심으로 노동자들의 단체행동을 죄악시하는 시각에서 '떼법-법질서(법치)-공권력 강화'라는 논리의 흐름이 완성돼 있었던 것이다.

그러다 2008년 이명박 대통령의 신년사를 계기로 떼법이란 단어는 일반 국민들의 인식 속으로도 깊숙이 파고들었다. 2001-2007년에 떼법이란 단어를 포함한 기사는 연간 10-70건 정도였지만 2008년에는 최소

---

* 「'여론광장' 경찰예산은 질서유지 위한 투자」, 〈한국경제〉 2000년 7월 8일.

10배 수준인 659건을 기록했다.

2008년 1월 당선인 신분이었던 이명박 대통령은 신년사에서 "대한민국 선진화를 법과 질서를 지키는 것에서 시작하자"며 "떼법이니 정서법이니 하는 말도 우리 사전에서 지워버리자"고 일갈했다. 이미 오랫동안 퍼진 재계의 논리가 기업인 출신 대통령의 입에서 그대로 반복된 순간이었다. 기업인들과 경찰은 환영하고 노동계와 시민사회는 반발했을 거란 사실은 쉽게 유추 가능하다.

이명박정부는 선언에만 그친 것이 아니라 실제 정부 출범 직후에 검찰, 경찰, 노동부가 참여하는 합동 태스크포스(TF)를 운영하려 한 적도 있다. '법질서 확립'을 위해 유관 정부 부처가 힘을 합쳐 불법 파업 등에 대처하겠다는 계획이었다. TF 운영은 거센 여론의 반발로 백지화되긴 했지만 이로써 정권이 강조하는 법질서 확립의 진면목이 무엇인지가 명명백백하게 드러났다.

법치의 핵심은 법을 통한 국가권력 제한

기원에서 보듯 떼법은 재계와 경찰의 기획에 따라 확산된 단어다. 여기다 정치인들의 입을 통해 법질서는 법치라는 더욱 그럴듯한 이름으로 포장되면서 경찰을 앞세운 권력은 법치의 수호자, 집회시위에 참가하는 노동자 시민들은 법치를 부정하는 세력이라는 대립 구도가 완성됐다. 그 대립 구도에서 기업은 떼법의 피해자이자 경찰이 지켜줘야 하는 법치사회의 선량한 경제 주체로 자리매김했다. 기업인과 경찰 모두 애초의 목적을 훌륭하게 달성한 셈이다.

법치는 민주공화정을 성립시키고 유지하는 기본적인 근거다. 민주공화국인 대한민국에서 법치를 부정하는 세력은 곧 체제를 부정하는 불순 세력일 뿐이다. 그런데 집회시위에 참가하는 노동자 시민들의 다리를 옭아매는 이런 프레임은 사실 근거가 빈약하다. 법으로 보장돼 있는 시민과 노동자들의 집회결사의 자유, 단결권 및 단체행동권을 제약하고 좀더 자유로운 공권력 행사를 위한 여론전의 일환일 뿐이다. 때법 담론이 전용(轉用)하고 있는 법치의 본래 의미는 법질서와는 상당한 거리가 있다. 법치의 가장 근본적인 뜻만 따지면 법질서의 반대편 자리에는 때법보다 오히려 법치라는 단어가 더 잘 어울린다.

기본적으로 법치는 논쟁적인 개념이다. 세계적인 법학자인 브라이언 타마나하 미국 워싱턴대학 로스쿨 교수는 법치의 개념을 여섯 가지로 정리*했다. 그만큼 이 단어가 다양한 맥락에서 다양한 뜻으로 쓰일 수 있다는 뜻이다. 그럼에도 광활한 의미 확장의 출발점이 어디인지는 분명하다. 법치가 어떤 뜻으로 쓰이더라도 '법에 의한 통치'라는 근본적인 의미를 훼손할 수는 없다.

법에 의한 통치는 권력이 국가를 다스릴 때 법을 근거로 한다는 말이다. 이 말은 제아무리 강한 권력을 가지고 있어도 법을 어기면서 그 힘을 휘둘러서는 안 된다는 뜻과 같다. 곧 통치자의 권력을 법에 의해 제한한다는 점이 바로 법치의 핵심**이라고 할 수 있다. 법으로 통치자의 권력을 제한하기 때문에 시민 개인의 자유와 권리가 보장되고 사회 역시 안정적

*   브라이언 타마나하, 『법치주의란 무엇인가』, 이헌환 옮김, 박영사 2014.
**   법치주의 개념에 대해서는 민경국, 「법치주의란 무엇인가-법치주의의 개념적 혼란과 그

으로 유지될 수 있는 것이다.

대한민국 헌법 제37조 2항 등이 바로 이런 원리를 반영한 조항이다. 37조 2항은 '국민의 모든 자유와 권리는 국가안정보장·질서유지 또는 공공복리를 위하여 필요한 경우에 한하여 법률로써 제한할 수 있으며, 제한하는 경우에도 자유와 권리의 본질적인 내용을 침해할 수 없다'고 되어 있다. 국민들의 자유와 권리는 어떤 이유에서든 본질을 침해할 수 없는 범위에서, 그 또한 법률을 통해서만 제한할 수 있다. 심지어 국회에서 여야가 합의해 정당한 입법 절차를 거쳐 만든 법이라고 해도 자유와 권리의 본질적 내용을 침해한다면 위헌법률 심사를 통해 법률의 지위를 박탈당할 수도 있다.

형식적 법치의 폐해

현대 국가 중에 법치를 표방하지 않는 나라는 하나도 없다고 해도 과언이 아니다. 법은 안정적 통치를 위한 효과적인 수단이기 때문에 설사 전제군주국이라도 해도 신민(臣民)들이 따라야 할 법을 만들어 나라를 통치한다. 북한도 헌법과 그에 기초한 법률이 있으며 법을 통해 인민들을 다스린다. 독일의 나치도 법에 근거해 탄생했고 법에 기대 권력을 키웠으며 법을 통해 전쟁을 일으키고 학살을 저질렀다.

형식만 갖춘 법이 시민들의 자유와 권리의 본질적인 내용을 침해하고 통치자의 권력을 제대로 제한하지 못했던 시기는 우리 역사에서도 짧

해결책」, KDI-한국제도·경제학회 월례세미나 발표 논문, 2011. 참조.

지 않다. 사사오입과 3선 개헌, 유신 및 긴급조치 9호, 신군부의 계엄령 선포 등도 모두 형식적으로는 법치의 틀을 갖고 있었다. 하지만 이런 것들을 제대로 된 법치의 산물이라고 말할 사람은 없다. 법치의 정신은 사라지고 형식적 법치만 남은 나라는 역사가 증명하듯 독재국가로 추락할 가능성이 크다.

본디 법치의 정신대로라면 집회시위에 나선 노동자 시민들에게 떼법이리는 딱지를 붙이고 공권력으로 위협할 게 아니라 그 반대가 돼야 한다. 정해진 법규에 따라 시민들의 집회결사의 자유를 보장해야 함은 물론, 그 과정에서 위법이 발생해 공권력을 행사할 필요가 있다고 하더라도 그 역시 법규에 정해둔 제약을 충실히 지키는 가운데 이뤄져야 한다.

경찰법과 경찰관 직무집행법, 위해성 경찰장비의 사용기준 등에 관한 규정 등 어디를 봐도 불법집회 참가자를 살수차 직사로 죽음에 이르게 해도 무관하다는 문구는 없다. 방패, 전자방패, 진압봉, 전기충격기, 최루탄 등 여타 모든 진압 장비들도 마찬가지다. 어떤 법규를 어떻게 해석해도 시민들의 불법적·위법적 행동을 근거로 이런 장비들을 맘껏 사용하는 등 자유로운 공권력 행사를 구가할 방법은 없다.

떼법의 대립되는 개념으로 언론에 등장하는 법치는 사실은 준법이라는 말과 다르지 않다. 이를 마치 법과 원칙, 법질서 확립 등과 비슷한 뜻인 것처럼 사용하지만 실체는 그런 보수적 가치들과도 거리가 멀다. 그건 권력층이 법을 정하면 국민들은 그 법을 군말 없이 충실하게 따라야 하며 권력에 대한 시민의 저항은 용납할 수 없다는 전제군주적 통치관에서 한 발짝도 못나간 후진적 인식일 뿐이다.

정치의 부재, 법치의 왜곡

법치가 빈껍데기만 남은 형식적 법치가 아니라 민주적 합법성을 지닌 진짜배기가 되려면 여기에는 잠시 권력을 쥔 정치인들이 아니라 진짜 권력 주체들의 동의가 뒷받침돼야 한다. 바로 국민의 참여다. 권력의 원천인 국민들이 동의하지 않는 악법에 법이라는 근엄한 옷만 입혀서 무조건적 복종을 요구하는 것은 진정한 법치라 할 수 없다. 준법은 합리적이고 상식적인 판단, 자발적 동기에 의해 이뤄져야 한다. 국민들이 동의하지 않는 법을 만들고 준법을 강요하는 것은 기본권 침해의 소지가 상당히 크다.

그렇다면 국민들의 자발적인 동의는 어떻게 받아낼 수 있는 것일까. 우선은 법 자체가 최대한 많은 국민의 이익에 부합해야 한다. 법을 지킴으로써 얻는 가치가 더 크다면 사람들은 일정 부분 자신의 자유를 제한하는 한이 있어도 법의 안정성을 추구하려 들 것이다. 그러나 반대로 그 법이 대다수 국민들에게는 불편만을 감수하게 하고 일부 권력층에게만 이익을 집중시킨다면 국민들의 자발적인 준법을 기대하기는 어렵다. 그런 법은 정의롭지 못한 법이다.

우리 언론이 말하는 떼법이라는 것도 그 내용을 따져보면 기존 법규에 대한 저항의 형식인 경우가 많다. 기존 법규가 자신들에게 별다른 편익을 제공하지 않고 다른 계층의 편익을 위한 성실한 의무만을 강요하기 때문에 떼거리를 지어 여기에 대한 문제 제기를 하는 것이다. 만약 법이 이들의 목소리를 충실히 반영하는 것은 물론 국민들 간의 이익과 갈등을 합리적으로 조정할 수 있게 만들어진 것이라면 떼법이 등장할 이유도 없다.

그래서 떼법 문제를 풀 수 있는 것도 결국은 정치라고 말하는 것이다. 다양한 이해관계를 통합하고 그 결과물을 입법이나 정책의 형태로 내놓는 것이 정치의 핵심이다. 시민들의 목소리를 떼법이라고 규정하고 불법·위법이라고 몰아세우면 그들의 요구를 반영할 필요가 없으니 정치인들의 어깨도 한결 가벼워질 것이다. 그런데 법과 제도를 만들 때 시민들의 목소리를 듣지 않으면 내체 누구의 목소리를 들을까. 시민들의 입을 틀어막고 만든 법과 제도에는 늘 정치권력 가까이에 붙어 있는 자본권력과 지식 권력, 이익단체, 지역 유지, 언론 권력 등의 의견만이 한껏 반영됐을 가능성이 다분하다.

법은 도구다. 독재자의 권력 유지를 위한 도구가 아니라 시민들의 자유와 권리를 보장하기 위한 도구다. 국회의원들이 4년 임기 동안 쏟아내는 법안은 거의 1만 건에 달한다. 19대 국회(2012-2016)가 끝나고 자동 폐기된 법안만 해도 9809건에 달했다. 그 수많은 가능성 중에 가장 훌륭한 법안을 찾아내고 가장 많은 사람들의 편익을 증진시키는 도구를 만들어내는 것이 정치인들이 할 일이다.

그런데도 준법만을 강조하고 공권력으로 시민들의 목소리를 억압하는 통치 방식은 서로의 이익을 조정하는 정치가 있어야 할 자리에 이름뿐인 법치만을 올려둔 꼴과 같다. 그건 정치를 포기한 것과 다름없다.

남이 하는 이야기를 묵묵히 경청하는 것은 쉬운 일이 아니다. 결정하고 집행할 수 있는 권한을 가진 사람들에겐 그런 종류의 일이 더더욱 어렵게 느껴질 터다. 때로는 내 자식이 떼쓰는 소리도 듣기 싫은데 떼거리로 모여 온갖 요구를 해대는 모양새가 권력을 쥔 사람들의 눈에 곱게 보일 리 없다. 하지만 그렇게 떼를 쓸 수 있는 권리를 법으로 보장한 것이 민주주의다. 그게 아니면 현실적으로 시민들이 권력에 저항할 수 있는 방법이랄 것은 별로 남아 있는 게 없다.

정권은 시민들이 창출하지만 한 번 권력을 쥔 통치 세력은 시민들의 웬만한 저항에는 눈도 깜짝하지 않는다. 그들은 웬만한 저항을 눌러버릴 수 있는 다종다양하고 거대한 힘을 가지고 있기 때문이다. 법을 적용하고 집행하는 권한을 활용하면 저항의 목소리를 합법적으로 억압하는 방식은 수도 없이 많다. 가장 살벌하게는 국가보안법에서부터 집회 및 시위에 관한 법률이나 노동관계법, 또는 형법상 명예훼손, 정보통신망 이용촉진 및 정보보호 등에 관한 법률 등을 모두 무기로 쓸 준비가 돼 있다. 이도저도 안되면 도로교통법을 핑계로 집회를 해산시킬 수도 있다. 당연히 이런 법률들은 정권을 지키자고 만들어놓은 것이 아니다.

과거 군사정권 시대에도 사법부와 의회, 언론이 존재했고 선거를 비롯한 민주주의 제도와 장치도 대부분 만들어져 있었다. 그럼에도 독재 정권은 오랜 기간 동안 원하는 방식으로 권력을 유지하면서 강압적 정책을 펼쳐나갈 수 있었다. 법치를 강조하며 시민의 목소리를 떼법으로 몰아가는 행태는 정치는 없고 형식적 법치만 있던 그때 그 시절로의 퇴행에 다름 아니다.

시민들은 정당한 절차를 거쳐 제정된 법을 따를 의무가 있다. 동시에 시대에 맞지 않고 시민의 기본권을 심히 제한하는 법은 바꾸라고 요구할 권리도 있다. 실제로 역사 속에서 법은 그렇게 바뀌어왔다. 대한민국 근현대사의 흐름에서 모두가 형식적 법치에만 안주했더라면 4·19혁명도 6·10항쟁도 일어나지 않았을 것이다. 대통령을 내 손으로 뽑는 1987년의 개헌도 없었을 것이다. 국민 대다수가 헌법의 개정을 요구했기에 국가의 설계도인 헌법도 개정된 것이다. 그런 점에서 보면 '헌법 위에 떼법'이란 말도 영 틀린 소리는 아니다.

2장

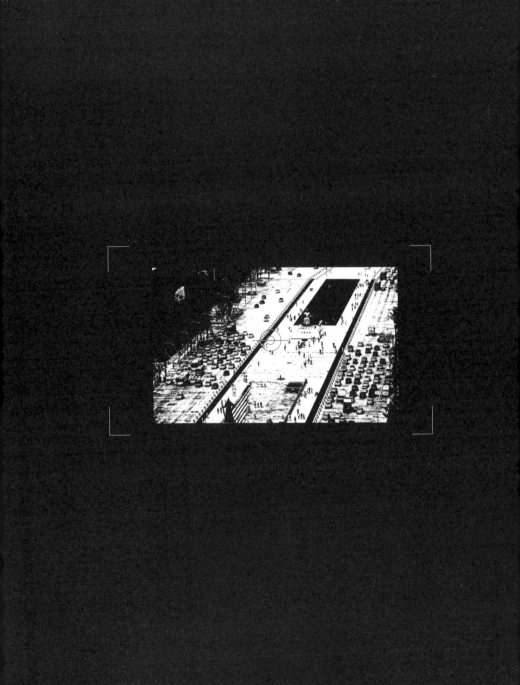

순혈주의: 관료 개혁 어젠다의 어두운 이면

순혈주의 　[명사] 특정 학교, 시험, 지역 출신들이 정부의 주요 보직을 독점하는 현상을 비판하는 표현. 주로 고시, 공채, 서울대, 육군사관학교 등과 결합해 청산의 대상으로 다뤄진다.

한국 MMORPG의 1세대 선두주자이자 사회적으로 적잖은 논란을 일으킨 게임 '리니지(Lineage)'의 배경은 가상의 나라인 '아덴 왕국'이다. 어린 나이에 부왕(父王)을 여의고 어머니가 새 남편을 받아들이면서 왕위를 빼앗기게 된 왕자 데포로쥬가 떠돌이 생활 끝에 혈맹들과 함께 왕위를 되찾는 전쟁을 벌인다는 게 게임의 기본 스토리다. 만화가 신일숙의 동명 만화를 원작으로 했다.

　대부분의 게임 유저들은 이 스토리에 큰 관심이 없겠지만 리니지 세계관의 바탕에는 '왕위는 당연히 순수 혈통이 이어야한다'는 생각이 깔려 있다. 리니지라는 게임 타이틀 자체가 바로 '혈통'이란 뜻이다. 리니지뿐 아니라 중세 왕국을 배경으로 한 콘텐츠의 대부분은 이런 생각을 공유하는 듯하다. 젊고 뛰어난 외모를 가진 왕자와 공주가 시련을 이겨내고 성장해 자신의 자리를 쟁취하는 서사구조는 게임뿐 아니라 영화, 애니메이션, 판타지 소설, 동화 등 장르를 가리지 않고 공식처럼 등장한다. 실제로 그 시대 사람들도 혁명을 꿈꾸는 일부를 제외하면 대부분이 그런 식으로 생각했을 개연성이 높다.

혈통은 부계 또는 모계의 계보를 따라 연결된 혈연 집단을 뜻한다. 리니지 같은 중세 판타지물은 보통 부계 혈통을 따르지만 시대와 지역에 따라서는 모계 혈통에 따라 지위와 재산이 상속되는 경우도 있다.

혈통은 태어나면서 정해지는 것으로, 과거 사회에서는 구성원들에게 어떤 관계보다도 강한 유대감을 불러일으켰다. 따지고 보면 혈통도 결혼이나 가족 같은 사회적 제도에 기반을 둔 집단이라고 할 수 있다. 혈통의 성격은 부계 사회냐 모계 사회냐에 따라, 또는 일부일처제냐 일부다처·일처다부제냐, 가족 구성 기준이 무엇이냐 등에 따라 바뀔 수도 있으니 말이다.

한때 대한민국 사회에도 무엇보다 혈연을 중시하던 때가 있었다. 성씨와 본관을 밝히면 ○○파 ○대손 하는 식으로 항렬을 따졌고, 일면식이 없어도 '먼 친척'으로 일체감을 느끼곤 했다.

그러나 급격한 도시화와 산업화를 거치면서 대한민국 사회도 혈연에 대한 강한 애착이 빠른 속도로 사라진 듯하다. 더 이상 같은 경주 김씨, 전주 이씨라는 이유만으로 유대감을 느끼지 않으며, 족보를 펼쳐놓고 혈통을 따지는 작업 역시 고루하게만 보인다. 학교에서도 더 이상 단일 민족에 대한 환상을 심으려 들지 않는다. 대한민국은 이미 다민족 다문화 사회로 빠르게 변해가고 있는 중이다.

다문화 사회 대한민국의 순혈주의

대한민국 사회의 실정이 이러한데도, 언론에는 여전히 '순혈주의'라는 단어가 흔하게 등장한다. 왕위 계승이나 혈연의 문제가 아니다. 바로 고위 공직자들의 출신 성분을 논하는 뉴스에서다.

순혈주의(純血主義)의 사전적 의미는 '순수한 혈통만을 선호하고 다른 종족의 피가 섞인 혈통은 배척하는 주의'(표준국어대사전)다. 언론에서는 이 혈통을 출신이란 의미로 확장해 '특정 출신이 정부의 주요 보직을 독점하고 다른 출신을 배척하는 현상'으로 비꼬아 순혈주의라고 지칭한다.

보통 순혈주의 뒤에는 '청산'이란 단어가 자연스럽게 붙는다. 특정 시험, 특정 학교, 특정 지역 출신들이 고위직을 모조리 차지하는 악습을 끊어야 한다는 말이다. 여기에는 법원행정처는 판사들이, 법무부는 검사들이, 외교부는 외시 출신 외교관이 그리고 군 장성은 육군사관학교 출신들이 장악하는 현실은 문제가 많다는 판단이 깔려 있다. 거기다 정부 부처와 군이 제 역할을 하기 위해서는 다양한 출신을 기용해야 한다는 생각이 결합하면서 순혈주의 청산은 '관료사회 개혁'의 유의어처럼 쓰이고 있다.

특정 집단이 정부 내에서 헤게모니를 쥐고 권력을 휘두르는 상황은 국민들에게 결코 유익할 리 없다. 이런 공직자들은 끼리끼리 뭉쳐서 눈에서 먼 국민보다는 눈앞에 있는 동류 집단의 이익을 먼저 생각하고 영향력을 유지하는 데에 관심이 쏠려 있을 가능성이 크다. 이런 점에서 정부 부처의 순혈주의는 비판받아 마땅하며, 다양한 출신을 고위직에 앉히

자는 주장은 지극히 건전해 보인다.

그래서 선거로 탄생한 정치권력도 때마다 이런 관료사회 개혁을 강조한다. 국민을 생각하지 않고 자기 자리만 챙기려는 '철밥통'들을 바꿔야 나라가 바로 선다는 주장은 정권의 성격을 가리지 않고 나온다.

그러나 정권이 순혈주의 청산을 내걸고 관료사회 개혁 작업을 실제 진행하는 과정을 보면 그렇게 건전하지만은 않은 듯하다. 혁신을 부르짖지만 때로는 그 작업이 과연 국민들에게 좋은 것인지 고개가 갸우뚱해지기도 한다.

정치인과 언론이 말하는 순혈주의는 과연 무엇일까. 왜 선출된 권력은 순혈주의 청산과 관료사회 개혁을 때마다 요구할까. 또 그 개혁이라는 과정에서 우리는 무엇을 눈여겨봐야 할까.

관료사회 개혁으로 이어지는 순혈주의 청산

[A] 사설 | '순혈주의' 외교부 강도 높게 개혁하라

외교부는 조직 내 순혈주의와 엘리트주의가 강한 집단이다. 출신 대학과 근무지 등으로 엮인 학벌·지역주의는 물론 과거 특혜 채용 비리에서 드러난 가족·온정주의는 다른 부서와 비교도 되지 않을 정도다. 2010년 유명환 장관 자녀 특혜채용 이후 조직·인사 개편을 약속했지만 피부에 와 닿는 변화는 아직 감지되지 않고 있다.

문재인 대통령은 야 3당이 반대하는 강경화 외교장관의 임명을 강행하면서 외무고시 중심의 폐쇄적 조직 문화를 지적했다. 문 대통령은 "외교부는 순도로 따지면 대한민국 최고의 엘리트들이지만 우리의 외교 역량과 국가적 위상을 제대로 받쳐 주지 못했다"고 비판했다. 고질적인 외교부 순혈주의 폐해가 조직을 망가뜨리고 국익마저 훼손하고 있다는 뼈아픈 질책이다. (중략) 궁극적으로 외교부의 개혁은 대외 경쟁력 강화를 목표로 외교 패러다임 혁신에 맞춰야 한다. 미국과 일본 근무 등 이른바 꽃보직 특혜 그룹이 독점한 핵심 조직에 전문지식과 균형감각을 갖춘 외부 전문가들을 수혈해야 한다. 강 장관은 유엔 무대에서 갈고닦은 실력을 바탕으로 고질적 순혈주의를 타파하는 기수가 돼야 한다. 이번에 외교부 조직의 개혁을 하지 못하면 영영 기회는 없다.

_〈서울신문〉 2017년 6월 20일자 35면

2017년 5월 출범한 문재인정부는 여러 모로 과거에는 없었던 파격을 선보이며 국민들의 높은 지지를 받았다.(물론 임기 중반으로 접어들면서 하락세를 피할 수는 없었다) 그중 하나가 여성이자 비(非)외무고시 출신 외교관인 강경화 UN사무총장 정책특별보좌관을 외교부 장관으로 지명한 일이었다. 외시 출신에 엘리트 코스를 밟은 알 만한 외교관들을 하마평에 올리고 있던 외교부 직원들은 충격에 휩싸였고 그 충격이 채 가시기도 전에 강 장관은 순혈주의 청산으로 대표되는 외교부 혁신 작업에 돌입했다.

위 글은 외교부 혁신 작업을 지지하는 한 언론사의 사설이다. 글은 외교부가 외시 중심의 폐쇄적 문화를 지닌, 그러면서 출신 대학과 근무 지역 등을 지독하게 따지며 순혈주의와 엘리트주의가 강한 부처라고 설명한다. 거기다 과거 외교부 장관의 자녀 특혜채용 문제까지 거론하면서는 외교부를 반드시 개혁돼야 할 부처로 그려내고 있다.

관료들이 끼리끼리 뭉칠 때 각종 부작용이 나타나는 것이 당연한데 특히 외교부는 업무 특성을 고려하면 자칫 그 폐해가 '국익 훼손'이란 형태로까지 드러날 수 있다. 사설대로라면 이 조직은 절대 그대로 둘 수가 없다.

사설이 대안으로 제시한 것은 '외부 전문가 수혈'이다. 미국과 일본 등에서 근무한 경력이 있는 특정 라인이 주도권을 쥔 외교부 조직에 외부인을 투입하자는 말이다. 그리고 그것이 바로 외교부 개혁이라는 게 글의 핵심 주장이다.

순혈주의의 대안은 외부전문가뿐일까

위 글은 외교부를 모든 정부 부처 중에 가장 나쁜 곳으로 묘사하고 있지만 비난의 이유인 파벌 형성이나 온정주의를 외교부만의 특색이라고 보기는 힘들다. 물론 이 부분은 그렇게 중요한 문제는 아니다. 파벌 형성이나 온정주의 같이 정부 부처(나아가 한국 사회)에 만연한 문제는 어차피 수치화하기 어려운데, 이 글은 외교부가 비판의 타깃이기 때문에 글쓰기의 기교 차원에서 그렇게 썼다고 보고 넘어갈 수도 있다.

그러나 글의 결론부에서 제시한 대안은 그러려니 하고 넘기기에는 무언가 찝찝하다. 대안 도출 과정이 설득력을 갖추고 충분히 설명돼야 하는데 그렇지 못하고 다소 감정적으로 보이기까지 한다.

글에서 외교부 순혈주의의 폐해를 말하며 구체적으로 거론한 예시는 유명환 장관의 자녀 특혜채용 사건뿐이다. 2006년 외교부에서 5급 사무관 특채를 선발했는데 유일한 합격자가 당시 1차관이던 유 장관의 딸이었다. 그런데 1차 모집에서 유효한 외국어 성적이 없어 탈락했던 유 장관의 딸은 2차 모집에서는 특정 심사위원들에게 만점에 가까운 점수를 받아 합격했다. 이 사실이 알려진 후 논란은 걷잡을 수 없이 커졌고 유 장관은 결국 자리에서 물러났다.

이 사건을 계기로 외교부 특별전형의 합격자는 40%가 외교관 자녀라는 사실까지 밝혀지면서 외교부의 '제 식구 챙기기'가 심각한 수준임이 백일하에 드러났다. 시작은 유 장관의 자녀 특혜채용이었지만 조사 과정에서 말도 안 되는 구조적 폐해가 드러났으니 외교부로서는 입이 열 개라도 할 말이 없을 것이다.

그런데 위 사설은 이 사건을 끌어와 외교부의 조직 문화를 비판한 뒤 대안이라면서 핵심 조직에 외부 전문가를 수혈하자고 주장하고 있다. 분량이 제한되는 신문 사설의 특성상 그 사이 어떤 논증 과정이 생략되었는지는 모르겠으나 건너뛰어도 너무 많이 건너뛴 느낌이다.

외교관들의 자녀 부정 채용을 이유로 핵심 조직에 외부 전문가를 수혈하자는 개혁안이 나오는 것은 설득력이 별로 없다. 오히려 국민들의 뇌리에 크게 남은 부정 사건을 다시 불러와 개혁의 정당성을 설파한 뒤, 대안은 그저 입맛에 맞는 것을 슬쩍 밀어 넣은 게 아닌지 의심이 드는 부분이다.

또 미국과 일본에서 근무하는 외교관들을 '꽃보직 특혜 그룹'이라고 정의한 점도 선뜻 동의하기 어렵다. 우리나라 외교 관계에서 미국과 일본은 핵심 중의 핵심 파트너다. 동맹국인 미국은 말할 것도 없다. 일본은 역사 및 영토 문제 등 관리해야 할 갈등 요소가 많을 뿐 아니라 중요한 인적·물적 교류 상대국이기도 하다. 그래서 외교부에서 미국을 담당하는 북미국과 일본을 담당하는 아시아태평양국 아태1과, 주미·주일 한국

대사관 등에는 뛰어난 인재들이 배치된다.

이 조직들은 핵심 부서인 동시에 격무 부서다. 순환인사 원칙 때문에 평생을 이 업무만 하는 것도 아닌데 여기서 일하는 외교관들의 입장에서는 꽃보직 특혜라는 표현이 불편할 만도 하다. 외교관들의 감정까지 신경 쓸 일은 아니지만 국민들의 입장에서도 한 정부 부처의 핵심 업무를 기회 균등 차원에서 이런저런 직원들에게 돌아가며 맡긴다면 그것도 안심한 상황은 아닌 것 같다.

여기서 미국과 일본 문제를 말한 것은 박근혜정부 시절에 있었던 주한미군 사드(THAAD) 배치 결정과 한일 일본군 위안부 협상이 국민들의 정서와 맞지 않은 부분을 꼬집은 것으로 봐야 할 것이다. 그 정서적 간극의 원인을 엘리트 외교관들의 순혈주의에서 찾으려 한 것인데, 격무부서를 꽃보직이라고 몰아세웠으니 적어도 외교관들 사이에서는 그 비판이 설득력 있게 수용되지 않았을 듯하다.

출신별 고른 인재 등용 = 정의?

[B] 경찰대생 군대 가고 등록금 낸다

'엘리트 청년경찰'의 산실(産室)로 불리던 경찰대학이 개교 27년 만에 확 바뀐다. 경찰대생들은 앞으로 기동대 소대장으로 복무하는 대신 각자 알아서 군 복무 등 병역 의무를 이행해야 하고, 1-3학년은 전액 국비로 지원되던 학비와 기숙사비를 개별적으로 해결해야 한다. 신입생 정원이 절반으로 줄어드는 대신 편입학 제도가 도입된다. (중략)

경찰대가 개혁 수술대에 오른 것은 '순혈주의'와 엘리트 의식을 바탕으로 한 조직 내 줄 세우기 문화와 고위직 독식의 온상으로 지목됐기 때문이다. 실제 전국 총경 583명 중 경찰대 출신은 320명(5월 기준)으로 절반을 웃돌았다. 경무관은 76명 중 51명(67.1%)이 경찰대 출신이었다.

이번 경찰대 개편은 문재인정부에서 추진하는 검·경 수사권 조정 이슈와도 맞닿아 있다. 경찰이 숙원이던 수사권 조정안을 얻는 대신 자치경찰제와 경찰대 개혁을 통해 '힘 빼기'에 나서는 측면이 있어서다. 일선 경찰들의 반응은 엇갈렸다. 한 경찰대 출신 경찰관은 "유능한 인재의 유입이 줄어들면 경찰대도 결국 하향평준화의 길로 접어들 것 같다"고 우려했다. 반면 한 순경 출신 경찰관은 "이번 개편을 통해 경찰 내부에 만연했던 엘리트주의나 요직 독식이 완화됐으면 좋겠다"고 기대감을 드러냈다.(이하 생략)

<중앙일보> 2018년 11월 14일자 14면

경찰 엘리트를 키우기 위해 설립된 경찰대학이 '개혁 수술대'에 올라 재학생들을 위한 각종 혜택이 축소된다는 사실을 전달한 기사다. 기존에 경찰대생들은 군 복무 대신 경찰기동대 소대장으로 근무했고 입학 후 3학년까지 학비와 기숙사비 전액을 국비로 지원받았지만 이런 혜택이 없어진다는 내용이다. 신입생 정원도 절반으로 줄인다고 한다. 혜택을 줄이고 정원을 줄였으니 경찰대에 대한 수험생들의 관심이 과거보다 떨어질 것은 분명해 보인다.

여기서도 경찰대 개혁의 이유로 든 것이 순혈주의다. 엘리트 의식이 강한 경찰대 출신들이 조직 내에 줄 세우기를 하고 고위직을 독식하고 있다는 비판인데, 그해 5월 기준으로 전국 총경(경찰서장급)의 절반 이상을 경찰대 출신이 차지했다는 통계를 그 근거로 제시했다. 총경보다 한 계급 위로 '경찰의 별'로 불리는 경무관(지방경찰청 차장급)은 3분의 2가

경찰대 출신이라고 하니 독식이라는 말이 허풍만은 아닌 것처럼 보인다.

경찰에 경찰대가 있다면 군에는 육사가 있다. 예상했겠지만 육사도 사정은 비슷하다. 2018년 11월에 준장(원스타) 진급 발표가 있었는데, 육군만 따졌을 때 대령에서 준장으로 진급한 50명 중 34명(68%)이 육사 출신이었다. 해군과 공군은 육군에 비해 진급자 수가 워낙 적어 출신 비율을 따지는 게 별 의미는 없겠지만 어쨌든 여기는 사관학교 출신 비율이 더 높다고 한다. '사관학교 순혈주의 타파'를 강조하는 입장에서는 피가 솟을 만하다.

경찰대와 육사는 매년 고위직 진급 때마다 같은 논란에 휩싸인다. 경찰에는 경찰대 외에 경찰간부후보생도 있고 순경 출신도 있다. 과거 사법고시가 있던 시절에서 사시 합격자들이 법조인이 아니라 경찰 간부의 길을 걷는 경우도 있었다. 경찰이라면 출신에 상관없이 누구나 총경, 경무관 그리고 치안총감(경찰청장)을 꿈꿀 수 있다.

장교와 부사관, 병사라는 계급이 명확히 나눠져 있는 군에서도 장교는 육사, 해사, 공사 외에 3사관학교, 학군사관(ROTC), 학사장교, 간부사관 등 출신이 다양하다. 그 외에 전투병과는 아니지만 군의관이나 간호사관, 군법무관, 군종장교, 교수사관 같은 전문 장교들도 존재한다. 이렇게 다양한 출신들이 있는데 소수에 불과한 경찰대와 육사 출신이 경찰과 군에서 유독 고위직에 많이 오르는 것은 이상하다는 것이 이른바 '순혈주의 청산'의 주요 논지다.

그러나 이 주장에는 허점이 많다. 간단하게는 이런 반론이 가능하다. 국가가 엘리트 경찰과 장교를 육성하기 위해 각각 경찰대생과 육사 생도들에게 4년간 국비를 쏟아 부어 훈련을 시켰는데 이들의 능력이 다른 출신들이 비해 더 뛰어나지 않을까. 실제로 진급 비율 문제를 거론하면 한쪽에서는 "사관학교 진급률이 떨어지면 사관학교가 있을 필요가 없다"는 얘기가 나온다. 국가가 돈과 시간을 들여 엘리트를 키우고 나서는 그들이 약진한다고 비난하는 게 앞뒤가 맞느냐는 소리다. 그럴 거면 애초에 군이 엘리트 교육을 할 필요 자체가 없을 것이다.

더 중요한 문제는 형평성을 적용할 수 없는 부분에 이를 억지로 적용하려 한다는 점이다. 경찰이나 군이나 책임 있는 고위직을 선발하는 기준은 출신 간 균형이 아니라 각 조직의 본질이 우선돼야 한다. 즉 뭔가 잘못됐다고 말하려면 치안유지나 국방력 차원에서 문제 제기를 해야 한다는 뜻이다. 경찰대 혹은 육사 출신이 경찰과 군 고위직을 독점하면서 치안이 악화되고 국방력이 약해졌다면 당연히 경찰대와 육사 순혈주의를 타파해야 한다. 하지만 그게 아니라면 출신 간 균형 문제는 재고할 필요가 있다. 출신 별로 경무관이나 장성 자리를 균형 있게 나눠 가지자고 대한민국 경찰과 군대가 존재하는 것은 아니다.

물론 순혈주의의 보이지 않는 벽 때문에 실력 있는 인재들이 고위직에 오르지 못하는 현상은 바로 잡아야 한다. 그런데 그 대책이 단순히 다른 출신들을 더 기용해 수치상 균형을 맞추자는 식으로 진행되는 것이 옳은지는 의문이다. 이런 해결 방식은 외교부의 순혈주의를 깨기 위해 외부전문가를 '수혈'해야 한다던 주장과 닮았다.

과연 그런 대책이 외교부나 경찰, 군 조직 밖에서 바라보는 일반 국민들에게는 무슨 편익을 가져다줄 수 있을까. 이쯤 되면 순혈주의라는 비판의 본질이 무엇인지 심각하게 고민하지 않을 수 없다.

순혈주의 청산의 기원은 기업과 금융권

국내 뉴스 중 사전적 의미를 벗어나 순혈주의라는 표현을 쓴 기사는 1998년에 처음 등장한다. 그해 5월 삼성은 "자본의 순혈주의를 지양하겠다"며 구조조정 계획을 발표했다. 삼성은 지분 구조에 집착하지 않고 외국 자본과 경영기법을 적극 수용한다는 뜻으로 이 표현을 썼다. 계열사에 삼성 돈을 투입해 경영 주도권을 쥐던 과거 방식을 '자본의 순혈주의'로 규정한 뒤, 외자를 유치하고 그에 따른 당연한 결과인 경영권 약화를 수용하는 것을 '순혈주의 지양'이라고 표현한 것이다.

이후 이 단어는 특히 금융권 관련 뉴스에서 '공채 순혈주의'를 깨고 '외부 출신 CEO'를 영입해 '전문성'을 높인다는 식으로 자주 쓰였다. 각 은행에서 공채 출신들이 돌아가며 행장에 오르는 조직문화에 대한 반성이었다. 여기에도 능력과 무관하게 공채 출신이 요직을 독점하는 것은 부당하다는 인식이 전제돼 있다.

기업과 금융권에서 쓰이던 이 단어는 이후 자연스럽게 재정경제부(현 기획재정부) 등 정부 부처에 확대 적용됐다. 재경부의 조직 문화를 비꼬아 쓰는 말이 '모피아'(재경부 영어 약자인 MOFE와 마피아를 결합한 말)다. 모피아는 근래 언론이 종종 쓰는 관피아(관료+마피아), 해피아(해양수산부+마피아), 금피아(금융감독원+마피아), 원전마피아 등의 원조 격이라고 할 만하다. 2004년에는 이 모피아들이 퇴직 후 금융시장의 요직까지 차지하는 문제가 큰 논란이 됐고 이에 '순혈주의 타파' 차원에서 재경부가 내부 혁신안을 내놓기도 했다.

이후에도 정부 부처의 순혈주의는 때마다 문제로 떠올랐고 그때마다 개방형 직위를 늘리거나 내실화하고 고위직의 출신을 다양화하는 방안 등이 대책으로 논의됐다. 그럼에도 부처를 가리지 않고 고위공직자 인사 때마다 비슷한 논란은 어김없이 다시 등장한다. 그리고 정권을 쥐려는 정치인들도 때마다 여기에 맞서 관료사회 개혁을 부르짖고 있다.

순혈주의 청산은 또 다른 혈통 가르기

순혈주의라는 표현은 우선 언론이나 권력의 입맛대로 자의적으로 쓰일 수도 있는 단어라는 점에서 우려를 낳는다. 외시 순혈주의나 육사 순혈주의 같은 비판은 다른 영역에도 그대로 적용할 수 있다. 모든 정부 부처의 행시 순혈주의, 대학 및 연구소의 박사 순혈주의, 언론사의 기자 순혈주의, 로펌의 변호사 순혈주의, 병원의 의사 순혈주의 등등……. 즉 누군가 맘만 먹으면 순혈주의라는 비판을 공직사회뿐 아니라 학계, 언론계, 법조계, 의료계, 문화예술계 등 거의 모든 영역에 가할 수 있다는 이야기다.

순혈주의가 문제라고 해서 누군가에게 이 딱지를 붙여버리고 합리적 논의의 장을 닫아버린다면 그것은 결코 건전한 개혁이라고 볼 수 없다. 또한 특정 집단이 능력과 무관하게 고위직을 독점하는 악습은 분명 바로잡아야 하지만 그것을 '순혈주의 청산'이라며 출신 문제와 계속 연결시키는 것도 자칫 왜곡된 인식을 확산시킬 우려가 있다.

구체적으로 순혈주의라는 표현 속에는 명백하게 엘리트 관료(장교 등을 포함해)에 대한 이중적인 시각이 작용하고 있다. 국가에서 어떠한 형태로든 인재를 선발하고 교육시키는 것은 관료들에게 일반 국민들과는 다른 능력과 마음가짐이 요구되기 때문이다. 현재의 관료 선발 절차와 양성 시스템이 제대로 돼있다고 전제한다면 그 시스템이 배출한 관료들은 일반 국민들에 비해 해당 분야의 업무 능력과 공직자 마인드가 '평균적으로' 더 높다고 볼 수 있을 것이다. 국가의 엘리트 관료 육성 시스템이 애초에 존재하는 이유가 여기에 있다. 당장 이들이 모두 없어진다면 국정 운영은 분명히 어려워질 것이다.

물론 관료에게 필요한 능력과 마음가짐이란 것이 반드시 특정 출신에게만 있을 리는 없다. 엘리트 교육을 받은 관료라고 해서 모두 능력이 뛰어나다고 볼 근거도 없다. 육성 시스템 외부에서도 훨씬 뛰어난 능력과 마음가짐을 가진 인재가 나타날 수 있다. 그런 인재는 적극 활용하는 게 국민의 편익 측면에서도 당연히 올바른 선택일 것이다.

그럼에도 외부 인재를 투입하기 위해 기존 시스템이 키운 인재들을 싸잡아 순혈주의라고 몰아세우는 행태가 정당화될 수는 없다. 순혈주의라는 표현에서는 특정 출신들이 특권층이 돼 제 역할을 못하기에 그 보이지 않는 카르텔을 해체해야 한다는 뉘앙스가 강하게 풍긴다.

순혈주의 비판을 이런 식으로 반복하면 결국은 한정된 자리를 둘러싸고 순수 혈통과 외부 혈통 간의 보이지 않은 싸움이 벌어질 수밖에 없다. 혈통주의를 깨뜨리자는 취지에서 순혈주의 청산을 강조했는데 오히려 출신 별로 편이 나뉘는 것이다. 그러면 근본적으로 집단 내에서 출신 위주의 사고방식을 강화하는 역설적 상황이 만들어지게 된다.

내부 순수혈통 vs 외부 낙하산

개혁 작업으로 순수혈통을 몰아낸 자리를 누가 대신하느냐도 간과할 수 없는 문제다. 앞서 말한 대로 그 자리가 순수혈통의 엘리트보다 더 능력 있고 마음가짐도 훌륭한 외부 전문가로 채워진다면 환영할 일이다. 그러나 현실은 이상처럼 아름답지만은 않다. 바로 이 지점에서 등장하는 것이 '낙하산 논란'이다.

2018년 문희상 국회의장은 국회사무처의 임기제 공무원들이 수석 전문위원 등 사무처 고위직에 오를 수 있게 하고 임기직의 수를 정원의 20%로 제한한 법조항도 삭제하는 등의 내용을 국회사무처 개혁안으로 추진했다.[*] 명분은 입법고시 출신들이 고위직을 독점하는 국회사무처의 순혈주의를 허물어 임기직과 연구직 직원들도 승진하며 오래 근무할 수 있는 환경을 만들겠다는 것이었다. 입법고시라는 특정 출신들이 장악한 조직을 개혁해 외부전문가인 임기직·연구직 직원들을 더 많이 발탁하겠다는 전형적인 순혈주의 청산의 논리다.

문제는 이 구도에서 외부전문가의 자리에 놓인 임기직·연구직 직원들이 누구냐는 점이다. 문 의장은 입법고시 출신들을 국회사무처의 고위직을 장악한 순수혈통으로 보고 개혁에 들어갔지만 사실 이들은 국회사무처의 최고 요직까지는 가지 못한다. 국회 사무처를 총괄하는 사무총장(장관급)은 항상 정치인들이 차지했기 때문이다. 국회도서관장(차관급) 자리도 의례적으로 금배지를 달지 못한 정치인들의 몫이고, 중립적이

---

[*] 「문희상 3법'으로 국회 40년 입법고시 순혈주의 허문다」, <한국일보> 2011년 11월 27일자 1면.

어야 할 국회예산정책처장(차관급)에도 정치색 짙은 외부인이 임명되기도 했다. 임기직 직원 등의 확대도 자칫하면 정치인들의 밥그릇 챙기기가 될 위험성이 적지 않은 것이다.

앞서 예로 든 외교부 순혈주의 문제로 돌아가 보자. 문재인정부는 외부전문가 등 특임공관장 비율을 높인다며 첫 재외공관장 인사에서 대사와 총영사 60명 중 16명을 외부에서 발탁했다. 그런데 외부 출신 16명 중에는 여당이던 더불어민주당 의원 출신, 참여정부와 국민의정부 출신, 대선 캠프 출신 인사들이 대거 포함됐다. 당연히 '코드인사' 논란이 일었다.

박근혜정부 때는 기업 출신 외부 전문가라며 삼성 임원 출신을 주(駐)미얀마 대사로 보냈다. 그 외부 전문가가 국정농단의 주범인 최순실 씨가 면접을 보고 미르재단 사업을 위해 발탁한 인물이라는 사실은 고작 몇 년 뒤 만천하에 드러났다.

삼성 같은 일반 기업에서 내부 공채 순혈주의 청산을 주장하며 외부 출신 최고경영자를 영입하는 것은 개혁적인 조치일 수 있다. 하지만 공기업은 사정이 조금 다르다. 공기업의 공채 순혈주의 타파는 정권의 낙하산 투하로 이어질 가능성이 상당히 높다. 실제로 2019년 기업 경영 성과 사이트인 'CEO스코어'가 국내 500대 기업 CEO들의 출신을 조사했는데, 외부 출신 CEO 중 10.5% 비율을 차지한 '관료 출신'들은 대부분 공기업에 포진해 있었다. 이런 통계가 아니더라도 정권이 바뀔 때마다 공기업 및 공공기관 CEO와 감사들이 대거 교체되는 것은 우리에게 익숙한 풍경이다.

어쩌면 언론이 말하는 순혈주의 청산과 낙하산 투하는 동전의 양면일지도 모른다. 내부에서 한 단계 한 단계 밟아가며 한 우물을 파서 고위직에 오른 내부 전문가는 순혈주의 특권층으로 분류될 수도 있고, 반대로 다양한 경험을 바탕으로 발탁된 외부 전문가는 때로는 낙하산 인사로 치부될 수 있다. 이 말은 언론이나 권력자의 입맛에 따라 같은 대상을 설명하는 방식이 완전히 달라질 수도 있다는 뜻이다.

관료에 대한 불신을 조장하는 순혈주의 담론

순혈주의 담론의 폐해는 집단 내 출신별 편 가르기를 강화하고 정치인들이 낙하산 자리를 몇 개 차지하는 것에 그치지 않는다. 그보다 더 심각하고 또 중요한 문제는 반복적인 순혈주의 선전은 공직사회에 대한 국민들의 신뢰를 약화시키고 때로는 적대감까지 갖게 만든다는 점이다.

그 결과는 일반 국민과 공직자들 사이를 완전히 갈라버리는 높은 심리적 장벽일 것이다. 정치인들이 관료 사회의 순혈주의 청산을 반복적으로 설파하는 그 심리의 근저에는 다른 무엇보다도 바로 이런 효과를 기대하는 마음이 있는 것인지도 모르겠다.

불행히도 대한민국은 원체 공직자들에 대한 국민들의 신뢰도가 그다지 높지 않은 편이다. 흔히 폄하의 뜻을 담아 공무원들을 지칭하는 철밥통이란 표현 속에는 평범한 국민들이 공직자들을 어떻게 인식하고 있는지 적나라하게 드러난다. 제대로 일은 안 하면서 정년까지 자리만 지키고 앉아서 국민들을 깔보는 세금도둑, 그 이상 그 이하도 아니다.

공직자들을 도둑처럼 여기는 인식이 팽배한 사회 분위기에서 관료사회를 개혁하자는 주장은 일정 수준의 국민적 지지를 확보하는 좋은 선전활동이 될 수 있다. 과거 같은 권위주의를 여전히 몸에 걸치고 모셔야 할 대상인 국민을 가벼이 여기는 공직자들을, 내 손으로 뽑은 국민의 대표가 척결해준다고 하니 두 손 들고 환영할 일이 아닌가. 실제 개혁 작업이 어떻게 이뤄질지는 소상히 알 수 없지만 말이다.

이런 식으로 선거에 '관료 때려잡기'를 활용하는 것은 대한민국 정치인만이 특허 전술은 아니다. 미국이나 일본 같은 선진국들도 선거 때마다 '정부재창조', '행정개혁' 등이 공약으로 등장하고 여기에 패러다임 전환, 구조 개혁, 인적 청산 등 실제 후속 작업이 따른다.

한 국가에서 정치인과 관료와 국민은 일종의 삼각관계에 있다. 국민의 지지를 모아 탄생한 정치권력은 관료를 선발하는 방식을 바꾸거나 직접 생사여탈권을 휘둘러 관료사회를 재편할 수 있다. 하지만 정치권력이 국민들과 약속한 공약을 집행하는 것도 결국은 공직자들을 통해서다. 관료사회는 행정 전문가 집단으로서 헌법과 법률이 정한대로 국정을 안정적으로 유지해야 할 의무가 있다. 정권은 유한하지만 국가는 영속해야 하기 때문이다.

이 구도에서 관료에 대한 국민들의 신뢰가 바닥을 기어가게 되면 정치권력은 손쉽게 관료사회를 장악할 수 있다. 권력의 눈에 든 관료들은 장차관 같은 고위공직자가 되고, 행정가 입장에서 바른 말만 하는 관료들은 아무리 내부에서 인정받았어도 '국정 철학이 맞지 않다'는 이유로 한순간에 한직으로 밀려난다. 정권에 우호적인 언론은 그걸 또 개혁이라고 포장한다.

정치권력이 입맛대로 공직사회를 뒤흔들 수 있는 사회에서는 결국 국민이 아니라 정치권력에 코드를 맞추고 아부하는 자들만이 고위공직에 오르게 될 것이다. 권력의 입맛에만 맞는다면 설사 개혁의 대상으로 낙인찍었던 순수혈통 출신이라고 해도 전혀 문제가 되지 않는다. 이 과정에서 국민들이 얻을 것은 단 하나도 없다.

리니지 아덴왕국의 왕자 데포로쥬가 왕이 되는 건 중세 판타지의 세계관에서는 당연할지 모르겠지만 현대 민주주의 국가에서는 특정 출신이라는 것만으로 고위직을 차지하는 것은 전혀 정의에 부합하지 않는다. 그런 점에서 순혈주의는 청산돼야 하고 관료사회뿐 아니라 모든 영역에서 기회의 균등을 전제로 능력에 따른 인사가 이뤄져야 한다.

그러나 권력이 필요에 따라 순혈주의 타파를 명분으로 공직사회에 새로운 줄 세우기를 자행하고 내부 출신 인재들을 낙하산 인사들로 대체하는 시도는 저지돼야 한다. 그것은 개혁의 탈을 쓴, 국민들과는 전혀 무관한 권력 유지 활동에 불과하다.

언론에 순혈주의라는 표현이 자주 등장한다면 우리는 그런 선전이 건전한 개혁으로 이어지는가를 잘 살펴야 한다. 더 나을 것도 없는 편 가르기는 아닌지, 낙하산 인사를 내리꽂으려는 사전 작업이 아닌지 감시해야 한다. 권력이 말하는 관료사회 개혁이 제대로 된다면 공직자들이 권력의 눈치를 보지 않고 양심과 소신, 능력에 따라 정책을 수립하고 집행하는 구조가 만들어져야 한다.

그리고 무엇보다 우리가 진짜 순혈주의를 깨야 하는 부분은 공부하고 시험 치르고 교육을 받은 뒤 평생 공직생활을 해서 고위직에 오른 공무원들이 아니다. 언론에서 쓰는 순혈주의라는 비판은 어떤 집안에서 태어났다는 이유로 별다른 노력을 하지 않고, 특별한 능력을 입증하지 않고도 평생 호의호식하는 사람들에게 가해져야 한다.

앞서 언급한 그 시에서 500대 기업 CEO의 23.0%는 오너 일가 출신이었다. 언론이 재벌기업의 순혈주의, 부정한 방법으로 재산과 권력을 대물림하는 금수저 순혈주의를 최선을 다해 비판하는 것이 우리 사회를 좀 더 공정한 방향으로 나아가도록 하는 시작점이 될 수 있을 것이다.

태극전사와 태극낭자: 하나이자 둘인 그들

태극전사와
태극낭자

[명사] 태극기를 의미하는 태극과 전사/낭자의 합성어. 가슴에 태극마크를 달고 국제 스포츠 경기에 출전하는 국가대표 선수를 의미한다. 태극전사는 남자 선수에게 태극낭자는 여자 선수에게 보통 쓴다.

IMF(국제통화기금) 외환위기를 겪은 세대라면 박세리라는 이름을 절대 잊지 못할 것이다. 1997년 대한민국 정부가 IMF에 긴급 구호자금을 요청하면서 우리의 경제주권은 IMF에 넘어갔고 국민들은 기나긴 고통의 터널을 터벅터벅 걸어가야 했다. 1인당 국민총생산이 1만 달러에서 6천여 달러로 반 토막이 났고 주식시장은 폭락했으며 알 만한 기업들까지 줄줄이 도산하면서 실업자가 넘쳐났다. 그런 가운데 1998년 프랑스 월드컵에 출전했던 차범근호(號)가 졸전 끝에 조별 리그에서 탈락하는 등 스포츠마저 국민들에게 패배감만 심어주던 때였다.

전쟁 폐허에서 가장 빠른 속도로 산업화를 일군 나라, OECD(경제협력개발기구) 정식 회원국으로 선진국의 문턱 바로 앞에 서 있던 나라, 대한민국이 일으킨 한강의 기적은 과연 실체가 있는 것인가 하는 회의감이 짙어질 때쯤 홀연히 등장한 사람이 바로 골프선수 박세리였다.

1996년 프로로 전향한 박세리는 1998년 LPGA(Ladies Professional Golf Association) 투어에 처음 참가했고 그해에 바로 LPGA챔피언십과 US여자오픈에서 우승을 거머쥐었다. 한국인 최초였다.

특히 박세리 선수가 US오픈 마지막 18번 홀에서 악조건에도 포기하지 않고 호수에 들어가 공을 쳐낸 '투혼의 맨발 샷'은 TV 화면을 지켜보는 국민들의 가슴을 뭉클하게 했다. 새까맣게 그을린 종아리와 새하얀 맨발의 대조는 그날 우승의 영예를 누리기까지 그녀가 어떤 고통을 감내해왔는지 말해주기에 충분했다.

박세리 선수의 우승은 구제금융으로 자존심이 바닥에 떨어진 한국인의 저력을 확인시켜주었다. 1990년대에 골프는 사치와 부정, 비리, 정경유착 등 온통 부정적 이미지로 덧칠된 운동이었지만 아무 상관이 없었다. 언론은 이 소식을 대서특필하면서 그녀의 우승을 국민적 축제로 격상시켰다. 심지어 당시 박지원 청와대 대변인은 "박세리 선수가 18번 홀에서 친 공이 물에 빠지지 않고 턱에 걸린 모습이 꼭 우리 처지 같았다"며 노골적으로 그녀의 우승 여정을 국가가 처한 상황에 투사하기도 했다.

그해 입시지옥의 문턱에 들어서 TV 리모컨이 어떻게 생겼는지도 가물가물했던 나의 뇌리에도 '상록수'를 배경음악으로 박세리 선수가 맨발 샷을 날리는 모습은 선명하게 새겨져 있다. 아마 언론이나 청와대뿐 아니라 교육 당국도 이 역사적인 순간을 미래 시민들의 기억 속에 심기 위해 상당히 노력했으리라. 그때 그 시절 박세리 선수는 국민적 영웅이었고 그녀의 골프대회 우승은 대한민국 현대사의 주요 사건이었다. 이것이 IMF를 겪은 한국인의 집단기억 속에 자리 잡은 박세리 선수의 서사다.

박세리와 골프, 그리고 대한민국

감성적인 이야기는 여기까지 하고 한걸음 물러나 이 사건을 살펴보자. 그 시절 대한민국 사람들이 박세리의 LPGA US오픈 우승에 흥분했던 이유는 뭘까. 당시 골프는 대중적인 스포츠가 전혀 아니었다. 오히려 일부 '있는 자'들이나 즐기는 사치성 운동이었다. 파(par), 보기(bogey), 버디(birdie) 같은 기본적인 골프 용어조차 모르는 사람이 수두룩했으니 평소 LPGA 대회 중계를 챙겨보는 골프 인구는 극히 미미한 수준이었을 것이다. 그 시절 밤잠을 설쳐가며 TV 앞에서 박세리 선수를 응원한 국민의 대부분은 그 전까지 그녀의 이름조차 들어본 적이 없는 사람들이었다.

그런데도 적지 않는 국민들이 생소한 대회를 지켜보며 그녀를 응원하고 그녀의 승리에 같이 환호한 이유는 어렵지 않게 추론할 수 있다. 박세리 선수가 한국인이었기 때문이다. 골프선수 박세리가 지닌 개인의 특성은 다양하겠지만 대다수 국민들은 그녀가 자신들과 같은 국적을 가졌고 같은 민족으로 분류할 수 있다는 점 때문에 그녀의 우승을 의미 있게 받아들였다. 그날 우승 선수가 박세리가 아니라 다른 한국인 선수였다면 지금 한국인의 집단 기억 속 박세리라는 이름은 다른 한국인 선수의 이름으로 간단히 대체되었을 것이다.

그러나 만약 그날 우승컵을 들어 올린 선수가 대한민국과 아무런 관련이 없는 외국인이었다면 어땠을까. 국적도 다르고 부모님이나 부모님의 부모님 중 어느 쪽에서도 한국인의 피를 받지 않아 혈통상 한국인들과 아무런 관련이 없었다면 아마 지금 한국인의 대부분은 그날 대회 자체를 기억하지도 못할 것이다.

1998년 박세리 선수의 첫 LPGA 우승은 그 자체로 한국 체육사에 길이 남을 업적이다. 물론 그 업적이 민족사의 맥락 속에서 더욱 특별한 의미를 만들어냈다는 점도 의심할 여지가 없다.

'총성 없는 전쟁'에 나서는 태극전사 그리고 태극낭자

스포츠 경기와 민족주의는 아주 손쉽게 연결된다. 당장 주위를 돌아보면 축구를 좋아한다는 사람 중에도 K리그 경기까지 일일이 챙겨보는 사람은 드물지만 월드컵 경기에는 남녀노소 가리지 않고 흔히들 큰 관심을 보인다.

대한민국이란 이름을 내걸고 다른 나라 선수들과 벌이는 국가 대항전은 국내 경기와는 전혀 다른 수준의 재미를 제공한다. 그 상대가 일본이라면 더 말할 것도 없다. 한일전에서 패배한다는 것은 선수들에게나 응원하는 국민들에게나 다른 국가 대항전 패배와는 질적으로 다른 의미를 갖는다. 자의든 타의든 간에 다른 경기는 몰라도 한일전은 꼭 이겨야 한다는 게 모든 국제대회에 참가하는 대한민국 선수들의 마음가짐일 것이다.

축구 경기를 '총성 없는 전쟁(war minus the shooting)'이라고 갈파했던 조지 오웰은 〈스포츠정신〉(1945)에서 "불순한 의도로라도 막대한 돈을 벌려면 이스라엘-아랍, 독일-체코, 인도-영국, 러시아-폴란드, 이탈리아-유고의 축구경기 시리즈를 여는 것보다 더 좋은 방법은 없을 것이다"라고 했다. 오웰이 동아시아의 사정에도 관심이 많았다면 여기에 당

*   권오상, 「과도한 스포츠 내셔널리즘 고찰: 류현진 보도를 중심으로」, 《언론중재》 2013년 가을호, 언론중재위원회, 2013. 81-82쪽에서 재인용.

연히 대한민국-일본도 포함시켰을 것이다. 세계 어디에서나 민족은 미디어로 중계되는 스포츠 경기를 가장 재미있게 만들어주는 요소임이 분명하다.

'태극전사'는 우리나라 스포츠 민족주의의 성격을 함축적으로 보여주는 표현이다. 태극기를 의미하는 태극과 전사의 합성어로 가슴에 태극마크를 단 국가대표 선수를 언론에서 지칭할 때 흔히 쓰는 말이다. 사실 일상 대화에서 쓰기에는 낯 뜨겁고 어색한 단어인데 올림픽이나 월드컵 시즌에는 신문과 방송, 인터넷 뉴스를 가리지 않고 꾸준히 등장한다. 늘 신조어를 고민하는 기자들의 입장에서 태극전사는 상당히 낡고 진부한 표현인데도 여전히 건재한 것을 보면 아직 이를 대체할 만한 신선한 표현이 개발되지 않은 것 같다.

태극전사라는 표현엔 고통스러운 국가대표 선발 과정을 거쳐 국제대회에 출전한 선수들의 자부심과 자긍심을 북돋우고 또한 투지를 불태우게 하는 긍정적인 면이 있을 것이다. 하지만 때로 언론은 상당히 우려스러운 방식으로 이 단어를 사용한다. 구성원들의 소속감을 높여 경기를 보는 재미를 더하는 수준이 아니라 때로는 지극히 폭력적이고 국수적인 방식으로까지 나아가는 것이다. 무엇보다 그런 기사에서는 마치 그 같은 서술 방식이 지극히 자연스러운 것처럼 무감각하게 반복되고 있어 우려를 더한다.

더불어 이야기할 표현이 태극전사의 여성형처럼 쓰이는 '태극낭자'다. 언론 보도를 보면 별다른 고민 없이 남성 선수는 태극전사로, 여성 선수는 태극낭자로 칭하는 양상이 발견된다. 전사를 남성으로 보고 여성은 그 대체어로 낭자를 택한 것인데, 그냥 받아들이기에는 전사와 낭자 사이에는 도저히 건널 수 없는 뉘앙스의 차이가 존재한다. 단적으로 말하자면 같은 태극마크를 단 국가대표인데도 누군가는 전사로 호명되고 누군가는 낭자로 불리는 상황인 것이다. 낭자는 그저 예스럽고 낭만적인 표현일 뿐일까. 태극전사와 태극낭자의 차이는 어디에서 왔고, 또 어떤 차이를 만들어내는 것일까.

하나이면서 둘로 나뉘어져 있는 이들 표현을 통해 우리 스포츠 뉴스에 나타나는 몇 가지 문제점들을 이야기해볼 수 있겠다.

관성적인 스포츠 보도의 모습들

[A] 우리 설날은 '금빛'이래요

민족의 명절 설 연휴에도 2018 평창 동계올림픽은 쉼 없이 달린다. 태극전사들은 설 연휴와 함께 메달 사냥에 박차를 가한다. 가족과 함께 오순도순 모여 "대~한민국"을 외칠 풍성한 이벤트가 수두룩하다.

설 연휴 첫날인 15일 오전에는 한국 스켈레톤의 희망 윤성빈(강원도청)이 평창 올림픽에 첫 선을 보인다. 이날 열리는 1·2차 주행을 통해 금메달 여부를 미리 가늠해볼 수 있다. 또 남북 단일팀 아이스하키 여자대표팀의 바통을 이어 이날 남자 대표팀이 출격한다. 강호 체코와 맞붙지만 백지선 감독과 선수들의 자신감과 도전정신은 변함없이 뜨겁다. (중략)

설 연휴 마지막 날인 18일에는 '빙속여제' 이상화(스포츠토토)가 스피드스케이팅 여자 500m 올림픽 3연패에 도전한다. 경기는 오후 8시 56분부터 열린다. 고다이라 나오(일본)와의 치열한 승부는 연휴 마지막 밤을 뜨겁게 달아오르게 할 것으로 보인다.(이하 생략)　　　　_〈경향신문〉 2018년 2월 15일자 14면

2018년 평창 동계올림픽 기간에 주요 경기 일정을 소개한 정보성 기사다. 이 기사에는 따로 취재한 팩트나 의미 있는 분석이라고 할 것은 전혀 담겨 있지 않다. 그저 쉽게 얻을 수 있는 경기 일정을 정리한 것으로 신문 TV편성표 한쪽 구석 정도에 실렸을 법한 기사다. 이 기사를 쓴 기자도 편집자나 데스크도 별다른 신경을 쓰지 않았을 것이 분명하지만 이 간단한 정보성 기사에서도 스포츠 민족주의의 풍미는 넉넉히 흘러넘친다.

기사를 보면 태극전사들은 우선 '메달 사냥'에 적극적인 주체로 등장한다. 전사와 사냥이란 표현은 선사나 고대 사회에서 전투와 수렵을 담당한 남성의 야성과 연결된다는 점에서 서로 기가 막히게 잘 어울린다. 이들은 '대한민국 체육계의 희망'이기에 되든 안 되든 '뜨거운 도전정신'을 지녀야 한다.

특히 우리 선수와 일본 선수가 같이 출전하는 경기는 1:1 대결도 아니지만 당연히 '치열한 승부'가 예상되며 어찌됐든 전 국민을 '뜨겁게 달아오르게 할 것'이다.* 그러면 명절에 가족 단위로 모인 국민들은 다 함께 "대~한민국"을 외칠 것이라는 게 이 기사가 전제하고 있는 '올림픽의 상식'이다. 여기에는 명절에는 가족끼리 오순도순 둘러앉아 하하 호호 웃고 있을 것이란 이상형에 가까운 가족주의와 스포츠 민족주의가 아주 자연스럽게 결합돼 있다.

---

*   실제 이날 경기에서 이상화 선수와 고다이라 나오 선수는 레이스 파트너조차 아니었다. 고다이라는 14조에서 이상화는 15조에서 달렸다.

스포츠 민족주의의 최전선 '한일전'

> ### [B] 금빛엔딩, 울보도 웃었다
>
> 종합순위 경쟁에선 2위를 내줬지만 야구와 남자축구는 대회 막판 승전보를
> 전했다. 자카르타·팔렘방아시안게임 결승에 나선 일본 남자축구와 야구 대
> 표팀을 따돌리고 정상에 오른 것이다. 축구는 사상 처음으로 두 대회 연속
> 우승, 야구는 3연패다.
>
> 김학범 감독이 이끈 23세 이하(U23) 축구대표팀이 지난 1일 인도네시아 자
> 와바랏주 치비농의 파칸사리 경기장에서 열린 대회 결승에서 120분 연장
> 혈투 끝에 숙적 일본을 침몰시키고 아시안게임 첫 2연패와 역대 최다 우승
> (5회)을 달성했다. '병역 혜택'의 달콤한 열매까지 챙겼다. 전후반 90분을 득
> 점 없이 비겼지만 연장 전반 이승우(헬라스 베로나)와 황희찬(잘츠부르크)의
> 연속 득점으로 2-1 승리를 거뒀다.
>
> 한국은 아시안게임 역대 최다인 다섯 대회 우승(1970·1978·1986·2014·
> 2018년)의 금자탑도 쌓았다. '캡틴' 손흥민(토트넘), 황의조(감바 오사카), 조
> 현우(대구) 등 와일드카드를 포함해 태극전사 20명은 모두 병역 특례를 받
> 을 수 있게 됐다. 이미 병역을 치르고 있던 황인범(경찰청)은 조기 전역한
> 다.(이하 생략)   _〈서울신문〉 2018년 9월 3일자 2면

본격적으로 강도 높은 스포츠 민족주의에 입각한 기사다. 2018년 자카
르타·팔렘방아시안게임에서 대한민국의 주요 종목 성적을 종합한 기사
인데 초점은 일본과의 대결에 맞춰져 있다. 남자축구와 야구 종목에서
태극전사들이 일본을 누르고 '승전보'를 전했다는 것이 기사의 핵심이다.
전투에서 승리했다는 기쁜 소식을 국민들에게 널리 알리고자 하는 의도
를 쉽게 포착할 수 있는데, 결국 종합순위 2위 자리를 일본이 차지했다

는 사실은 큰 문제가 되지 않는 듯하다.

당시 축구 한일전을 뛴 선수들이 실제로 피를 흘렸는지 확인할 수는 없지만 기사에는 '혈투'라는 표현이 쓰였다. 혈투의 사전적 의미는 '죽음을 무릅쓴 치열한 싸움'이다. 실제 그렇게 싸웠다기보다는 한일전을 대하는 기자의 기본적인 시각이 이 단어에 함축적으로 담겨 있다고 봐야 하지 않을까? 한일전은 당연히 치열해야 하며 태극전사들은 죽을 각오로 싸워야 한다는 생각 말이다. 앞서 인용했던 기사 [A]에서 각자 라인을 달린 기록으로 순위를 매기는 스피드 스케이팅 종목마저도 한국과 일본 선수의 치열한 승부를 예상하는 것과 유사하다.

사실 다음에 이어지는 '숙적 일본'이란 표현은 민족의 틀로써 한일전을 바라보는 언론의 시각을 단적으로 드러낸다. 축구, 야구뿐 아니라 다른 종목도 각 종목의 역사만 놓고 보면 대한민국과 일본이 숙적이라고 할 만큼 오랜 맞수 관계로 엮이는 경우는 흔치 않다. 그럼에도 일본을 숙적이라 부르는 이유는 양국의 민족사와 그로부터 형성된 특수한 집단적 감정을 빼놓고는 설명하기 힘들다.

승리를 의미하는 다양한 표현 중 특별히 '침몰시키다'는 표현을 사용한 것은 민족주의를 넘어서 극우주의에 가까운 혐일(嫌日)의 정서가 바탕에 깔려 있다고 하겠다. 섬나라인 일본을 침몰시킨다는 것은 그 나라를 지구상에서 없애버린다는 것과 같은 의미다. 반대의 경우를 생각해보자. 한일전에서 일본이 이긴 뒤 일본 언론이 "일본이 대한민국을 완전 점령했다"거나 "대한민국이 일본의 발아래 납작 엎드렸다"라고 표현한다면 우리 입장에서는 소름이 돋을 일이다.

전쟁이 일상이 된 스포츠 기사

스포츠는 본질적으로 전쟁을 대체하는 문명의 소산이라고 말한다. 축구가 전쟁터에서 적군들의 두개골을 차며 승전을 축하했던 세리머니에서 비롯됐듯, 과거 전쟁에서 군인들이 수행했던 공격적이고 파괴적인 신체적 활동이 문명의 옷을 입고 세련된 양식으로 다듬어진 것이 스포츠 경기라는 설명이다. 현대의 모든 운동 경기가 이 같은 기원을 가지고 있다고 볼 수는 없지만 신체를 고도로 단련하고 그 능력을 겨뤄 승패를 가린다는 스포츠의 기본 구조는 전투와 비슷한 부분이 분명히 있다. 최후의 경쟁에서 상대를 물리치고 승리한 전사에게 커다란 명예와 보상이 따른다는 점도 닮았다.

스포츠 경기에서 승리가 병역 혜택으로 이어진다는 점도 비슷한 설명이 가능하다. 국제 경기는 대리전이기에 국제 경기에서의 승리는 국가를 위한 공훈(功勳)의 성격을 부여받을 수 있고 자연스럽게 병역 혜택으로도 연결이 가능하다. 사실 국위선양의 측면에서만 본다면 방탄소년단(BTS)의 활약도 세계적인 선수들 못지않지만 이런 성과가 병역 혜택으로 이어지지는 않는다. 아직은 대중예술가로서의 국위선양은 국가 간 전쟁을 대리할 수 없다는 오랜 인식이 더 많이 퍼져 있기 때문이다.

언론은 스포츠 기사에 전쟁 용어를 거의 일상적으로 사용한다. 종목을 불문하고 전사, 출격, 격전, 난전, 정벌, 승전보나 아니면 무슨 폭격기니 탱크 군단이니 하는 전쟁 냄새가 물씬 나는 표현들이 빠지지 않는다. 아마 스포츠 기사를 쓰는 기자들은 이런 표현들이 기사를 보고 읽는 독자들에게 박진감과 긴박감을 주고 더 큰 흥미를 불러일으킨다고 여기고 있을 것이다.

과거 어떤 시절에는 이런 기사에 흥미를 느끼는 사람들이 지금보다는 더 많았을지 모른다. 하지만 시대가 변하면서 사람들의 생각과 취향은 변한다. 민족적 감정이란 것도 세대에 따라 다를 수밖에 없다. 그럼에도 적지 않은 언론이 여전히 국제경기를 국가 간 대리전으로 묘사하는 낡은 기사 작성법을 고민 없이 반복하고 있다.

월드컵 4강 신화로 확산된 '태극전사'

태극전사라는 표현은 신문과 방송에서 국가대표 선수를 의미하는 관용어로 완전히 자리 잡았다. 이 표현은 1990년대에 처음 등장한다. 하지만 당시는 일부 언론에서만 일시적으로 사용하는 수준이었다. 1996년 애틀랜타 올림픽에 즈음해 연합뉴스가 '애틀랜타를 빛낼 태극전사들'이란 제목으로 주요 종목의 메달권 선수들을 소개한 것 정도가 분명한 의도를 갖고 이 표현을 쓴 사례로 보인다.

2000년 시드니 올림픽 당시에도 비슷한 상황이었으나 바로 2년 뒤부터 기사 속 태극전사라는 표현은 폭발적으로 증가하기 시작한다. 2002년 한일 월드컵이 도화선이었다. 이때부터 태극전사는 언중(言衆)들 사이에서 널리 쓰이기 시작했고 곧 대한민국의 스포츠 민족주의를 대표하는 표현으로 안착했다.

당시 태극전사는 당연히 대한민국 축구 국가대표 선수들을 지칭하는 단어였다. 이 시기의 기억이 워낙 강렬한 탓일까? 지금도 태극전사라는 표현은 대한민국 축구 대표팀의 전용 수식어라고 인식하는 경우가 많은 듯하다.

네이버 포털의 뉴스 검색을 기준으로 태극전사라는 표현이 들어간 기사 건수는 1994-2001년에 140건에 불과했지만 2002년에는 한해에만 1590건가량으로 10배 이상 급증했다. 검색 서비스의 한계와 2000년 이후 인터넷 매체의 증가도 고려해야겠지만 이때 태극전사라는 단어의 노출도가 과거와 비교할 수 없는 수준으로 높아졌다는 것은 분명한 사실이다.

특히 태극전사라는 단어가 그 전부터 쓰였다고 하더라도 사람들이 받아들이는 이 단어의 의미는 2002년을 계기로 완전히 달라졌다. 2002년의 태극전사들은 그 이전까지 다른 국가대표 선수들이 이룬 적이 없는 강력한 승리의 기억을 사람들에게 선사했다. 월드컵 4강 진출은 한국인들이 한 번도 느껴보지 못했던 경험이었으며 그 경험은 강력한 집단적 동질감으로 이어졌다. 태극전사들이 국민적 영웅으로 격상된 것은 물론 그들을 이끈 네덜란드 출신 거스 히딩크 감독은 네티즌들로부터 '희동구'라는 한국식 이름을 얻었다. 월드컵의 성과로 명예 한국인의 지휘를 부여받은 셈이다.

스포츠 민족주의의 명암

스포츠와 민족주의가 결합하면 어떻게 될까? 올림픽과 월드컵 같은 국제대회에서의 승리를 손쉽게 민족적 우수성을 입증하는 근거로 포장하게 된다. 사실 여전히 대다수의 언론은 대표팀의 승리가 곧 국가의 승리이기에 국민들은 이 기쁨과 자긍심을 공유하는 게 당연하다는 듯이 기사를 쓴다. 냉정하게 말해 2002년 한일 월드컵에서 대한민국 대표팀이 4강에 진출했을 때 국민들이 기꺼이 기쁨을 함께했다고 해서 대표팀이 얻은 명예와 금전적 이익까지 함께 나눌 수 있는 것은 아니었는데도 말이다.

국제대회에서 승리한 선수들과 그들을 응원하는 국민들이 느끼는 감정은 서로 결이 다르다. 응원하는 국민들은 자신들과 대표팀 선수들이 같은 공동체에 소속돼 있기에 그들이 이루어낸 승리를 같은 기억으로 공유할 수 있을 뿐이다.

물론 열심히 응원한 선수들의 승리를 내 것처럼 기뻐하고 같은 국민, 같은 민족으로서 자긍심을 느끼는 게 나쁜 일이라고 할 수는 없다. 민족주의니 국가주의니 복잡한 생각을 하며 스포츠 경기를 본다면 아무런 즐거움도 느끼지 못할 것이다. 그리고 근본적으로 민족이 실체가 없는 상상의 공동체라고 하더라도 거기 속한 구성원들의 감정은 자연스러운 것이기에 옳다 그르다고 따질 수 있는 범위도 아니다. 민족에 대한 애정과 자긍심은 충분히 긍정적인 영역 안에서 작동할 수 있다.

그럼에도 국제 경기에서 승리의 환희를 공유한다는 것과 이를 민족의 우수성 차원에서 받아들인다는 것은 다른 문제다. 반대의 경우를 생각해보자. 대표팀 선수들이 좋은 성적을 낸다면 선수 개인이나 국가나 응원하는 국민들에게 모두 좋은 결과일 수 있겠지만 말도 안 되는 졸전 끝에 패배한다면 어떨까. 언론이 그 선수들은 어떠한 노력을 해왔는지, 정부나 협회의 지원은 충분했는지, 국제대회에서 뛰어난 성과를 낼만큼 해당 종목의 토양은 갖춰졌는지 등을 먼저 성숙하고도 차분한 논조로 분석할 가능성은 크지 않다.

그 상대가 일본이라고 한다면 최악이다. 다른 패배에 비해 훨씬 큰 비난과 질타, 책임 추궁이 쏟아질 것이다. 민족주의 입장에서 우리 대표팀의 승리는 우수한 민족성의 근거로 가져올 수 있지만 이 경우에는 얘기가 달라진다. 민족은 가장 높은 가치를 지녔기에 '대표팀이 졌으니 우리 민족이 일본인보다 열등하다는 사실이 입증됐다'는 논리는 절대 성립할 수 없다. 그러니 반대로 '우리 민족은 결코 열등하지 않은데 열등한 선수들이 국가대표랍시고 나가 말도 안 되는 패배를 당해 민족의 우수성이 의심받게 만들었다'는 의식의 흐름이 전개될 가능성은 크다. 민족의 이름으로 동족에게 폭력이 가해지는 것이다.

그래도 다행히 최근에는 언론의 분위기가 다소 바뀐 듯하다. 태극전사라는 단어는 광범위하게 쓰이고 있지만 태극전사를 국위선양이란 표현과 노골적으로 연결하는 스포츠 중계나 기사는 줄어들었다. 그리고 적지 않은 언론들이 선수들의 노력에 더 큰 가치를 부여하고, 승패나 메달 색깔에 연연하지 않는 것이 성숙한 시민의 자세라는 인식을 퍼뜨리고자 노력한다. 국가 간 대결의 대리전보다 세계인의 스포츠 축제로서 올림픽이나 월드컵을 바라보려는 시도가 점차 많아지고 있는 것이다.

물론 앞으로도 한일전은 스포츠 민족주의 최후의 보루로서 명맥을 유지하겠지만 이 역시도 세대가 바뀌고 바뀌면 몇 십 년 뒤 어떻게 분위기가 바뀔지 알 수는 없다. 만약 한일전을 바라보는 국민들의 시선이 지금과는 전혀 다른 양상을 띤다면 그때는 언론도 스포츠 기사에서 독자의 흥미를 유발하는 또 다른 방식을 고민할 것이다.

같지만 다른 태극전사와 태극낭자

태극전사가 한국인의 스포츠 민족주의를 자극하고 그들의 성과를 민족적 우수성을 입증하는 근거로 전용한다면 그 여성형인 태극낭자의 경우는 어떨까. 태극전사와 태극낭자는 단지 생물학적 성별의 차이만을 반영한 표현일 뿐일까. 결론부터 말하자면 결코 그렇지 않다. 태극낭자는 태극전사와 많은 특성을 공유하지만 별도의 여성형 표현이 개발됐다는 데서부터 이미 차이가 존재한다. 그 차이는 때로는 같은 국가대표 선수들에 대해 성별에 따른 '차별'을 낳기도 한다.

[C] '도쿄대첩'의 승자는 한국이었다. 한국 여자배구 대표팀이 숙적 일본과의 자존심을 건 맞대결서 승리를 거두며 그 심장부인 도쿄에 태극기를 꽂았다. 2016 리우 올림픽에서 2012 런던 4강 신화를 넘어 1976 몬트리올 동메달 이후 40년 만의 메달을 노리는 여자배구 대표팀이 리우행 티켓 획득에 8부 능선을 넘었다.

_「한국 여자배구 '도쿄대첩'… 리우 티켓 보인다」, 〈세계일보〉 2016년 5월 18일자 22면

[D] 단 한 번의 투구로 상대를 궤멸시킨 한국팀의 환상적 플레이가 펼쳐지자 강릉컬링센터는 경상북도 의성 출신의 '마늘소녀'들을 응원하는 팬들의 함성으로 뒤덮였다.

_「돌풍의 컬링 태극낭자, '도장 깨기'는 진행 중」, 〈세계일보〉 2018년 2월 20일자 11면

[E] 비록 결승전에서 스웨덴에 패하며 은메달에 머물렀지만 태극낭자들의 '컬링 동화'는 이미 평창동계올림픽 최고의 이슈가 됐다.

_「평창 최고의 스타 한국 컬링팀 빙판 위 기적 이뤘다… 아름다운 은메달」, 〈아시아투데이〉 2018년 2월 25일 인터넷판

[C]를 보면 태극낭자들도 태극전사들과 다름없이 총성 없는 전쟁을 수행하는 주체로 묘사된다. 여자배구 대표팀은 '숙적 일본'의 수도인 도쿄에 태극기를 꽂았다. 이건 수도를 점령하고 전쟁에서 승리했다는 뜻과 다르지 않다. 도쿄와 대첩을 합성한 '도쿄대첩'이란 표현은 어떤 독자들에게 아주 속이 뻥 뚫리는 시원함을 줄 것이다. 물론 이 역시도 반대로 일본 언론에서 '서울대첩'이라고 썼다면 우리 입장에서는 지극히 불쾌할 수밖에 없는 표현이다. 스포츠 민속주의가 동일하게 작용하고 있는 것이다.

그런데 [D]와 [E]를 보면 태극낭자에게는 태극전사와는 다른 인식들이 따로 작용하는 듯하다. 2018년 평창 동계 올림픽에서 국민들에게 색다른 재미와 기쁨을 주었던 여자컬링 대표팀을 다룬 기사의 일부다. 여기서 태극낭자들은 상대를 '궤멸'시키는 전사인 동시에 농촌지역 출신의 '소녀'로 그려진다. 제목의 '도장 깨기'와 낭자, 궤멸과 소녀는 공존하기 힘든 이미지이지만 기사는 버젓이 이들을 병렬하고 있다. 더욱이 평창올림픽 당시 여자컬링 대표팀 선수들의 나이는 주장 김은정 선수가 28살, 김영미 선수가 27살이었으므로 소녀라는 수식어는 받아들이기에 따라 모욕적인 표현이 될 수도 있다.

[E]에 쓰인 '동화'라는 표현에서는 아예 전사의 이미지가 깨끗이 탈색된다. 태극전사들이 총성 없는 전쟁에서 만들어내는 승리의 서사는 역사의 지위를 부여받지 결코 비현실적인 동화라는 딱지가 붙지 않는다. [D]에서 여자컬링 대표팀의 선전을 시골 소녀들의 성공 이야기라는 틀에 넣어 보고자 하는 시도와 [E]에서 직접적으로 동화라는 표현을 사용한 것은 비슷한 인식에서 나온 접근법이라고 할 수 있다. 즉 우리 언론의 스

포츠 기사에서 태극낭자를 다룰 때는 태극전사와 다르게 공유하는 어떤 인식이 작용한다는 것이다.

태극낭자의 출발은 LPGA

태극낭자라는 표현은 기원부터가 태극전사와 성격이 다소 다르다. 태극전사의 확산에 2002년 한일 월드컵이 결정적인 기여를 했다면 태극낭자는 LPGA에 큰 빚을 지고 있다. 2000년대 초반 서두에서 다뤘던 박세리 선수를 필두로 김미현, 박지은 등 한국인 선수들이 LPGA 상위권을 휩쓸자 언론은 이들을 묶어 태극낭자라는 표현을 쓰기 시작했다. 태극전사와 태극낭자라는 표현이 성립할 시기에 우리나라 남녀 선수들이 강세를 보인 종목부터가 달랐던 것이다.

그런데 당시에 언론들은 왜 LPGA 기사를 쓰면서 이미 1990년대부터 썼던 태극전사 대신에 태극낭자라는 표현을 새로 고안해냈을까. 아마 태극전사라는 표현을 그냥 쓰기에는 무리가 따른다고 보았기 때문일 것이다.

우선 한 가지는 여성 선수들에게 전사라는 표현을 그대로 쓰는 것은 뭔가 어색하다고 생각했을 수 있다. 전통적으로 전쟁의 주체는 남성이므로 전사라는 남성적 단어를 여자 선수들에게 붙이면 비슷한 고정관념을 가진 독자들에게 혼란을 줄 수 있다. 간단히 태극여전사라고 할 수도 있었을 텐데 그건 표현 자체가 대놓고 성차별적인 데다가 너무 성의도 없어 보인다.

그리고 골프 종목의 특성도 반영했을 것이다. 골프는 축구, 야구, 배구 같은 다른 구기 종목이나 태권도, 유도, 레슬링 같은 투기 종목과 다르게 경기 방식이 총성 없는 전쟁과는 거리가 멀다. 골프채로 서로 공격하거나 골프공에 힘을 실어서 주고받는 운동이었다면 모르겠지만 골프는 가장 적은 타수로 18번 홀까지 공을 넣는 선수가 우승하는 스포츠다. 전투보다는 '자신과의 싸움'으로서의 성격이 더욱 짙다.

기원이 무엇이든 배극낭사에도 스포츠 민족주의가 작용한다는 사실은 차이가 없다. 오히려 태극낭자는 태극전사보다 더욱 적극적인 스포츠 민족주의의 발현이라고 볼 수도 있다.

태극낭자의 시작인 LPGA는 기본적으로 올림픽이나 월드컵과 달리 국가대항전이 아니다. 그러므로 거기 출전하는 태극낭자들도 당연히 국가대표가 아니다. 그 선수들은 대한민국이 아니라 자신과 자신을 후원하는 글로벌 기업의 이름을 걸고 출전한다. 1998년 투혼의 맨발 샷으로 국민들의 IMF 설움을 날려준 그 순간에도 박세리 선수의 경기복에는 어디에도 태극기가 붙어 있지 않았다. 대신 검은 모자에 '삼성'의 로고만이 크게 박혀 있었을 뿐이다.

LPGA에서 활약하는 선수들에게 태극낭자라는 칭호를 부여한 것은 그 선수들이 가진 여러 특성 중 한국인이라는 민족적 정체성을 가장 앞에 세운 것이다. 그것만으로 손쉽게 선수들의 능력을 민족적 자산으로 편입시키고 국민들의 자긍심을 높이는 데 활용한 셈이다. 심지어 LPGA를 다룬 기사 중에는 미셸 위(미국)나 리디아 고(뉴질랜드) 같은 외국 국적 선수들까지 태극낭자라고 얼버무리는 경우가 적지 않다. 태극낭자라는 표현 하나로 국적까지 넘나들면서 LPGA 선수들의 선전을 민족주의의 틀 안으로 끌어들이고 있는 것이다.

태극낭자가 태극전사의 여성형으로 갈라져 나오면서 국제전에 출전한 대한민국 선수들을 수식하는 말은 남자는 태극전사, 여자는 태극낭자로 고착화되기 시작한다. 2004년 아테네 올림픽이 개최되자 태극낭자라는 표현은 골프를 넘어 종목을 막론하고 폭넓게 쓰이기 시작했다. 특히 4년마다 열리는 하계 올림픽에서 여자 양국 국가대표 선수들이 개인과 단체전 메달을 매번 싹쓸이하면서 양궁 선수들은 LPGA 선수들과 어깨를 나란히 하는 태극낭자의 대명사로 자리 잡게 된다.

낭자 안에서 충돌하는 전사와 낭자

그러나 여기서 문제가 발생한다. 스포츠 경기에서는 낭자의 이미지와 전사의 이미지가 충돌하는 경우가 흔하다는 점이다.

태극낭자라는 표현을 도입하면서 구기나 투기 종목처럼 극한의 강인한 체력을 지니고 피와 땀을 흘리며 대결하는 선수들까지 낭자라고 부르는 어색한 상황이 벌어졌다. 마늘소녀가 상대를 궤멸시키고 낭자들이 도장을 깨러 다닌다는 아이러니한 묘사처럼 말이다.

사실 국가대항전에 출전한 선수들은 모두가 성별을 떠나 고된 훈련과 체력의 한계를 이겨낸 강인한 체육인으로서 누구나 필사적인 자세로 경기에 임할 것이란 사실은 의심의 여지가 없다. 여성 선수라고 해서 경기에 나설 때 스스로의 정체성을 '전사'가 아닌 '낭자'로 규정하는 경우가 과연 타당할까?

애초에 태극전사라는 표현의 쓰임을 남성형으로 한정하고 태극낭자를 여성형으로 제시했던 것부터가 왜곡된 인식의 결과물이라고 할 수 있다. 같은 국가대표라도 남성 선수와 여성 선수는 다르기에 똑같이 전사라고 부를 수 없다는 생각 말이다. 거기서부터 여성 선수들은 전사이면서도 동시에 낭자이고 때로는 소녀가 돼 국가대항전을 벌이면서 동화를 만들어가야 하는 부조리한 상황에 놓인다.

이러한 부조리의 반복은 결국 이런 표현에 노출되는 녹자들 사이에서도 남녀 국가대표의 역할 수행에 대한 차별적 인식을 강화하는 폐단을 낳게 된다.

태극낭자는 남성 중심적 시각의 결과물

근본적으로 남성 선수와 여성 선수를 다르게 인식하는 이유는 무엇일까. 태극전사와 태극낭자에 대한 구별은 어디에서 왔을까.

먼저 스포츠라는 것이 애초에 남성의 영역이었다는 설명이 있을 수 있다. 인류 역사의 시작에서부터 전쟁 수행은 보통 남성의 몫이었기에 전쟁의 대체물인 스포츠도 남성을 중심으로 이뤄졌다. 헬레니즘 시대 고대 올림픽은 남성들만의 제전이었으며 여성은 참여는 물론이고 관람조차 불가능했다. 1896년 피에르 드 쿠베르탱(1863-1937)이 창시한 근대올림픽도 1회 대회 때는 여성 참가자가 단 한 명도 없었다고 한다.

그러나 지금 여기에서 일어나고 있는 차별적 인식을 헬레니즘 시대까지 거슬러 올라가 설명하는 것은 설득력이 떨어진다. 여성의 사회적 지위나 보편적 인권에 대한 사람들의 인식 수준은 헬레니즘 시대는 물론

1896년과도 비교할 수 없을 정도로 향상됐다. 그럼에도 여전히 남성 선수와 여성 선수를 다르게 보고 다른 방식으로 기사를 만들어내는 것에 대해서는 결국 기자들의 낡은 인식 수준을 탓할 수밖에 없다.

우리 언론이 쓰는 스포츠 기사 속 여성 선수들은 남성 선수들에 비해 훨씬 더 생물학적 성별에 충실한 방식으로 다뤄진다. 그것도 특히 젊고 어린 여성으로 대상화된 채 말이다. '얼짱'이란 수식어를 입에 발린 칭찬처럼 남발하지만 이게 체육인에 대한 진실한 찬사가 될 수 있는지는 그다지 고민하지 않는 듯하다. 미녀 골퍼, 미녀 궁사, 미녀 검객 그리고 경기장 밖에 서 있는 미녀 코치와 미녀 해설위원도 마찬가지다. 미녀○○ 시리즈는 사용 빈도와 활용의 다양성에 있어 꽃미남○○ 시리즈를 압도한다. 그들이 얼평(얼굴에 대한 평가)과 몸평(몸매에 대한 평가)을 받기 위해 올림픽 무대에 선 것이 아님은 명백한데도!

태극낭자라는 표현도 이런 인식의 연장선상에 있다. 낭자는 남성이 여성을, 특히 혼인하지 않은 젊은 여성을 부를 때 쓰는 표현이다. 여성은 다른 여성을 결코 낭자라고 부르지 않는다. 낭자의 반의어는 도령 정도가 될 것이지만 신문지상이나 방송 뉴스에서 어떤 기자도 '태극도령'과 같은 무속적인 느낌이 가득한 표현은 쓰지 않는다. 기본적으로 대부분 스포츠 기사는 실제 독자의 성별과는 무관하게 독자를 모두 남성으로 가정한 채 작성되고 있다는 이야기다.

남성을 중심에 놓고 여성을 대상화하는 시각에서 여성 선수들은 전사로서 전투를 치르고서도 오롯이 전사로만 인정받지 못한다. 대신 끊임없이 여성으로 묘사되고 여성성으로 평가 받는다. 그런 시야가 만연한 사회에서 여성 체육인의 길은 한없이 고단할 것이다. 체육인으로서 신체 능력이나 경기력 향상뿐 아니라 여성이라는 이유로 주어지는 각종 부담까지 견뎌야 하는 이중의 고난을 겪어야 하기 때문이다. 그런 상황에 여성 엘리트 체육의 발전을 기대하기는 당연히 어려운 일일 것이다.

스포츠는 대중문화에서 아주 큰 영역을 차지하고 있다. 올림픽을 비롯한 각종 국제경기에서는 수많은 영웅이 탄생하고 또 시간이 지남에 따라 사라지기도 한다. 그 영웅들의 성공 신화는 적지 않은 사람들에게 영향을 미친다. 그들은 누군가의 역할모델이 되기도 하고 희망의 근거가 되기도 한다.

승자를 영웅으로 규정하고 영웅의 서사를 만들어가는 것은 언론이다. 하지만 그 언론이 성별에 따라 승자를 바라보는 프레임을 달리한다면 어떨까. 누군가에 대해서는 전사의 스토리를, 다른 누군가에 대해서는 낭자의 스토리를 써간다면 이는 심각한 왜곡이자 차별이라고 해야 할 것이다.

우리 사회의 성인지 감수성은 해가 다르게 높아지고 있다. 대부분 기자들의 인식과 그들이 쓰는 뉴스의 언어 역시 성평등을 지향하는 방향으로 분명 나아가고 있다. 스포츠 영역에서도 분명 그런 변화의 움직임이 감지되지만 다른 영역에 비해 그 속도는 많이 느린 듯하다. 여전히 많은 언론은 스포츠 경기와 선수들, 그리고 그들의 승리를 낡고 낡은 문법으로 다루고 있다.

기자들의 낡은 문법, 그리고 아마도 그 바탕에 깔려 있을 낡은 의식은 단지 고루한 기사를 생산하는 것으로 그치지 않는다. 기사에 담긴 차별적인 접근법은 독자들의 차별적 인식을 강화하고 나아가 그런 인식이 마치 자연스러운 것이라는 확신을 주게 된다. 이것은 우리 체육의 발전에도 해가 되면 되었지 절대 도움이 되지는 않을 것이다.

가장 빠른 해결 방법은 기자들이 일상적으로 반복하는 구시대적 기사 작성법에 대해 깨어 있는 독자들이 적극적으로 불편함을 표출하고 잘못을 지적하는 것이다. 그래야 기자들도 긴장하고 고민하여 더 나은 기사 쓰기 방식을 고민할 것이다. 과거와 달리 기자들이 고민 없이 써 갈긴 기사를 비판할 수 있는 방법은 말도 못할 정도로 다양하지 않는가.

코리아 패싱: 가혹한 국제정치, 더 가혹한 자기비하

코리아 패싱	[신조어] 한반도 문제에서 당사국인 대한민국이 배제되는 등 국제 외교 무대에서
Korea Passing	한국의 입지가 좁아지는 현상을 뜻한다. 표면적으로는 국가의 위상 추락에 대한
	우려 표명이지만 주로 정부의 외교 무능을 비난하고자 하는 목적이 짙다.

35년간의 일제강점(1910-1945)을 끝내고 드디어 꿈에 그리던 광복을 맞은 1945년, 한해가 저물어갈 무렵인 12월 27일 동아일보 1면에는 대문짝만 한 기사가 실린다. 미진한 전후 처리 문제를 논의하기 위해 미국과 소련, 영국의 외무장관들이 모인 모스크바 3상 회의 내용을 담은 기사였다. 제목은 '외상회의에 논의된 조선독립문제 / 소련은 신탁통치주장 / 소련의 구실은 삼팔선 분할점령 / 미국은 즉시 독립 주장'이었다.

본문을 보면 '조선 독립 문제가 표면화하지 않는가 하는 관측이 농후'해진다거나 '삼국 간에 어떠한 협정이 있었는지 없었는지는 불명하나' 하는 식의 애매한 문장이 여럿 발견된다. 실제로 3국 장관들의 정식 합의 내용은 사흘 뒤인 12월 30일자에나 외신 등에 보도되기 때문에 당시 시점에서는 동아일보는 물론이고 다른 국내 언론들도 세세하고 정확한 회의 내용을 알 수가 없었다. 해방된 조선의 운명을 결정하는 회의에 조선인들은 아무런 의사를 표시하지 못했을 뿐 아니라 관련 정보조차 신속하게 전해들을 수 없었던 것이다.

자세한 내용은 알 수 없었지만 '소련이 신탁통치를 주장하고 미국은 조선의 즉시 독립을 주장했다'는 단정적인 제목 하나만으로도 이 기사의 파급력은 어마어마했다. 일제의 기나긴 식민 통치에서 벗어나 새로운 민족국가를 열정적으로 설계하고 있던 조선인들에게 신탁통치는 또 다른 식민통치의 시작으로 받아들여질 수밖에 없었다. 구한말 망국의 상황처럼 또다시 강대국들이 자기들끼리만 모여 조선인들의 의사에 완전히 반하는 결정을 내리려는 순간이었다.

소식이 알려지자 처음에는 좌우를 가리지 않고 대대적인 반탁 운동을 전개했다. 그러다 3국 합의의 전모가 알려지면서 좌익은 반탁에서 찬탁으로 돌아선다. 3국 외상의 최종 결정은 '한반도에 임시 민주주의 정부를 수립하고 미국, 소련, 영국, 중국의 4개국이 임시정부와 협의해 최대 5년간 신탁통치를 한다'였다.

여기서 신탁통치는 일본이 자행했던 식민통치와는 달리 사실상 후견 개념에 가까웠다. 여기다 신탁통치보다는 임시정부를 수립한다는 내용에 더 큰 의의가 있다고 본 좌익은 3국의 결정을 수용하기로 했다. 반면 신탁통치에 대한 거부감이 컸던 우익의 입장은 변함이 없었고 이후 해방공간에서 좌우의 대립은 극으로 치닫게 된다.

문제는 동아일보의 이 기사가 지독한 오보였다는 점이다. 3상 회의에서 최종적으로는 신탁통치 안이 합의됐지만 이 보도가 나올 즈음에는 신탁통치의 기간이나 방법 등 구체적인 내용은 정해지지 않은 상황이었다. 게다가 동아일보의 보도와는 정반대로 신탁통치를 먼저, 그리고 강하게 주장한 쪽은 소련이 아니라 미국이었다. 이런 사실이 제대로 알려졌다면 조선인들의 분노는 소련보다 미국을 향해 더 거세게 치솟았을 것이고 좌우의 대립 양상도 달라졌을 것이다.

훗날 '동아일보 신탁통치 오보 사건'이라고 부르는 이 일이 없었다면 이후 한반도의 운명은 완전히 달라졌을지도 모른다.

국제 정세 보도와 '코리아 패싱'

기자의 입장에서 해방 직후 모스크바 3상 회의와 동아일보의 오보 사건을 되짚다 보면 자연스럽게 오버랩되는 단어가 '코리아 패싱(한국 배제·Korea Passing)'이다. 코리아 패싱은 한반도의 운명이 걸린 일에 당사국인 대한민국이 제 목소리를 내지 못하는 상황을 뜻하는 신조어다. 주로 북핵 문제를 비롯한 한반도 외교안보 이슈에 관한 기사를 쓸 때 미국, 중국, 일본, 러시아 등 주변국에 비해 한국의 입지가 약화됐다는 판단에 근거해 사용한다. 구한말과 일제강점기 그리고 해방기를 되돌아보면 한반도의 운명이 미국과 소련 같은 주변 강대국들의 손에 달려 있었다는 점에서 코리아 패싱은 부정할 수 없는 서글픈 현실이었다.

또 하나, 그런 상황에서 언론이 제 역할을 했느냐는 의문도 따라 붙는다. 동아일보 오보 사건을 보자. 실제로 코리아 패싱이 벌어지고 있는 상황에서 언론은 사람들에게 국제 정세를 제대로 전달하지도 못했다. 오히려 엄청난 거짓 정보로 혼란만 불러일으켰다. 일각에서는 당시 오보가 제한된 정보에 의한 불가피한 결과가 아니라 의도적 공작이었을 가능성까지 제기한다. 의도적 오보였다면 여기에는 동아일보를 위시한 우익 세력이든 신문사에 정보를 건네준 미군정이든, 누군가 이 보도를 통해 자기들에게 유리한 여론을 만들어보겠다는 계산이 깔려 있었을 것이다.

지금 대한민국 언론이 코리아 패싱이란 표현을 동원해 국제 정세를 다루고 있는 보도 방식도 이와 크게 다르지 않다. 코리아 패싱은 처음에는 주로 박근혜 대통령의 탄핵 이후 정상 외교가 불가능한 상황에서 대한민국의 외교력 약화를 우려하는 방식으로 쓰였다. 그런데 문재인정부 출범 이후 정상 외교가 복구되고 나서도 이 단어는 계속 뉴스에 등장했다. 특히 보수 언론들은 코리아 패싱이 마치 한국 외교의 벗어날 수 없는 한계인 것처럼 기사를 써냈다.

그런데 과연 코리아 패싱이란 표현이 한반도를 둘러싼 국제 정세를 충실하게 집약한 것일까? 쉽게 동의하기 어렵다. 언론이 이 표현을 쓰는 것은 아마도 한반도 주변 정세에 대한 우려 표명을 넘어 정부의 외교 무능을 비판하려는 강한 의도 때문일 것이다. 이 점은 언론의 생리를 어느 정도 아는 독자라면 어렵지 않게 짐작할 수 있다.

코리아 패싱 담론은 그저 정권의 무능을 강조해 대통령과 여당의 지지율을 떨어뜨리는 선에서 생명이 끝나는 게 아니다. 코리아 패싱이 딱 그런 수준의 국내 정치용 마타도어 문구라면 크게 우려할 필요가 없을 것이다. 하지만 불행히 코리아 패싱이란 표현이 확산될 때 생겨나는 폐해는 거기서 그치지 않는다. 언론이 반복하는 코리아 패싱 담론의 진짜 문제는 무엇일까.

우리 언론이 만들어 우리만 쓰는 말

[A] 사설 | 한없이 가라앉는 한국 외교… 정치권 협력 필요하다

대한민국 안보의 근간인 한·미동맹도 예전 같지 않아 보인다. 렉스 틸러슨 미국 국무장관의 한·중·일 순방에선 한·미 동맹을 미·일 동맹 아래에 두는 듯한 언급을 했다. 도널드 트럼프 행정부는 주한 미국대사 임명도 늦추고 있다. 중국과 일본 주재 대사는 일찌감치 지명한 것과 대비된다. 조만간 발표 예정인 트럼프 행정부의 새 대북정책은 우리의 의지와 상관없이 급피 급을 오가고 있다. 다음 달로 예정된 미·중 정상회담에서 한반도 관련 중요 결정들이 내려질 것이라는 분석도 많다. 북핵을 이고 사는 우리가 논의에서 배제되는 듯한 인상을 지울 수 없다. 대통령 탄핵과 함께 가라앉고 있는 우리 외교의 현주소다. 차기 정부가 들어설 때까지 한국이 소외된 채 주변 강대국들끼리 한반도 문제를 논의하는 이른바 '코리아 패싱'이 더 심화될까 걱정이다.

_〈국민일보〉 2017년 3월 27일자 23면

[B] 샹그릴라·G20 '외교戰'서 점점 고립되는 文정부

한·미·일·중 국방 수장들과 정상들이 한자리에서 조우하는 5—6월 연쇄 외교전(戰)에서 '코리아 패싱(한국 소외)' 현상이 더욱 뚜렷해질 기미가 잇따라 감지되고 있다. 문재인정부가 '북한 바라기' 외교에 치중하면서 주변국의 '러브콜'을 거의 받지 못하고 있기 때문이다. 도널드 트럼프 미국 대통령이 2020년 대선에서 재선에 성공하면 주한미군을 감축할 것이라는 전망이 나오면서 한·미 동맹에 대한 우려도 커지고 있다.

국방부는 31일부터 6월 2일까지 싱가포르에서 열리는 아시아외교안보회의(샹그릴라 대화)에서 한·중 국방장관회담과 한·미·일 국방장관회담을 개최한다고 30일 발표했다. 국방부는 당초 추진했던 한·일 국방장관 회담 개최 여부는 밝히지 않았다. '초계기-레이더' 갈등과 한국 대법원의 강제징용 배상 판결 등을 놓고 일본이 회담 보류 입장을 밝혔기 때문인 것으로 전해졌

다. 일본은 6월 말 오사카(大阪) 주요 20개국(G20) 정상회의 계기 한·일 정
상회담에도 난색을 표하고 있다. 반면 아베 신조 일본 총리는 이번 주 방일
한 트럼프 대통령과의 정상회담에 이어 G20 정상회의 계기로도 미·일 정상
회담을 갖는다.(이하 생략)   _〈문화일보〉 2019년 5월 30일자 1면

　　[A]는 박근혜 대통령 탄핵 이후 국제무대에서 입지가 좁아진 한국
외교의 현실을 다룬 기사다. 일본보다 한국을 아래에 두는 듯한 미국 도
널드 트럼프 대통령의 발언, 주변국에 비해 늦어지는 주한 미국대사 임
명, 우리 정상외교는 불가능한 상황인데도 급박하게 돌아가는 주변국 정
세 등을 근거로 코리아 패싱의 심화를 우려하는 내용이다. 그러고는 제
목처럼 이럴 때일수록 국회가 중심을 잡아야 한다는 제언으로 마무리한
다. 충분히 우려할 만한 내용을 근거로 들었고 상식적인 수준의 의견을
담았다. 도입 초기에 코리아 패싱이란 단어는 대체로 이와 비슷한 맥락
에서 쓰였다.

　　반면 [B]는 다소 감정적이다. 아시아태평양 지역뿐 아니라 전 세계
주요국 국방장관들이 모이는 아시아외교안보회의(이른바 샹그릴라 대화)
와 주요국 정상들이 한데 모여 양자·다자회의를 진행하는 주요 20개국
(G20) 정상회의를 앞둔 한국 외교의 현실을 짚은 기사다. 표면적으로는
뚜렷해지는 한국 소외 현상을 우려하는 내용이지만 실상은 '북한 바라
기' 외교에 치중하는 문재인정부의 외교 정책을 비판하려는 의도가 역력
하다.

　　[B]만 봐서는 남북 관계 개선 노력과 주변국의 러브콜이 어떤 상관관

계에 있는지, 한·미 동맹 관계가 정말 우려해야 할 상황인지 정확히 알 수 없다. 또 초계기-레이더 갈등이나 일제의 강제징용 배상 문제가 현재 진행형인 상황에 한일 정상회담을 하는 게 우리에게 도움이 되는지 아닌지에 대한 설명도 없다.

그런데도 일본 총리가 한국 대통령을 만나주지 않는다는 것을 코리아 패싱의 근거로 들었다. 만약 샹그릴라 대화에서 한·중 국방장관 회담과 한·중·일 국방장관 회담조사 널리지 않는다면 그건 분명한 코리아 패싱의 징조로 읽을 수 있을 것이다. 하지만 기사에도 나와 있듯 그건 아니다. 한국 외교에 대한 진심어린 걱정보다는 정부의 외교정책 실패를 독자들에게 각인시키려는 의도가 더 강한 것이다.

사실 코리아 패싱은 우리 언론이 개발하고 우리 언론만 사용하는 단어다. 외신은 한반도 주변의 외교 지형에 관해 한국 언론의 기사를 인용하는 때를 제외하고는 이 표현을 쓰지 않는다. 자국 언론이 아닌 외신이 남의 나라를 거론하며 '패싱'이란 표현을 쓰는 것은 결례일 뿐더러 그럴 필요도 별로 없기 때문이다. 대신 외국 정부가 공식적으로 코리아 패싱을 '정책'으로 추진한다고 발표한다면 외신들도 이 표현을 널리 쓸 수 있을 테지만 지금껏 어느 정부도 그런 입장을 밝힌 적은 없다. 문재인정부 초기 코리아 패싱 논란이 계속 일자 외교부는 정례브리핑 자리에서 "미국 등 국가에서 이 용어를 사용하는 것을 들어본 적이 없다"고 밝히기도 했다.

---

*   2017년 3월 28일 조준혁 외교부 대변인 정례브리핑.

코리아 패싱의 기원과 통미봉남(通美封南)

코리아 패싱은 저팬 패싱(Japan Passing)에 기원을 두고 있다. 동아시아 뿐 아니라 세계적인 강대국으로서 자부심이 높았던 일본은 1990년대 버블 경제의 붕괴로 국제적인 위상이 추락한다. 급기야 1998년 미국 빌 클린턴 대통령이 중국을 방문하면서 인접한 동맹국인 일본을 건너뛰자 일본 언론들은 자조적인 뜻으로 저팬 패싱*이란 표현을 쓰기 시작했다. 저팬이 코리아로 바뀌었을 뿐 두 표현 사이의 의미와 용법은 크게 달라 지지 않은 셈이다.

언론 보도에서는 2003년 7월 박태견 프레시안 편집국장의 칼럼에서 이 단어가 처음 발견된다. 영국 토니 블레어 총리가 아시아를 순방하면 서 일본과 중국에서는 이틀씩 머물렀지만 한국에는 반나절만 '스쳐지나 간' 것을 두고 이 표현을 썼다. 이후로는 쓰임이 없다가 2008년 기사에 서부터 다시 등장하지만 그 후로도 한동안은 이렇다 할 대중성을 확보 하지 못했다.

이 단어가 폭발적으로 노출되기 시작한 것은 2017년 3월 10일 박근 혜 대통령 탄핵 이후다. 탄핵으로 정상외교가 불능 상태에 놓이자 우려 의 뜻을 담은 코리아 패싱이란 단어가 언론에서 반복 등장하기 시작한 다. 그러다 그해 4월 대통령선거 후보 토론회에서 이 표현이 주목을 받으 면서 대중들에게도 널리 각인된다.

코리아 패싱의 본격적인 사용이 2017년이라고는 하지만 사실 그 전

---

* 애초 일본 언론인들이 만든 것을 그대로 옮겼다보니 코리아 패싱도 영어를 쓰는 사람들이 보기에는 어색한 표현이라고 한다. 올바른 영어 표현은 코리아 스키핑(Skipping)이다.

에도 그와 다름없는 표현이 하나 있었다. 바로 '통미봉남'(通美封南)이다. 미국과는 소통하면서 남한은 봉쇄한다는 뜻의 통미봉남은 1990-2000년대에 코리아 패싱과 비슷한 의미, 비슷한 의도로 언론이 사용했던 대표적인 단어다.

이 단어는 1994년 11월 통일외교안보 분야 국회 대정부 질문에서 민주자유당 노재봉 의원이 남한의 분열과 고립, 무력화를 꾀하는 북한의 대남 정책을 지칭하며 처음 썼다. 이 표현도 당시에는 크게 주목받지 못하다가 2008년 이명박정부 출범 이후 남북 관계가 냉각되면서 본격적으로 언론에 노출되기 시작했다.[*]

통미봉남과 코리아 패싱은 우리 외교의 첫 번째 목표인 한반도 문제의 해결 과정에서 우리의 입지가 좁아졌다는 진단과 그에 대한 비판을 담고 있다는 점에서 동일한 선상에 있다. 대한민국의 외교적 고립, 정부의 무능 등을 부각시키기 위해 과거 언론이 썼던 통미봉남이란 예스러운 표현이 시대의 흐름에 따라 코리아 패싱으로 변모했다고 볼 수 있을 것이다.

실제로 미국 도널드 트럼프 대통령 취임 이후 북미 대화 분위기가 조성됐을 때 언론들은 통미봉남 대신에 코리아 패싱이란 표현을 주로 동원했다. 만약 코리아 패싱이란 단어가 만들어지지 않았다면 언론들은 별 고민 없이 전처럼 통미봉남이란 표현을 기사에 썼을 것이다.

---

[*]   통미봉남이란 단어의 기원에 대해서는 강원식, 「통미봉남 프레임의 자기훼손성 연구」, 『북한연구학회보』 13권 2호, 북한연구학회, 2009. 3-5쪽. 참조.

코리아 패싱이란 비판의 비현실성

앞서 다뤘던 스트롱맨과 마찬가지로 코리아 패싱에 대한 거부감은 민족사의 그늘에 기인하는 바가 크다. 우리는 우리 뜻과 상관없이 열강들의 이해관계에 따라 일제의 식민지로 전락했고, 해방 후에는 강대국에 의해 남북이 갈라져 전쟁까지 치렀다. 우리 역사에서 코리아 패싱은 민족의 고난과 동의어라고 해도 무방할 것이다.

하지만 구한말이나 해방 직후와 달리 지금 대한민국은 세계 12위의 경제력을 자랑하며 선진국의 문턱 앞에 와 있다. 국제 외교 무대에서 대한민국의 영향력 역시 이에 못지않을 것이라고 국민들이 기대하는 것도 당연하다. 그런데 언론에서는 한국이 패싱을 당하고 있다고 하니 속이 터질 일이다. 정부의 무능을 욕할 수밖에 없다.

그러나 이 표현처럼 한국이 주변국들에게 완전히 무시를 당하고 있다는 생각은 환상에 가깝다. 경제력을 비롯한 국력 면에서는 물론 동북아시아에서 대한민국이 가진 전략적 가치를 고려하면 주변국 누구도 한국을 깨끗하게 패싱할 수가 없다.

언론에서 한반도 문제를 다루며 코리아 패싱이란 표현을 쓰는 경우를 생각해보자. 이전까지 한국과 발맞춰 강도 높은 대북 경제 제재를 이행해왔던 미국이 북한과 대화를 시작한다고 할 때 언론은 코리아 패싱이 우려된다는 기사를 쓸 수 있다. 앞에 인용한 [A]에도 비슷한 내용이 들어가 있다. 그런데 미국이 북한과 대화를 한다고 코리아 패싱이 우려된다고 할 때 코리아 패싱의 주체는 다름 아닌 미국이 된다. 미국이 과연 동맹국인 한국을 패싱하고 적성국인 북한과 손을 잡을까? 현실성이 없는 이야기다.

기본적으로 한반도 문제는 이미 국제 이슈가 되어 있다. 북미 간에 해결할 부분도 분명 있지만 남북이, 또 국제사회가 다 같이 해결해야만 하는 부분도 있다. 무엇보다 한반도 문제의 궁극적 해결은 지속적인 남북 관계 발전의 결과물로서의 통일밖에 없다. 코리아 패싱을 하면서 한반도 문제를 해결하겠다는 것은 앞뒤가 안 맞는 얘기인 셈이다.

그런데도 코리아 패싱이 자꾸 거론되는 것은 이 표현이 정치적 목적을 달성하는 데 꽤 괜찮은 효과를 발휘하기 때문이다. 언론이나 야당은 정부 정책에 대해 비판할 수 있고 비판해야만 한다. 그럴 때 필요에 따라 코리아 패싱 같은 프레임을 활용할 수 있다.

하지만 코리아 패싱 담론은 다른 나라와의 관계가 얽힌 문제라 조금 다른 접근이 필요하다. 국내 정치 문제로 끝나는 것이 아니라 잘못된 외교적 판단으로 국제무대에서 대한민국의 위상을 추락시키고 나아가 국익에 심각한 손해를 끼칠 수도 있기 때문이다.

무리한 변형과 과도한 확대 적용

[C] '합이 20선' 의원 5명 도쿄 갔는데… 일본 초선 1명 만났다

"한·일 관계가 얼마나 악화됐는지를 도쿄에서 피부로 절감했다. 코리아 패싱이 심각했다."

29일 일본 도쿄의 한 레스토랑에서 특파원들을 만난 윤상현 국회 외교·통일위원장이 자리에 앉자마자 이렇게 말했다. 그는 외교통일위 소속 의원들과 함께 28-29일 1박2일 일정으로 도쿄를 찾았다. 악화된 한·일 관계의 실상

을 도쿄 현지에서 그대로 느끼고, 일본 내 전문가들과 해법을 논의하기 위해 서였다. (중략)

중·참 양원의 카운터파트들을 만나 깊이 있는 대화를 나누려 했지만 출장을 준비했던 단계에서부터 일본 측의 반응은 싸늘했다고 한다. 윤 위원장에 따르면 주일한국대사관을 통해 접촉했던 중의원의 와카미야 겐지(若宮健嗣) 외교위원장 측은 아예 연락을 피해 다녔고, 특별한 이유 없이 답을 주지 않았다고 한다. 참의원의 와타나베 미키(渡辺美樹) 외교·방위위원장과는 만났다. 하지만 당초 일본 측에서 와타나베 위원장 외에 의원 3~4명이 나올 것으로 기대했지만, 약속 장소에 나타난 이는 와타나베 위원장 혼자였다. 결국 참의원 비례대표 초선인 와타나베 위원장이 당선 횟수를 모두 합치면 20선에 달하는 한국의 중진 의원 5명을 혼자 상대한 모양새다.(이하 생략)

_〈중앙일보〉 2019년 5월 30일자 3면

2019년 1월, 일본군 위안부 화해치유재단 해산과 대법원의 강제징용 배상 판결 등으로 한일 관계가 냉랭해진 가운데 일본 초계기가 대한민국의 배타적경제수역(EEZ) 상공에서 위협적인 저공비행을 실시했다. 당시 인근 해역에서 수색 작전을 수행 중이던 광개토대왕함은 초계기를 식별하기 위해 촬영용 광학카메라를 작동시켰다. 일본 초계기는 그대로 돌아갔지만 이후 일본 언론에서는 '한국 함정이 공격용 레이더로 일본 자위대 초계기를 겨냥했다'고 보도하기 시작했다. 여기에 일본 당국자들도 한국을 비난하는 발언을 내놓으면서 양국의 갈등은 극으로 치닫게 된다. [C]는 이처럼 한일 관계가 극도로 악화된 시점에 국회 외교통일위원회 소속 의원들이 일본을 방문했다가 냉대를 당했다는 소식을 전하고 있다.

이 기사에도 어김없이 코리아 패싱이란 표현이 등장한다. 그런데 여기서 쓰인 코리아 패싱은 앞서 본 한반도 문제를 다룬 기사들과는 다소 용법이 다르다. 여기서 패싱이라고 말하는 상황은 정부 대 정부의 외교 관계가 아니라 국회의원 교류 활동에 관해서다. 한국 국회의원들이 일본 의원들을 만나러 갔는데 일본 의원들이 별 관심을 보이지 않았다는 점을 근거로 "코리아 패싱이 심각했다"고 진단한 것이다.

일본 의원들이 이 자리에 참석하지 않은 데에는 물론 악화된 한일 관계도 일부 작용했을 것이다. 그런데 한일 정부 간 관계가 좋다고 해서 한국 국회의원들이 일본을 방문할 때 일본 의원들이 쌍수를 들고 환대할까. 역시 단정하기 어려운 일이다. 의원은 정부 지침대로 움직이는 외교관이 아니라 자기 지역구 유권자들을 대표하는 정치인이다. 어떤 일정을 어떻게 소화할지 결정하는 계산법 자체가 외교 관료와는 다르다. 그런데도 이 기사는 정부를 비판할 목적으로 입맛에 따라 코리아 패싱이란 표현을 과도하게 확대 적용했다.

비판을 위한 과잉은 또 다른 문제를 낳는다. 기사의 주장대로라면 일본에 간 국회의원들이 패싱을 당하지 않고 일본 의회의 환대를 받기 위해서는 정부가 나서서 한일 관계를 개선해야 한다는 결론에 이른다. 원론적으로야 이웃 국가와의 관계를 개선하고 잘 유지하는 것이 외교에서 중요하겠지만 무작정 덮어놓고 잘 지내는 게 외교 전략의 상수는 아닐 것이다.

더구나 이 기사가 나온 시점은 일본과 역사 갈등은 물론 초계기-레이더 사건으로 안보 갈등까지 겪고 있던 때다. 국회의원들이 좋은 의전을 받자고 국간 간에 분명한 갈등 요소가 있는데도 우리 정부가 앞장서 한일 관계 개선에 나설 수는 없는 노릇이다. 위에서 코리아 패싱을 주장한 국회의원이나 이 기사를 쓴 기자는 정부의 외교 무능을 부각하는 데에만 초점을 맞추느라 이런 비상식적인 메시지가 전달될 수 있다는 점은 전혀 고려하지 않았을 것이다.

강대국 미국과 중견국 대한민국의 외교전략

코리아 패싱 담론의 본질적인 문제가 바로 여기에 있다. 정부의 외교 무능을 비난할 목적으로 이 표현을 무리하게 쓰다 보면 사실 왜곡은 물론 정부의 외교 정책에 대한 이해하기 힘든 주장까지 펼치게 된다. 잘못된 언론의 목소리는 잘못된 여론을 형성하고, 잘못된 여론은 때로는 국익과 반대되는 당국의 결정을 촉구하는 지경에 이르기도 한다.

우리나라는 객관적 국력(경제력+군사력)에서는 물론이고 스스로도 국제무대에서의 정체성을 '중견국'으로 규정하고 있다. 중견국은 국력상 약소국과 강대국 사이에 있는, 그러면서 선량한 국제무대의 일원으로 국제 규범을 준수하는 신뢰성을 있는 국가를 뜻한다. 세계 전략을 구성하고 실행하는 미국이나 중국 같은 강대국과 달리 중견국은 국제사회에서 분명한 힘의 한계가 존재하기 때문에 외교 전략도 다를 수밖에 없다. 모든 국제 이슈보다는 자국이 비교우위를 갖고 리더십을 발휘할 수 있는 틈새 외교 이슈에 힘을 집중하는 식이다. 미국은 전 세계 거의 모든 외교 이슈에 관여하지만 대한민국은 그중 동북아 평화, 한반도 문제, 아세안을 포함한 주변국과의 협력 강화 정도에 역량을 주로 쏟는다.

한미동맹은 대한민국 외교와 안보에서 빼놓을 수 없는 핵심 요소다. 한국과 미국은 동북아 평화나 한반도 문제 등에 충실하게 보조를 맞춘다. 하지만 양국이 모든 이슈에 대해 같은 입장을 가지고 있을 수는 없다. 강대국 미국과 중견국 대한민국의 외교 전략과 역량이 다르고 국익에 대한 계산이 다르기 때문이다.

양국의 국익에 부합할 때는 대한민국도 미국의 전략을 적극 지지할 것이다. 반대의 경우에는 계산이 좀 복잡해질 것이다. 눈앞의 손익 외에 한미동맹의 가치, 주변국과의 관계, 국내 영향, 국내외 여론 등이 많은 것이 변수가 될 수 있기 때문이다. 계산 결과 미국의 결정이 전체적으로 우리나라 국익에 손실을 준다면 외교 당국은 우선 미국 측과 일정한 조율을 시도할 것이다. 그렇게 했는데도 손실을 감당할 수 없다면 해당 사안에 대한 양국의 보조는 달라질 수도 있다.

어떤 사안에 대해 한국과 미국의 보조가 달라진다면 코리아 패싱 담론은 또 슬쩍 고개를 내밀 것이다. 이때 나오는 코리아 패싱 주장이 과연 우리 국익에 도움이 될까. 그건 동맹국 미국의 전략에 편승하는 것만이 대한민국의 영속을 보장해주는 길이라는 극단적인 친미주의 논리와 다를 게 없다. 우리 외교 정책을 대한민국의 국익이 아니라 강대국의 전략에 따라 결정하도록 만드는 셈이다.

한미일 삼각관계와 코리아 패싱

특히 이런 비판은 일본이 얽힐 때 자주 나타난다. 국제무대에서 한국과 미국, 일본은 희한한 삼각관계를 유지하고 있다. 한국과 일본은 모두 미국의 동맹국이며 한미일 안보 협력은 미국의 동아시아 전략의 핵심축이다. 지역 정세의 안정을 위해서 우리나라에 한미동맹이 중요하듯 일본에는 미일동맹이 중요하다. 미국에게는 두 동맹 관계가 모두 필요하다.

그런데 주지하다시피 한일 간에는 역사 문제가 있기 때문에 양국은 당장 한미, 미일 같은 동맹이 될 수가 없다. 미국 입장에서는 한일 양국의 역사 문제가 늘 아쉬울 것이지만 우리 입장에서는 이 문제를 결코 가벼이 여길 수 없다.

2015년 12월 28일 체결된 한일 일본군 위안부 합의는 국내 여론의 강력한 반발 끝에 파기됐다. 합의 당시 외교가에 돌던 소문은 '미국이 한일 위안부 합의를 종용했다'는 것이었다. 미국 입장에서는 중국이 굴기(屈起)하는 상황에 한미일 3국 협력의 걸림돌인 한일 역사 문제를 빨리 정리하고 싶었을 수 있다.

독도나 동해 문제도 비슷하다. 독도는 역사적으로나 현실적으로 우리의 주권이 미치는 영토임이 분명하지만 일본은 이를 부정하고 있다. 그리고 한국과 일본 사이에 있는 미국은 독도를 '리앙쿠르 록스(암초)'라는 애매한 이름으로 부른다. 동해 명칭에 대해서도 우리는 국제사회에 동해(East Sea)와 일본해(Japanese Sea) 병기를 주장하지만 일본은 일본해 단독 표기를 주장한다. 미국은 이 논쟁에 일본 손을 들어주고 있다.

미국의 가치를 최우선으로 여기는 진영에서는 모두 코리아 패싱이란 딱지를 붙이기 딱 좋은 상황들이다. 이런 판단은 실체와는 전혀 무관하다. 독도 주권이나 동해 병기 문제에서 미국이 우리의 손을 들어주게 하는 방법도 분명 있을 것이다. 하지만 미국이 동맹국인 일본의 국익과 체면을 손상시키면서도 이 문제에서 대한민국의 손을 들도록 하려면 우리는 아마도 물밑에서 그보다 훨씬 더 많은 대가를 제공해야 할 것이다.

전략적 모호성(Strategic Ambiguity) 측면에서도 코리아 패싱 담론은 우리나라에 불리하게 작용한다. 전략적 모호성은 어떤 사안에 대해서 일부러 모호한 입장을 취하면서 협상력을 유지하는 전략이다. 특히 대한민국은 직접적으로 우리와 무관한 미국과 중국 간 갈등 사안에 대해서 전략적으로 모호한 입장을 취하는 경우가 많다. 미국과는 안보 동맹 관계이지만 중국은 대한민국의 최대 교역 상대국이다 보니 중국을 적성국처럼 취급할 수는 없기 때문이다. 실제로 2016년 사드 도입 결정 이후 중국의 보복 조치로 한국 경제는 적지 않은 타격을 입었다.

같은 이유에서 미중 무역 분쟁에 대해서도 대한민국은 일본과 달리 대놓고 미국 편을 들 수 없는 상황이다. 그러나 보수 언론들은 이때도 코리아 패싱을 들먹였다. 미국 중심의 경제협력체인 환태평양경제동반자협정(TPP)과 중국 중심 협력체인 역내포괄적경제동반자협정(RCEP) 간 대립 상황에서도 언론의 비판 포인트는 크게 다르지 않았다. 우리가 최대 교역상대국인 중국을 배제한 채 미국 중심의 통상 질서에 완전히 편입되는 것이 과연 국익에 부합하는가를 누구보다 엄밀히 따지는 것이 언론의 역할인데도 말이다.

코리아 패싱론은 자기비하이자 현실 왜곡

가장 심각한 문제는 코리아 패싱이란 표현이 국제 정세나 국가 간 관계에 대한 왜곡된 인식을 국민들에게 심어준다는 점이다.

[D] 중·러, 北 지원 확대… 日은 계속 "김정은 만나고 싶다"

우리 정부의 4강(强) 외교가 사실상 작동을 멈춘 가운데 중국과 일본, 러시아는 북한을 향해 계속 러브콜을 보내고 있다. 북한 문제에서 이른바 '코리아 패싱(한국 배제)'이 일어날 수 있다는 우려가 커지고 있다.

미국 민간단체인 과학국제안보연구소(ISIS)는 6일(현지 시각) "유엔 안보리 북한 제재위 전문가 패널의 지난 3월 연례 보고서를 분석한 결과, 중·러는 사업·금융, 조달, 수출, 운송 등 네 부문에서 모두 안보리 결의를 위반했다"고 밝혔다. 미국이 주도하는 국제사회의 북한 제재 전선에서 중·러가 점차 이탈하려는 것 아니냐는 관측이 나온다. 중·러가 북한에 공급하는 정제유량도 계속 늘어나고 있다. (중략)

지난 5~6일 몽골에서 대북 접촉에 실패한 일본은 다음 달 말 태국에서 열릴 아세안지역안보포럼(ARF)에서 다시 접촉할 계획이라고 마이니치신문이 보도했다. 아베 총리는 "전제 조건 없이 만나고 싶다"며 정상회담을 계속 추진하고 있다.　_〈조선일보〉 2019년 6월 8일자 5면

　　북한 문제에 대한 코리아 패싱을 우려한다는 내용의 보수 언론 기사다. 중국과 러시아가 유엔 안전보장이사회의 대북 제재 결의에도 불구하고 북한에 여전히 정제유 등을 지원하고 있고 또 일본이 다자회의를 계기로 북일 정상회담을 추진하고 있다는 점을 근거로 들었다. 심지어 중국과 러시아의 지원, 일본의 회담 추진을 북한에 대한 '러브콜'이라고 표현했다. 이 기사만 보면 한반도 주변국의 관심과 애정은 온통 북한에 쏠려 있으며 대한민국은 중국과 러시아, 일본에게 아무런 매력이 없는 찬밥 국가처럼 보인다.

물론 그런 평가는 전혀 사실에 부합하지 않는다. 안보리의 감시의 눈을 피해 중국과 러시아가 북한에 경제 지원을 해준다는 사실은 국제사회의 공공연한 사실이다. 동북아에서 북중러는 역사적으로 한미일에 맞서 공고한 협력체 역할을 해왔다. 북한의 완전한 고립과 체재의 붕괴를 원치 않는 중국과 러시아는 오래 전부터 국제사회의 눈의 피해를 꾸준히 북한을 지원해왔다. 새로울 것이 없는 내용이다. 일본이 북일 회담에 매달리는 것은 코리아 패싱이 아니라 오히려 저팬 패싱에 대한 우려 때문이다. 남북, 북미 대화를 중심으로 한반도 정세가 변해가자 일본은 납북자 문제를 내세우며 한반도 문제에 최소한의 존재감을 드러내고자 북한을 물고 늘어지고 있을 뿐이다.

이렇게 보면 이 기사는 상당한 왜곡이자 자기 비하에 가까운 내용을 담고 있다. 정부의 무능을 부각시키려는 의도가 너무 앞서 국제사회에서 대한민국보다 북한의 전략적 가치가 훨씬 더 우위에 있다고 독자들에게 말하고 있는 것이다. 건전한 보수의 시각에서 할 수 있는 얘기가 아닐뿐더러 객관적 사실에도 맞지 않다. 일본은 물론이고 냉전시대도 아닌 마당에 중국과 러시아가 대한민국을 버리고 오직 북한과 손을 잡을 것이란 얘기는 망상에 가깝다.

2019년 5월, 정용기 자유한국당 정책위의장은 정부의 외교안보 라인 경질을 요구하면서 관료들을 때마다 숙청하는 북한과 비교해 "북한 김정은 국무위원장이 문재인 대통령보다 낫다"는 발언을 해 논란이 됐다. 위 기사와 크게 다르지 않은 말이다.

아울러 코리아 패싱은 중국과 러시아, 일본뿐 아니라 미국마저도 언제든지 남한을 건너뛰어 북한과만 통할 수 있다는 생각을 사람들에게 심어준다. 국제사회에서는 영원한 적도 영원한 동지도 없다. 하지만 미국이 한미동맹과 한미일 협력의 이점을 버리고 북한과 손잡을 수도 있을 것이라는 생각은 우선 계산 자체가 비합리적이다. 그리고 무엇보다 미국이 당장에 동맹을 배신할 수도 있다는, 전혀 근거 없는 불신의 불씨를 사람들 사이에 던져넣는다. 정부에 대한 비난이 우리 외교의 주요 축인 동맹의 가치마저 폄훼하는 꼴이 되는 셈이다.

국정 운영에서 내치의 대부분이 경제라면 외교는 전시를 제외하고 외치의 거의 전부라고 해도 과언이 아니다. 외교 무능은 정권이 국정 능력에 심각한 결함을 가지고 있다는 뜻과 같다. 당연히 국정 능력이 없는 세력은 다시 정권을 잡아서는 안 될 것이다.

그런데 내치에 비해 외치는 일반 국민들이 쉽사리 체감할 수가 없는 영역이다. 국민들이 해외여행을 아무리 열심히 다녀도 국제 정세, 외교 관계, 대한민국의 국력 변화 등에 대해서는 단편적인 정보만 얻을 수 있을 따름이다. 국민들이 몸소 체험하기에는 국가 간 정무적 관계의 개선보다는 오히려 한류 열풍의 영향 등이 훨씬 더 클 것이다. 사람들은 국제 정세와 외교 관계, 국력에 대한 정보를 대부분 뉴스를 통해 얻을 수밖에 없다.

뉴스가 사실을 왜곡하는 것은 분야를 막론하고 문제시된다. 그러나 국제 관계에 관한 뉴스일 경우 특히 폐해가 심각하다. 독자 스스로 사실 관계를 판단하기가 쉽지 않기 때문이다. 코리아 패싱이란 표현이 기사에서 국익을 고려한 우려의 수준을 넘어 정권의 무능을 강조하고자 무리하게 기정사실처럼 다뤄질 때 국제 정세 등에 대한 심각한 사실 왜곡은 피할 길이 없을 것이다. 코리아 패싱 담론은 한반도 정세, 대한민국과 주변국과의 관계, 국제무대에서 대한민국과 북한의 전략적 가치 등에 대한 국민들의 인식을 모조리 왜곡힐 수 있나.

국제 정세 등에 대한 왜곡은 국민들의 오해 또는 몰이해를 낳고, 이는 잘못된 여론 형성으로 이어진다. 잘못된 여론은 국익과는 거리가 먼 외교 전략을 만들어내고 잘못된 전략을 정책으로 채택하도록 한다. 국제무대에서 대한민국의 위상에 걸맞은, 우리 현실에 적절한 외교 행위를 할 수 없게 만드는 것이다.

우리 민족이 개화기-구한말에 고초를 겪고 나라를 잃은 것은 일반 백성은 물론이고 위정자들이 국제 정세를 제대로 보지 못했다는 점이 크게 작용했다. 그리고 해방기의 찬탁과 반탁의 대립으로 민족의 분열이 조장된 것도 국제 정세를 제대로 전달하지 않은 언론의 잘못이 컸다. 그런 서글픈 역사를 다시 반복할 이유는 어디에도 없다.

시장질서: 질서를 주무르는 자들의 질서

시장질서   [명사] 재화와 용역이 자유롭고 공정하게 거래될 수 있도록 시장을 유지해주는 규율체계를 뜻한다. 시장에서 자생적으로 형성된 질서에 불공정행위를 막기 위한 정부의 규제가 가미된 것이지만 일부 언론에서는 정부의 규제를 비난할 목적으로 이 단어를 쓴다.

근래 재밌게 보고 있는 TV프로그램 중 하나가 SBS에서 방송하는 〈백종원의 골목식당〉(2018년 1월-)이다. 요리연구가이자 외식사업가인 백종원 더본코리아 대표가 작은 식당을 운영하는 자영업자들의 멘토 역할을 하면서 위기의 식당들을 갱생시키는 과정을 담은 프로그램이다. 백종원 대표가 요식업 선배로서 나태하고 비위생적인 식당 점주들에게 호통을 칠 때는 속이 후련해지고 반대로 그 동안 묵묵히 노력했던 점주들이 널리 인정받고 유명 맛집으로 거듭나는 모습을 보여줄 때는 가슴이 뭉클해지기도 한다. 무엇보다 바닥까지 내몰린 자영업자들을 도와 무너져가는 골목 상권을 살리겠다는 기획 취지가 마음을 끌어당긴다.

이름난 연예인들도 별로 출연하지 않는 자영업 갱생 프로그램이 이렇게 장수하는 데에는 백종원이란 인물이 결정적인 역할을 했을 것이다. 외식사업가로서 일궈낸 전대미문의 성과들과 높은 인지도는 사람들이 그를 요식업의 해결사처럼 믿도록 만들었다. 그런 믿음이 없다면 시청자들은 물론이고 방송에 출연하는 식당 점주들도 그의 말을 금과옥조처럼 받아들여 메뉴를 바꾸고 가격을 조정할 이유가 없을 것이다.

백종원 대표는 웬만한 식당 자영업자로서는 넘볼 수 없는 권위와 영향력, 신뢰성을 가지고 있다. 이 때문에 점주들은 그의 가르침을 따르고 시청자들은 그가 '솔루션'을 제공한 식당을 맛집으로 믿고 찾아간다. 방송이으로서 짧지 않은 경륜도 패 긍정적인 작용을 했을 것이다. 백종원 대표를 대신해 다른 요리사나 요리평론가, 외식업자가 해결사로 나설 수는 있겠지만 그가 하는 것처럼 사람들의 마음을 들었다 내려놓는 흥미진진한 드라마는 좀처럼 만들기 어려울 것이다.

프로그램에서 백종원 대표의 지도를 받은 식당들은 하루아침에 전국구 맛집으로 등극한다. 출연하는 식당들의 취약한 현실에 주로 초점을 맞춘 첫 주분 방송만 보고도 식당을 찾아가는 손님들이 적지 않다고 한다. 또 유튜버나 블로거 등이 몰려 식당 후기를 올리고 사람들이 이를 각종 SNS로 다시 퍼 날라주니 한산했던 골목은 순식간에 핫 플레이스로 떠오른다. 죽어가는 골목 상권을 살리겠다는 기획 취지 그대로다. 이 골목 상인들에게 백종원 대표는 그야말로 생명의 은인일 것이다.

시장질서의 수호자? 시장질서 교란종?

그런데 이런 경우를 한번 상상해보자. 백종원 대표가 다녀가기 전 그 골목에는 이미 인근에서 나름대로 좋은 평가를 받고 있는 파스타 맛집이 있었다. 중년의 점주는 부지런했고 음식에 대한 열정도 뜨거웠다. 매번 어마어마한 시행착오 끝에 내놓는 그 집만의 메뉴는 점주의 피와 땀 그 자체였고 단골손님들도 언제나 엄지손가락을 치켜올려주었다. 하지만 카메라가 자신을 비춘다는 사실이 견딜 수 없이 큰 부담이었던 내성적인 점주는 아쉽지만 방송 출연을 포기하고 만다. 골목 상권에 방문객이 많아지면 자연스럽게 자신의 파스타를 맛보러 오는 손님도 늘어날 것이라고만 생각하며……

그러나 방송이 나가고 난 뒤 성실하고 내성적인 이 점주의 기대는 처참하게 무너졌다. 바로 옆 가게는 방송에서 우여곡절 끝에 백종원 대표의 솔루션을 받으면서 전국적인 맛집으로 떠올랐다. 점주가 게으르고 노력하지도 않았으며 음식에 대한 애정도 별로 없어 그 전에는 하루에 손님 한두 팀을 받기도 힘들었던 식당이 말이다. 옆 가게가 그 골목을 대표하는 식당으로 자리매김하면서 오랜 단골손님들까지 부지런한 점주의 눈길을 외면하며 옆 가게로 몰려갔다. 이 점주는 배가 아프기도 하고 억울하기도 했다. 내가 지금껏 해왔던 노력은 과연 무엇이란 말인가.

위의 이야기는 허구다. 그러나 우리 골목 상권의 구조나 골목식당 프로그램의 패턴을 생각했을 때 절대 벌어지지 않을 거라고 장담할 수는 없다. 이런 점주에게 골목식당 프로그램이나 백종원 대표가 곱게 보일까? 자신은 나름의 노력으로 골목 상권에서 어느 정도 자리를 잡았는데 어느 날 갑자기 어마어마한 권위를 지닌 인물이 방송국 카메라와 함께 나타나 기존 상권의 질서를 완전히 뒤흔들어버린다면? 도태되어도 할 말이 없는 불량 식당을 맛집으로 바꿔냈으니 이 점주 입장에서 보면 백종원 대표야말로 시장질서 교란종일 것이다.

골목식당 제작진과 백종원 대표도 할 말은 있다. 무능하다는 이유로 도태돼야 한다면 영세 자영업자들은 어디로 가야 하는가. 대한민국 모든 식당의 점주들을 직접 다 갱생시키지는 못하겠지만 방송을 보는 것만으로도 점주들이 조금씩은 바뀌어가지 않겠는가. 대기업 프랜차이즈가 골목 상권마저 점령하며 시장질서가 무너지고 있는데 영세 자영업자들을 그냥 망하게 둘 수는 없지 않나 등등.

양쪽 입장에서 보면 내싱식인 섬수나 골목식당 제작진의 말이나 둘 다 틀렸다고 하기는 어렵다. 노력하는 식당이 장사가 잘돼야 하는 것도 맞고 고전하는 식당을 도와줘야 하는 것도 맞다. 한쪽에서 보면 백종원 대표는 프랜차이즈 대표의 권위와 방송의 힘을 업고 나타나 골목상권의 시장질서를 해치는 교란종이고, 다른 쪽에서 보면 백종원 대표는 대기업 프랜차이즈 위주로 재편되는 골목 상권의 시장질서를 지켜주려고 온 백기사다. 같은 프로그램과 같은 인물에 대해 정반대가 평가가 공존할 수 있는 것이다.

그런데 여기서 흥미로운 것은 이런 양 극단의 평가가 다름 아니라 시장질서라는 같은 기준을 따르고 있다는 점이다. 시장질서라는 것은 대체 무엇일까. 어째서 백종원 대표는 시장질서의 교란종인 동시에 시장질서의 수호자로 여겨질 수 있는 것일까.

자유롭고 공정한 재화와 용역의 거래

시장질서는 말 그대로 시장을 유지하는 질서를 뜻한다. 여기서 시장은 남대문시장처럼 실제로 사람들이 모여 물건을 거래하는 물리적인 장소만을 뜻하는 것이 아니다. 재화와 용역(서비스)이 거래되는 모든 영역을 추상적으로 일컫는 말이다. 주식시장, 자본시장, 부동산시장, 노동시장, 시장 상황, 시장 전망 등의 합성어로 뉴스에서 쉽게 접할 수 있다. 여기에 질서라는 어휘가 결합돼 시장질서는 재화와 용역이 자유롭고 공정하게 거래될 수 있도록 경제 주체들이 지켜가는 체계라는 뜻이 된다.

그런데 이런 사전적 정의는 애매하기 그지없다. 재화와 용역이라는 말은 비교적 뜻이 분명하지만 '자유'나 '공정' 같이 어떤 이상적인 상태를 표현하는 단어들은 구체적인 현실과 만날 때 가끔 받아들이기 힘들 정도의 간극을 만들어내기도 한다. 우리 언론에서 쓰는 시장질서라는 단어의 문제점도 대부분은 자유와 공정을 어떻게 이해하는지와 관련이 있다. 언론이 이 단어를 어떤 뉴스 속에 어떤 맥락으로 배치하고 있는지 실제 사례를 살펴보자.

> **[A] 사설 I '세계 최초'라는 5G, '최고 서비스'도 준비해야**
>
> 시장 질서를 어지럽히는 과당 경쟁도 문제다. 단통법을 무시하고 단말기 구매 지원금을 과도하게 올리는가 하면 불법 사례금을 뿌리는 사례도 잇따르고 있다. 통신사마다 앞 다퉈 무제한 요금제를 출시했지만, 사용량에 따라 속도를 제한하는 등 '무늬만 무제한'이라는 시비에 휩싸였다. 5G 핵심 콘텐트인 가상현실(VR)과 증강현실(AR)에서도 경쟁력이 떨어진다는 지적은 정부와 기업들이 뼈아프게 새겨야 한다
>
> _〈중앙일보〉 2019년 4월 9일자 30면

　[A]는 2019년 대한민국이 세계 최초로 5G 이동통신 서비스를 내놓은 뒤 통신 속도만큼 통신 서비스 수준도 높아져야 한다는 목소리를 담은 사설의 일부다. 여기서는 고객을 끌어오기 위해 이동통신사들이 벌이는 과도한 경쟁이 시장질서를 어지럽히고 있다고 지적했다. [B]는 증권선물위원회가 미공개 정보를 활용해 부당 수익을 올린 투자자에게 과징금을 물렸다는 내용이다. 이 기사에서는 미공개 정보를 활용한 투자를 시장질서 교란이라고 표현했다. [C]는 당정이 공정거래위원회의 전속고발제를 폐지키로 했다는 사실을 다뤘다. 여기서는 담합으로 이익을 독점하는 일부 기업의 행위를 시장질서 훼손이라고 썼다.

세 기사에서 시장질서라는 단어를 불러내는 맥락은 조금씩 다르지만 공통점을 찾아내는 것이 그리 어렵지는 않다. 위에서 시장질서 교란이나 훼손은 모두 불법 행위와 연관돼 있다. 휴대전화 보조금을 규제하는 단통법(단말기유통구조개선법)을 어겼거나 미공개 정보를 활용한 주식 등 투자를 제한하는 자본시장법(자본시장과 금융투자업에 관한 법률)을 지키지 않았거나 담합을 금지하는 공정거래법(독점규제 및 공정거래에 관한 법률)을 위반한 것을 시장질서 교란 또는 훼손이라고 썼다.

여기서는 단통법이나 자본시장법, 공정거래법 같은 경제 관련 법률들이 시장질서와 비슷한 뜻으로 쓰였다. 질서를 지킨다는 것은 곧 정해진 법을 지킨다는 것이고, 법을 어기면 시장질서도 교란하는 셈이다. 이 기사에서 자유와 공정이란 정해진 실정법을 준수하고 그 범위 내에서 최대한의 경제적 이익을 추구해야 한다는 의미일 것이다. 일반적이며 또한 지극히 상식적인 용법이다.

자유로운 거래와 공정한 거래의 갈등

그러나 불행히도 상당수 기사에서 시장질서라는 단어는 이처럼 논란의 여지가 없는 상식적인 의미로만 쓰이지는 않는다.

[D] '요금인하'에만 맞춘 정부 칼날… 시장질서 침해냐 바로잡기냐

시장 경제를 침해한 것일까. 시장 실패를 바로잡은 것일까. 국정기획자문위원회가 통신비와 실손보험료, 카드수수료율 인하를 잇달아 단행하자 자본주의 속 정부의 역할론이 충돌하고 있다. 업계는 "정부의 시장 개입이 지나치다"며 소송을 준비하거나 나머지 고객 혜택을 줄이겠다고 맞서고 있다. 통신과 금융시장은 독과점 구조와 정보 비대칭성으로 인해 시장 가격이 왜곡된만큼 정부 개입이 불가피하다는 주장도 만만치 않다.

_〈서울신문〉 2017년 6월 24일자 11면

[D]는 2017년 문재인정부 출범 당시 인수위원회 역할을 했던 국정기획자문위원회가 통신비와 신손보험료, 카드수수료율 등을 직접 인하한 뒤이를 둘러싼 찬반 주장을 정리한 것이다. 통신비와 보험료, 수수료율은 각각 통신사와 보험사, 카드사의 매출 및 영업이익과 직결되는 부분이다. 카드수수료율을 낮추면 카드사의 이익은 그 비율만큼 줄어든다. 통신비와 보험료 인하도 서비스나 보장 내역을 그대로 유지한다는 것을 전제로 통신사와 보험사의 재무제표에 분명한 악영향을 줄 것이다. 업계에서는 이런 조치에 당연히 반발할 수밖에 없다.

그런데 한쪽에서는 정부의 이런 조치를 옹호하고 있다. 기존의 가격이 독과점 구조와 정보의 비대칭 등으로 이미 왜곡된 상태였기에 불가피하게 정부가 나서서 잘못된 시장을 바로 잡아야 한다는 것이다. 이런 목소리를 내는 사람들은 아마 소비자 단체나 진보적 성향의 전문가 집단 등일 것이다.

앞서 예로 든 골목식당 문제처럼 이 기사에서도 양쪽 진영 모두 시장질서를 각자 주장의 근거로 삼고 있다. 통신사와 보험사, 카드사 등은 정부의 조치가 지나친 시장 개입이자 시장질서 침해라고 주장한다. 반면 다른 쪽에서는 업계가 왜곡한 시장질서를 바로 세우기 위해 정부가 개입해야 한다고 말한다. 재화와 용역의 자유롭고 공정한 거래라는 측면에서 보자면 업계는 자유로운 거래에 방점을 찍은 것이고 정부와 소비자 단체 등은 공정한 거래를 강조한 것이라고 정리할 수 있다.

사실 [D]와 같은 기사는 양심적이다. 시장질서 문제에는 자유의 가치와 공정의 가치가 일종의 긴장 관계를 형성하고 있기 때문에 정부가 특정 정책을 추진하면 둘 사이에 갈등이 충분히 불거질 수 있다. 위 기사는 양쪽의 입장을 모두 충실히 다뤘고 어떤 주장이 옳은지, 어떤 가치를 우위에 둬야 하는지 등은 독자들의 판단에 맡겼다.

문제는 모든 기사가 이렇게 친절하거나 양심적이지 않다는 점이다. 어떤 언론들은 자신들이 지지하는 입장에다 무한한 가치를 두고 그에 반하는 정책을 강하게 비판하고자 할 때 앞뒤 가리지 않고 시장질서라는 칼을 쓰윽 뽑아 아무렇게나 휘두른다.

[E] 나경원 "최저임금 1만원 공약, 시장경제질서 무너뜨리는 행위"

자유한국당 나경원 의원이 최근 뜨거운 감자로 떠오른 정부의 '최저임금 1만원' 정책에 대해 반감을 드러냈다. (중략) 그러면서 "최저임금 인상에 대한 우려를 야당과 경제 기득권층의 무조건적인 반대로 치부하더니, 민심이 심상치 않으니 모든 책임을 기업 및 경제주체들에 전가하며 시장경제의 원칙을 심하게 훼손하고 있다"라며 "최저임금 지급 현황 등을 살펴본 뒤 종합대책을 마련하겠다는 정부, 여당. 이제라도 알맹이 없는 땜질식 처방으로 시장경제질서를 무너뜨리는 행위를 중단하라"라고 주문했다.

_〈헤럴드경제〉 2018년 1월 10일 인터넷판

[E]는 문재인정부가 공약한 '최저임금 1만 원'에 대해 훗날 제1야당 원내대표가 되는 한 의원의 비판을 그대로 전달한 기사다. 여기서 비판의 근거는 시장'경제' 질서다. 시장경제 질서는 시장질서와는 의미가 조금 다르지만 여기서는 거의 비슷한 뜻처럼 사용했다. 제목으로 뽑은 대로 최저임금을 1만 원으로 인상하면 시장경제 질서가 무너진다는 주장인데, 기사에는 최저임금 인상과 시장경제의 붕괴가 어떤 관계인지 자세히 설명되어 있기 않다. 추측건내 노동시장에서의 임금 역시 다른 재화나 용역과 마찬가지로 수요와 공급이라는 시장의 원리에 따라 결정돼야지 정부가 일방적으로 정해서는 안 된다는 얘기가 아닐까 싶다.

물론 이런 주장도 어떤 상황에서는 타당할 수 있다. 기업에서 중요한 결정을 내리는 최고경영자(CEO)나 독보적인 기술과 연구 성과를 가진 엔지니어 및 연구원의 임금은 시장의 원리에 따라 결정하는 게 적절할 수 있다. 하지만 최저임금에 이런 잣대를 가져다대는 것은 최저임금의 취지를 모르거나 의도적으로 무시하지 않는 한 있을 수 없는 일이다.

이 같은 주장은 시장에서의 자유를 확대해줄지 몰라도 공정한 시장 환경의 조성 측면에는 도움이 되지 않는다. 최저임금이 시장의 자율에 따라 결정된다면 비숙련·단순 노동자들이 회사 측에 자신의 가치를 입증하고 매년 물가상승률 이상의 임금 상승을 이끌어내는 일은 불가능해지기 때문이다.

사실 정치인들이 상대 진영의 정책을 비난할 의도로 시장질서를 들먹일 때 이 단어는 선전성이 강한 구호 이상의 의미를 지니지 못한다. 자본주의 사회에서 반드시 수호해야 할 지고지순한 가치인 양 거론되지만 그저 그와 같은 짧은 인상을 주는 것 외에는 별다른 의미가 없는 공허한 개념으로 동원될 뿐이다.

최저임금을 비롯한 노동 정책뿐 아니라 부동산 정책, 금융 정책, 조세 정책 등 모든 경제 정책에는 시장질서를 명분으로 앞세운 비판이 가능하다고 해도 과언이 아니다. 물론 의심의 여지없이 방어하는 쪽도 깊은 고민을 하지 않은 채 시장질서를 방패로 내세울 수 있을 것이다. 결국 어떤 경제 정책에 대한 시장질서 공방은 서로 다른 이념 성향만 확인하는 것일 뿐 그 이상의 건설적인 의의를 갖기는 어렵다고 하겠다.

시장 환경 변화로 널리 퍼진 뉴스 언어

시장질서라는 단어의 기원을 특정하기는 어렵다. 역사적 기원을 따진다면 고전파 경제학을 창시한 애덤 스미스(1723-1790)까지 거슬러 올라가야 할 것이다. 애덤 스미스는 『국부의 성질과 원인에 관한 연구』(국부론)에서 자유방임시장은 그 유명한 '보이지 않는 손'의 원리에 따라 효율적으로 자원을 배분한다고 설명했다.

하지만 이러한 시장경제 체제는 실제로는 정보의 비대칭, 독과점, 외부효과 등으로 인해 말하는 것처럼 제대로 된 배분이 이뤄지지 않는다. 이에 뒤에 나온 케인즈학파 경제학자들은 시장실패를 막기 위해 정부가 적절하게 시장에 개입해야 한다고 주장했다.

고전 경제학의 시장경제 체제를 현실 세계에서 그대로 실현하고 있는 국가는 없다. 모든 경제 주체들이 자유롭게 시장에 참여해 완전한 정보와 지식을 가지고 재화와 용역을 거래하는 완전경쟁시장은 이상적 모델일 뿐이다. 시장경제의 정반대편에는 국가가 주도하고 통제하는 계획경제 체제가 놓일 텐데 이 역시도 현실과는 거리가 멀다. 극단적인 계획경제 체제를 채택한 북한만 해도 현실은 민간에 형성된 장마당의 역할을 부정할 수 없는 지경이다. 대한민국을 비롯한 현대사회의 모든 국가들은 시장경제와 계획경제의 그 사이 어디쯤에서 적절한 정부의 역할을 고민하고 있다.

시장질서는 시장경제 체제에서 이상적으로 설정한 자유경쟁시장에서 자생적으로 형성한 질서를 기반으로, 정부가 시장실패를 막기 위해 적절한 조치를 가미하면서 완성된다. 시장의 자율과, 공정한 거래를 위한 정부의 개입 사이의 변증법적 결과물로서 시장질서가 존재한다는 뜻이다. 둘 중 하나만 존재한다면 그건 시장경제 체제 또는 계획경제 체제이지 따로 시장질서라고 이름붙일 것도 없을 것이다.

우리 언론에서 시장질서라는 단어를 처음 쓴 기사는 1958년에 등장한다.* 영남일보는 1958년 1월 17일자 「결탁 여부를 추궁」이란 기사에서 남대구경찰서가 '도시미관 및 시장질서 유지'를 위해 관내 9개 시장의 불법 노점상을 완전 철거하도록 경고했다는 소식을 전하고 있다. 여기서 시장질서는 다소 중의적이긴 하지만 말 그대로 물리적 공간으로서 시장을 깨끗하게 유지하기 위한 질서라는 의미가 더 강했다.

지금 사용하는 의미에 가까운 용법은 1964년 2월 12일자 매일신문에 게재된 사설 「양곡보유량신고제는 곡가 안정에 실효를 거둘 수 있을

---

* 국립중앙도서관 '대한민국 신문 아카이브' 서비스에서 검색한 결과다.

까」에 가서야 발견된다. 정부가 일정량 이상의 양곡을 생산하거나 가공하는 자들에게 소유한 양곡의 양을 신고하도록 했는데, 이 제도가 양곡을 유통하는 시장의 질서를 바로 잡을 수 있을지 의문이라는 내용이다.

이후 띄엄띄엄 지면에 등장하던 이 단어가 본격적으로 쓰이기 시작한 것은 1993년 12월 우루과이라운드(UR) 타결 이후로 보인다. 우루과이라운드는 여러 나라의 무역 장벽을 낮추고 자유무역을 활성화시킨 다자간 무역협상으로, 발효 이후 우리나라 산업 각 분야에도 큰 변화의 바람을 몰고 왔다. 즉 외부 요인으로 대한민국의 시장질서가 급변하자 뉴스에서 이 단어가 등장하는 횟수도 급증한 것이다.

뉴스 분석 서비스인 빅카인즈에서 연도별로 이 단어가 포함된 기사의 보도 건수를 보면 1993년까지는 연간 20-30건 정도였으나 협상 타결 직후인 1994년에는 59건, 협상이 발효된 1995년에는 89건, 이듬해에는 117건으로 늘어난다.

그리고 1997년 국제통화기금(IMF) 구제 금융 사태를 맞으면서 시장질서에 대한 기사 보도 건수는 그해 199건으로 또 다시 대폭 증가한다. 당시 기사를 찾아보면 '영미식 시장질서', '시장질서 재편', '세계경제 시장질서' 같은 단어들이 흔히 보인다. 우루과이라운드에 이은 IMF 구제금융이라는 충격이 시장질서라는 단어를 일상적인 뉴스 언어로 자리 잡게한 것이다. 물론 뉴스를 넘어 일반 국민들 사이에서도 이 단어는 끊임없이 회자됐을 것이다.

이후에도 이 단어의 사용은 1998년 259건, 1999년 256건, 2000년 318건 등으로 늘어나다가 2003년에는 일시적으로 800건을 넘기도 한다. 노무현 대통령이 참여정부의 10대 국정과제 중 하나로 '자유롭고 공정한 시장질서 확립'을 내세우면서 다시 한 번 시장질서가 우리 사회의 주요 화두로 떠올랐기 때문이다. 이 시기 시장질서는 재벌 개혁, 기업 경영 투명성, 변칙 상속 및 증여, 순환출자, 부당 내부거래, 규제 같은 단어와 한 기사에 더불어 등장하는 경우가 많았다.

이를 보면 외부뿐 아니라 내부 원인에 따라서도 대한민국의 시장 환경을 급변했으며 그때마다 시상질서라는 단어는 어김없이 뉴스에 반복 등장했다는 사실을 알 수 있다. 곧 변혁의 시기에 언론 보도 속 시장질서라는 단어는 세계 경제 질서를 따르면서도 대한민국에 적합한, 그리고 자유롭고 공정한 시장의 질서란 무엇인지 계속해서 묻고 고민한 수행적 발화였던 셈이다.

시장질서와 정부 그리고 기업

그러나 최근 이 표현은 지극히 자의적이고 편의에 따라 사용되는 경우가 많은 듯하다. 큰 변화의 시기마다 시장질서에 대한 고민이 집중적으로 이뤄졌고 그 결과 이념지향성에 따른 기본 입장들이 대략 정리되면서 이 단어를 손쉽게 상대 진영을 공격하기 위한 수단처럼 써먹는 것이다.

이제 언론은 물론 정치권, 재계, 산업계 등에서 보수는 보수대로 진보는 진보대로 또 기업은 기업대로 자기에게 유리한 방식으로 이 단어를 사용한다. 심지어 영화계에서 모 외국 영화가 어떤 요일에 개봉을 했느

냐를 두고 '시장질서 훼손'을 운운한 기사*까지 내보내는 실정이다. 이 정
도면 기자나 업계 특정 인물의 마음속에 있는 질서가 곧 시장질서라고
주장하는 수준이 아닐까?

그나마 이런 예는 가벼운 문제에 속한다. 시장질서라는 단어가 지극
히 자의적으로 쓰이고 또 그 의미가 가장 심하게 왜곡되는 곳은 따로 있
다. 바로 재벌 대기업의 입장에 서서 정부 정책을 비판하는 기사들이다.

[F] 재계, 협력이익공유제 강력 반발

정부가 상생 차원에서 협력이익공유제의 연내 입법 발의를 추진하면서 재계
의 반발이 최고조에 달하고 있다. 경제계는 세계에서 유례없는 대기업과 협
력사간 이익 공유의 법제화라는 정부 방침에 대해 자유주의 시장질서의 근
간을 흔드는 '일방통행식' 정책이라며 입법 저지에 총력을 기울이겠다는 입
장이다.   _《파이낸셜뉴스》 2018년 12월 6일자 15면.

문재인정부가 추진한 협력이익공유제를 반대하는 재계의 목소리를
담은 기사다. 재계(財界)는 대자본을 가진 기업가들의 세계를 뜻하는데
우리나라에서는 재벌 대기업 무리와 거의 같은 뜻이다. 곧 이 기사는 대
기업과 중소기업의 협력을 강화하려는 정부의 정책에 재벌 대기업이 반
대하고 있다는 내용에 다름 아니다. 여기서 재벌 대기업들은 협력이익공

---

*   〈'변칙 개봉' 스파이더맨, 시장질서 훼손 논란〉, 《한국일보》, 2019년 6월 28일자 24면.

유제가 '자유주의 시장질서'의 근간을 흔든다고 주장한다. 이 목소리를 옮기고 있는 언론사의 입장도 크게 다르지 않을 것이다.

대기업과 중소기업의 협력을 강화하려는 정부 정책은 일종의 시장 개입이다. 그런데 재벌 대기업들이 말하는 자유주의 시장질서는 자유방임주의 시장경제 체제다. 따라서 그들 입장에서 볼 때 정부가 자꾸 시장에 개입하는 것은 괜한 비효율과 부패만 일으킬 뿐이다. 정부가 도리어 경제 기반을 아예 이기는 것이나.

그런데 재벌 대기업이 아니라 중소기업 입장에서 보면 어떨까. 우리나라에서 중소기업은 대부분이 대기업의 '협력업체'로서 존재한다. 하지만 실상은 대기업과 협력한다기보다는 일방적으로 대기업에 종속된다. 대기업은 하청업체 단가 후려치기로 이윤을 극대화하고 중소기업은 생존을 위해 갖가지 부담을 떠안는다.

이렇게 '이윤은 원청으로, 리스크는 하청으로' 집중되는 불공정 구조는 시장 실패의 결과물이다. 협력이익공유제가 유일한 해결책은 아니겠지만 아무튼 극단적인 시장경제 체제가 아니라면 어떤 식으로든 정부가 개입해야만 하는 상황이라는 얘기다. 중소기업 입장에서는 정부의 조치가 반갑지 않을 리 없다.

재벌을 위한 시장질서와 경제민주화

보수 매체와 경제지들은 재벌 대기업에 대한 규제를 반대 수준을 넘어 거의 혐오한다. 정부의 정책은 물론 국회의 입법 활동 중에도 대기업에 불리한 요소들이 있으면 당장 목에 굵은 핏대를 세운다. 이런 제도들이

기업의 투자를 위축시키고 반(反)기업 정서를 확산시키며 결과적으로 국가 경제를 후퇴시켜 중소기업이나 노동자들에게도 좋을 것이 없다는 논리다.

물론 이런 주장도 완전히 틀린 것은 아니다. 하지만 이런 목소리에는 시장의 자유에 대한 당위론만 존재할 뿐 공정한 시장에 대한 고민은 전혀 담겨 있지 않다. 불공정한 시장질서 속에서 재벌 대기업만 살아남고 중소기업과 노동자들이 모두 무너진다면 그때는 재화와 용역의 거래 자체가 이뤄질 수 없지 않겠는가? 질서를 말하기 전에 시장 자체가 무너지는 것이다.

시장질서를 앞세워 재벌 대기업을 옹호하는 기사 속에서 대기업은 시장질서를 수호하는 선량한 경제 주체처럼 그려진다. 정부가 기업을 고깝게 보고 규제 정책을 추진하면 성실한 역군들이 피해를 본다는 식이다.

그러나 현대사에 조금이라도 관심이 있는 사람들이라면 우리나라의 재벌 대기업이 공정한 시장질서 속에서 성장하지 않았다는 사실을 잘 알 것이다. 재벌 그룹을 일으켜 세운 창업주들의 기업가 정신과 그들이 일군 성과를 폄훼하려는 것이 아니다. 그들의 리더십과 노동자들의 희생이 있었기에 지금의 대한민국이 존재한다는 사실은 부정할 수 없다. 그렇지만 결과가 좋다고 해서 모든 과정이 정당화되는 것은 아니다. 역사를 지우지 않는 한 대한민국의 재벌이 모든 경제 주체에 자유롭고 공정한 시장질서 속에서 정당하게 몸집을 키운 것이 아니라는 사실 또한 부정할 수 없다.

재벌 대기업의 특혜는 현재진행형이기도 하다. 때마다 경제 살리기를 명분으로 이뤄지는 재벌 총수에 대한 사면이야말로 대표적인 시장질서 교란이자 훼손이다. 횡령 및 배임으로 회사와 주주에 피해를 입혀 처벌을 받은 범죄인이 이내 경영 일선으로 돌아와 다시 회사를 운영한다는 것은 자유나 공정과는 한참 거리가 멀다. 이런 조치는 재벌은 국가 경제에 중요한 역할을 하기에 실정법을 똑같이 적용할 수 없다는 왜곡된 인식을 사람들에게 심어주게 된다.

대한민국은 시장경제 질서를 근간으로 하면서 부분적으로 사회주의적 계획경제를 가미한 '사회적 시장경제질서'를 표방하고 있다. 시장경제만 강조하는 것은 대한민국 경제 체제의 반쪽만 바라보고 있는 것이다.

헌법 제119조 2항은 '국가는 균형 있는 국민경제의 성장 및 안정과 적절한 소득의 분배를 유지하고, 시장의 지배와 경제력의 남용을 방지하며, 경제주체 간의 조화를 통한 경제의 민주화를 위하여 경제에 관한 규제와 조정을 할 수 있다'고 규정하고 있다. 이른바 '경제민주화'의 근거가 바로 이것이다.

대한민국은 야경국가가 아니다. 정부는 재벌 대기업뿐 아니라 중소기업, 노동자 같은 경제 주체들 모두가 조화를 이룰 수 있도록 개입할 수 있다. 재벌 대기업에 불리하다는 이유로 어떤 정책을 반대하면서 시장질서를 들먹인다면 이 단어에는 그저 대기업을 위한, 대기업에 의한, 대기업의 질서라는 의미밖에는 남지 않는다.

그런 질서 하에서는 일감 몰아주기, 가격 담합, 내부 정보 활용 거래, 시세 조작, 특허 탈취 등 수많은 시장질서 교란 행위들이 일상이 될 것이다. 그리고 일반 국민들도 균등한 기회를 박탈당하고 소수의 가진 자들을 위해 노동할 자유밖에 갖지 못할 것이다. 당연히 그것은 대한민국이 추구해야 할 정의가 아니다.

애덤 스미스가 처음 시장경제를 주창했을 때 시장질서는 사실 소수 특권층에 대한 반발의 의미에 가까웠다고 한다. 왕가와 귀족, 영주 등 소수 특권층이 독점권을 가지고 부를 축적하던 기존의 중상주의에 대한 대안으로 등장한 것이 바로 그의 고전경제학이었다. 시장질서는 개념의 출발점 자체가 소수의 독점을 거부하고 자유롭고 공정한 기회 균등의 정신을 실현하는 데에 있었던 셈이다.

자본주의 사회에서 시장질서는 경제 주체들이 경제 활동을 안정적으로 영위할 수 있도록 해주는 근간이라 할 수 있다. 만약 이 질서가 모두가 아니라 특정 경제주체만을 위한 체제가 된다면 어떨까. 어떤 자들은 그 안에서 최대한의 효율과 성과를 누리겠지만 다른 대다수 사람들은 불공정과 비효율의 늪 속에서 손발이 묶인 채 허덕일 것이다. 말로만 질서일 뿐 장애물과 다름없는 것이다.

시장질서는 기업만의 문제가 아니다. 이런 불공정한 구조는 시장 자체를 왜곡시켜 국민 개개인에게도 피해를 주게 된다. 대표적인 것이 SK텔레콤, KT, LGU+ 같은 대기업 3사가 독과점을 유지하고 있는 이동통신시장이다. 일반 소비자들은 새로 등장하는 5G 서비스의 요금 체계가 과연 합리적인지 어떤 계산에 따라 나온 것인지 알 수 없다. 그런데도 5G

외에 2G나 3G 같은 다른 서비스를 선택할 수 있는 폭은 점점 줄어든다. 중소 이동통신사들이 대기업과 제대로 경쟁할 수 있는 환경이 조성되고 지금보다 알뜰폰 시장이 더욱 커져야 이동통신 3사의 서비스에도 어느 정도 변화가 생길 것이다.

국민들은 언론이 시장질서를 운운할 때마다 끊임없이 물어야 한다. 지금 이 기사에서 말하는 시장질서는 누구를 위한 질서인가. 그 질서는 국민을 위한 질서인가 아니면 재벌만을 위한 질서인가. 이 질서 안에서 흙수저로 태어난 나와 재벌 2,3세가 공정하게 경쟁할 수 있을까.

반대로 정부가 규제를 할 때도 같은 질문을 던질 수 있다. 이 정책은 경제 주체로서 내가 더 자유롭고 공정하게 활동할 수 있도록 실질적인 도움을 주는가. 별 도움이 되지 않거나 오히려 방해가 된다면 우리를 이를 단호히 거부할 수 있다. 백종원 대표의 솔루션이 골목 상권이 아니라 백 대표 자신이나 특정 관계자들을 위한 것이라면 점주들이 그의 말을 들을 이유가 어디 있겠는가.

3장

묻지마 범죄: 묻지 않으면 아무것도 바뀌지 않는다

묻지마 범죄   [명사] 금전적 이익이나 원한 관계에 의한 보복 목적이 아니라 특별한 이유 없이 불특정 대상을 겨냥한 살인, 방화, 폭력 같은 강력 범죄를 뜻한다. 가해자들은 대개 현실에 대한 불만이 컸고, 사회에 잘 적응하지 못했으며, 분노조절을 어려워하거나 조현병(정신분열증)을 앓기도 했다.

1990년 여름, 온 국민을 충격과 공포의 도가니로 밀어 넣은 사건이 발생했다. 공중전화 부스에서 전화를 걸고 있던 20대 청년이 뒤에서 전화를 빨리 끊으라고 독촉하는 주부를 홧김에 살해한 것이다. '공중전화 주부 살해 사건'의 가해자는 피해자와 말다툼을 하다가 품에 지니고 있던 칼로 일면식도 없는 피해자의 목을 두 차례나 찔렀다. 당시 피해자는 7개월 된 아이까지 안고 있었다. 수많은 인파가 오가는 서울 연세대학교 정문 바로 건너편에 있던 공중전화 부스 앞에서 벌어진 사건이다.

당시 사람들이 경악한 부분은 범행의 잔인함은 물론이고 살인이란 비일상적 행위가 지극히 일상적인 공간에서 아무렇지 않게 벌어졌다는 점이었다. 지금이야 누구나 길을 걸으며 휴대전화로 통화하지만 그때만 해도 길거리에서 전화를 걸 수 있는 수단은 공중전화가 유일했다. 공중전화는 집 전화와 더불어 가장 일반적이고 대중적인 통신 수단이었으며 사람들이 전화 부스 앞에 줄을 서서 차례를 기다리는 모습은 어느 거리에서나 목격할 수 있는 평범한 풍경이었다. 그리고 공중전화를 오래 붙들고 있는 사람에게 뒷사람이 노크 몇 번으로 급한 마음을 표현하는 것도 그리 특별한 일은 아니었다.

이 사건은 그런 평범한 공간에서 벌어지는 흔한 행동이 죽음을 부를 수도 있다는 충격적인 사실을 일깨워주었다. 또 아무런 원한 관계도 없고 돈을 누려 것두 아닌데 화가 난다는 이유고 모르는 사람을 산인아세 죽일 수 있는 잠재적 살인자들이 멀쩡하게 길거리를 돌아다니고 있음을 사람들에게 각인시켰다. 공포 그 자체였다. 평생 남에게 해코지하지 않고 살아온 사람이라도 운이 나쁘면 살인마의 레이더에 걸릴 수 있다는 것, 우발적 범행의 피해자가 돼 비참하게 생을 마감할 수도 있다는 가능성은 평범한 사람들이 지켜온 윤리의식에 대한 심각한 도전처럼 보였다.

다행히 이 사건의 범인은 범행 직후 도망을 가다가 주민 신고로 출동한 경찰에 붙잡혔다. 만약 범인이 범행 이후에도 한동안 검거되지 않고 행방이 묘연했다면 사람들의 불안감은 걷잡을 수 없이 증폭되었을 것이다. 연세대 앞을 비롯해 거리를 산책하는 사람들은 줄어들고 어쩔 수 없이 공중전화를 써야 하는 사람들은 매순간 부스 앞 대기줄을 확인해야만 했을지도 모른다.

단지 전화를 빨리 끊으라고 독촉한다는 이유로 누군가를 죽인다는 것은 사람들이 이해하고 있던 '살인의 법칙'으로는 도저히 설명이 불가능했다. 당시 언론은 이 사건을 가리켜 '우발적 살인', '맹목적 범죄'라고 정의했고 그 원인을 인명경시 풍조나 자본주의 물질문명의 천박함까지 거슬러 올라가 찾기도 했다.

약 30년이 지난 지금의 시선으로 보더라도 이 사건은 사람들에게 공포와 분노 그리고 안타까움을 불러일으킨다. 그런데 한편으로 더 안타깝고도 무서운 점은 이런 비슷한 사건이 지금도 계속 일어나고 있다는 사실이다. 공중전화 주부 살해 사건이 근래에 일어났다면 아마 언론에서는 별 고민 없이 사건의 본질을 한 마디로 정리했을 것이다. '묻지마 범죄'라고 말이다.

끊이지 않는 묻지마 범죄

묻지마 범죄는 최근 신문 사회면에 빈번하게 등장하는 단어 중 하나다. 공중전화 주부 살해 사건은 지금 벌어지는 묻지마 범죄와 여러 면에서 유사하다. 단지 그때는 이 표현이 쓰이기 전이었기에 이 사건을 우발적 살인, 맹목적 범죄 등으로 설명했을 따름이다. 아무튼 묻지마 범죄라고 부르든 우발적 살인이나 맹목적 범죄라고 부르든 이런 사건이 뉴스에서 다뤄지면 사람들은 큰 충격을 받고 공포에 떤다. 사람들이 느끼는 불안감은 30년 전 공중전화 주부 살해 사건이나 지금의 묻지마 범죄나 크게 다르지 않다.

묻지마 범죄를 살인이나 강도, 방화처럼 범죄의 한 종류로 분류할 수 있다고 치면, 현대 사회에서 이만큼 큰 사회적 논란을 일으키는 범죄가 없다고 해도 과언이 아니다. 최근 몇 년만 따져봐도 그렇다. 거의 매년 전국민을 공포로 몰아넣은 엄청난 사건들이 발생했다. 아파트에 불을 지르고 대피하는 주민들을 살해한 진주 아파트 방화 살인 사건(2019년), 불친절하다는 이유로 PC방 아르바이트 직원의 얼굴과 목을 흉기로 찔러 살해한 강서구 PC방 살인사건(2018년), 건물 화장실에 숨어 있다가 화장실에 들어온 생면부지의 여성을 살해한 강남역 살인사건(2016년), 예비군 사격훈련 중 총기를 사람들에게 난사하고 자살한 내곡동 예비군 훈련장 총기 난사 사건(2015년) 등이 모두 신문과 방송 뉴스의 헤드라인을 차지했던 사건들이다.[*]

묻지마 범죄는 대한민국만의 문제가 아니며 미국이나 일본 같은 선진국에서도 심각한 사회적 문제로 다뤄지고 있다. 대표적인 예가 일본 도쿄 아키하바라에서 일어난 '도리마(通り魔) 사건'이다. 당시 25세였던 가해자는 사는 게 피곤하다는 이유로 2톤 트럭을 끌고 번화가 횡단보도에 돌진해 사람들을 친 뒤에 차에서 내려 흉기로 행인들을 마구 찔렀다. 단순 교통사고인 줄 알고 도와주려 현장에 접근한 대학생을 포함해 7명이 사망하고 10명이 부상을 입었다. 어릴 적 아동학대에 시달렸고 범행 전에는 비정규직 트럭 기사 일을 하던 가해자는 심리적 위안을 얻기 위해 활발히 활동하던 인터넷 게시판에 범행을 예고까지 했다.

묻지마 범죄는 기존 범죄학의 이론으로는 충분히 설명하기 힘들다. 범죄학의 지식 체계에서 설명하기 힘들다는 것은 발생을 예측하기가 어렵고 이는 곧 예방도 힘들다는 뜻이다. 예방할 수 없는 범죄는 우리 사회의 치안을 극도로 악화시키며 공동체 자체의 안정성을 붕괴시킬 소지가 있다. 정부나 국회도 어떻게든 묻지마 범죄를 해결할 수 있는 대책을 수

---

[*] 이 중 일부는 묻지마 범죄인지 혐오 범죄인지 성격 규정을 두고 논란이 있다. 이 문제는 뒤에 따로 다룬다.

립해야 하지 않을까?

하지만 여기서는 이 같은 당연한 문제 제기가 아니라 다른 방향의 질문을 하려고 한다. 우리 공동체의 근간을 흔들 수 있는 위험한 범죄라는 묻지마 범죄를 언론이 다루는 방식에 대한 물음이다. 언론이 처음 고안해낸 묻지마 범죄의 실체는 무엇일까. 언론은 어떤 맥락에서 또 무슨 이유로 이 표현을 쓰는가. 그리고 그런 보도 방식이 우리 사회에 어떤 영향을 끼치는가.

모르는 사람을 향한 이유 없는 폭력

[A] 방화 뒤 어린이·여성에 묻지마 칼부림… 새벽 '공포의 아파트'

자신이 사는 아파트에서 불을 지르고 대피하던 이웃 주민에게 무차별적으로 흉기를 휘둘러 5명을 숨지게 하고 13명을 다치게 한 40대 남성은 병원에서 정신질환과 편집성 정신분열증 판정을 받은 것으로 드러났다. (중략)

경남 진주경찰서는 17일 아파트에 불을 지르고 입주민을 살해한 혐의(살인 등)로 안모(42) 씨를 체포해 조사 중이다. 안 씨는 이날 오전 4시 32분쯤 자신이 살고 있는 아파트에 불을 지른 후 흉기를 들고 밖으로 나왔다. 이어 "불이야"라고 소리를 지른 후 밖으로 서둘러 대피하던 어린이, 노인 등 이웃 주민들에게 흉기를 마구 휘둘렀다.(이하 생략)

_〈문화일보〉 2019년 4월 17일자 12면

[B] '초등학생에까지' 日 가와사키市 공원에서 묻지마 흉기 난동

일본 도쿄 근처 가와사키(川崎)시에서 묻지마 흉기 난동이 발생해 적어도 18명이 흉기에 찔렸고, 이 가운데 30대 성인과 초등학교 6학년생 어린이 한 명이 목숨을 잃었다고 영국 BBC가 전했다. (중략)

목격자들에 따르면 이 남성은 줄지어 카리타스 초등학교 스쿨버스에 오르려고 줄을 서 있던 초등학생들에게 다가가 흉기를 휘둘렀고 나중에 버스에 올라 안에 있던 학생들에게도 흉기를 휘둘렀다. 경찰은 흉기를 휘두른 뒤 목을 네 차례나 찌르는 등 자해해 의식불명에 빠진 50대 남자를 연행했지만 끝내 숨을 거뒀다. 아직 범행 동기는 알려진 것이 없다.(이하 생략)

_⟨서울신문⟩ 2019년 5월 28일 인터넷판

[C] "술김에"… '묻지마 폭력'에 쓰러지는 사회적 약자들

저항할 힘이 없는 약자를 내상으로 한 '묻지미 범지'에 대한 국민적 공분(公憤)이 일고 있다. 거제살인사건의 현장 폐쇄회로(CC)TV를 보면, 피해자는 32분간 구타당하면서 단 한 번도 반격하지 못했다. 특별한 범행동기도 없다. 다만 범행에 앞서 휴대전화로 '사람이 죽었을 때' 등을 검색한 것으로 드러났다. 검찰은 이를 근거로 '계획적 범행'이었음을 의심하고 있다.

_⟨조선일보⟩ 2018년 11월 7일 온라인

묻지마 범죄를 다룬 신문사 세 곳의 기사다. [A]는 2019년 4월 대한민국에 큰 충격을 안긴 진주 아파트 방화 살인 사건을 다룬 것이고, [B]는 비슷한 시기 일본 가와사키의 한 초등학교에서 발생한 흉기 난동 사건에 대한 기사다. 두 사건은 모두 피해자 수가 두 자릿수에 해당하는 대형 사건으로 한동안 한국과 일본 사회를 떠들썩하게 만들었다. [C]는 경남 거제에서 발생한 묻지마 폭행 살인 사건을 다뤘다.

세 기사를 비교해보면 언론이 규정하는 묻지마 범죄의 성격이 어떤 것인지 대충 감을 잡을 수 있다. 세 사건은 발생한 지역이 다르고 피해 규모도 다르지만 몇 가지 공통점을 가지고 있다.

첫 번째는 범인과 피해자 사이의 별다른 관계가 없다는 점이다. 진주 아파트 방화 살인 사건은 같은 아파트에 사는 이웃을 대상으로 한 범죄이지만 실제 피해자 한 명 한 명과 범인의 관계를 일관성 있게 연결 지어 설명하기는 어렵다. 일본 초등학교 흉기 난동과 거제 살인 사건의 피해자들은 범인과 일면식도 없었다.

두 번째는 범행의 동기가 불분명하다는 점이다. 범죄학에서는 살인의 동기를 보통 원한이나 치정(癡情), 금전 등으로 든다. 하지만 위 세 사건은 모두 기존의 틀로는 설명되지 않는다. 대신에 가해자가 평소 정신질환을 앓았다거나 술김에, 홧김에 범행을 저질렀다는 설명이 따라붙었다. [B]와 [C]는 기사 본문에 '범행 동기가 없다'고까지 썼다.

묻지마 범죄에 대한 종합적인 연구를 수행했던 한국형사정책연구원*은 묻지마 범죄를 ①범죄 동기가 알기 어렵거나 뚜렷하지 않은 ②범죄 대상이 대립 관계에 있지 않은 비면식(非面識) 피해자에 대한 ③폭력 행사라고 정리했다. 여기서 폭력 행사는 범죄 성립을 위한 기본적인 조건일 것이고 묻지마 범죄만의 특성을 설명하는 것은 동기 그리고 피해자와의 관계 부분일 것이다. 즉 형사정책연구원의 설명은 언론에서 통상적으로 이해해왔던 묻지마 범죄의 정의를 거의 그대로 수용한 것이다.

기준의 모호함과 판단의 자의성

언론이 묻지마 범죄라고 대대적으로 다룬 사건들은 구체적 양상은 조금

---

*   윤정숙 외, 『묻지마 범죄자의 특성 이해 및 대응방안 연구』, 한국형사정책연구원, 2014.

씩 다르지만 대체로 위 조건에 부합한다. 애초에 이 조건이란 것이 언론에서 묻지마 범죄라고 조명한 사건들의 공통점을 추린 것이니 당연한 결과다. 말하자면 순환논증의 오류인 셈이다.

그래서 질문의 방향을 바꿔 '이런 사건은 묻지마 범죄가 맞느냐 아니냐'거나 '이런 조건이 맞지 않으면 묻지마 범죄가 아니냐'라고 묻는다면 분명한 답을 내놓기가 어렵다. 성격이 애매한 사건들에 대해 언론이 제각기 다른 판단을 내리는 이유가 여기에 있다.

예를 들어 사기는 서로 잘 모르거나 처음 보는 사람을 범행 대상으로 했더라도 금전적 이득이라는 분명한 목적이 있고 폭력 행위도 아니기 때문에 묻지마 범죄로 분류할 수 없다. 반대로 홧김에 길을 가는 모르는 사람들을 자동차로 치고 살해했다면 이건 당연히 묻지마 범죄로 다뤄질 것이다.

그렇다면 길을 가는 모르는 여성을 납치해 강간하는 연쇄 강간은 어떨까. 위 조건대로라면 성범죄는 모르는 사람을 대상으로 무차별 범행을 저질렀다고 해도 성적 만족이라는 분명한 동기가 있기 때문에 묻지마 범죄로 분류할 수 없다. 실제로 대검찰청은 묻지마 범죄로 분류할 수 있는 '폭력 행사'를 살인, 살인미수, 상해, 폭행, 협박, 방화, 재물손괴 등으로 한정했다.

이 중 재물손괴도 사소한(?) 손괴는 묻지마 범죄라는 이름을 얻기 힘들다. 차량이나 건물 유리창에 사제 총을 쏘거나 무차별로 돌을 던지면 묻지마 범죄의 반열에 오르지만, 불량한 10대 청소년이 홧김에 길가에 서 있는 게임기를 발로 차 부순다고 해서 이를 묻지마 범죄로 다루지는 않는다.

학계에서도 이런 이유를 들어 묻지마 범죄라는 표현의 부적절함을 지적한다. 검찰이나 국책 연구기관의 노력에도 불구하고 묻지마 범죄는 사실 아직까지는 학술적으로 뜻이 분명하게 정립된 개념이라고 보기 힘들다. 언론에서 워낙 자주 사용하고 대중 사이에도 널리 퍼져 있기에 관련 보고서 및 논문에 종종 등장하는 것뿐이지 학자들 사이에서도 개념 정의에 대한 이견이 적지 않다.

학계에서는 묻지마 범죄를 무동기 범죄, 이상동기 범죄, 무차별 범죄, 증오 범죄, 무작위 범죄 등의 용어로 대체해 뜻을 분명히 하고자 시도했다. 하지만 언론에서 쓰는 이 표현을 완벽하게 대체할 만한 용어는 아직 개발되지 않은 듯하다.

언론도 분명한 틀을 가지고 묻지마 범죄 여부를 판단하는 것은 아니다. 세상을 떠들썩하게 만든 사건에 대해 대다수의 언론이 공통적으로 묻지마 범죄라는 판단을 내리는 경우가 적지 않지만 그렇지 않은 경우도 분명히 존재한다. 정부 당국(경찰 또는 검찰)과 언론, 또 언론사들 사이에서도 어떤 사건에 대해서는 서로 다른 이름표를 붙인다. 경찰이 묻지마 범죄라고 브리핑한 사건을 몇몇 언론은 증오 범죄라고 판단할 수 있고, A 언론사가 사이코패스에 의한 묻지마 범죄라고 보도한 사건을 B언론사는 현실을 비관한 분노 범죄라고 기록할 수도 있다.

이 단어가 등장한 지 얼마 되지 않았던 2004년 한 신문은 그해 5월 한 달 동안 발생한 묻지마 범죄가 총 2만 2727건이라고 보도*했다. 택시

---

*　　「이유 없는 '묻지마 폭행' 기승」, <내일신문> 2004년 6월 10일.

기사와 승객이 운행 코스를 두고 다투다가 주먹다짐을 한 우발적 폭력 사건까지도 모두 묻지마 범죄로 분류한 것이다. 묻지마 범죄가 한 달에 2만 건이 넘게 일어났다는 주장을 곧이곧대로 받아들이기는 어렵다.

범죄학자들이 묻지마 범죄라는 전혀 학술적이지 않은 표현의 대체어를 아직 찾아내지 못한 가장 큰 이유도 여기에 있을 것이다. 기준이 있다고 해도 어떤 사건이 묻지마 범죄인지 아닌지를 판단하는 것은 그 기준을 누가 어떻게 해석하고 적용하느냐에 따라 다를 수 있다. 경찰 수사관의 수사든 검사의 기소든 아니면 기자의 기사 작성 단계든, 어느 지점에서 누군가의 판단이 강하게 작용한다는 말이다. 묻지마 범죄라는 표현은 누가 읽고 쓰더라도 같은 의미로 통용돼야 하는 체계적 학술 용어와는 성격이 전혀 다른, 오히려 자의적인 표현에 가깝다.

묻지마 범죄의 기원

언론에서 만들어 쓰는 표현들이 대부분 그렇듯 묻지마 범죄 역시 애초에 분명한 개념 정의를 바탕으로 쓰인 것은 아니다. '묻지마'는 이미 1990년대에 널리 쓰였던 일종의 유행어였다. 묻지마 관광, 묻지마 투자, 묻지마 투표처럼, 충분한 정보를 바탕으로 한 합리적인 행위가 아니라 즉흥적으로 이뤄지는 행동을 비난하기 위해 썼던 말이다. 여기에 범죄라는 단어가 더해져 앞뒤를 따지지 않은 즉흥적 또는 우발적 범죄라는 의미의 '묻지마 범죄'가 탄생한 것이다.

첫 등장은 2000년 4월 24일자 한국일보의 「묻지마 살인' 광풍」 기사였지만 이때는 단발로 그쳤다. 이후에도 이 표현을 사용한 기사들이 단속적으로 등장했지만 큰 반향을 일으키지는 못했다.

언론에서 본격적으로 묻지마 범죄에 관심을 가지기 시작한 것은 2003년 대구 지하철 방화 사건부터였다. 2003년 2월 18일 오전, 신세를 비관한 50대 지적장애인 남성이 대구 지하철 1호선 객차 안에서 휘발유를 담은 페트병 2개에 불을 붙여 던졌다. 이 사건으로 발생한 사망자는 192명, 부상자는 148명에 달했다. 이후 이 사건은 언론에서 종종 묻지마 범죄의 대표적인 예로 다뤄졌다.

그러나 묻지마 범죄가 대한민국에서 심각한 사회 문제로 부각되고 일반 국민들의 뇌리 속에 잔학성과 공포의 대명사처럼 자리 잡은 것은 2008년 서울 논현동 고시원 방화 살인 사건부터일 것이다. 이 사건 이후 언론에서 묻지마 범죄라는 표현을 사용하는 빈도 역시 대폭 증가했다.

2008년 10월 20일 오전, 당시 서른 살의 무직자였던 범인 정모씨는 자신이 살던 서울 논현동의 한 고시원에 불을 지른다. 그러고는 입구를 막고 섰다가 화재를 피해 복도로 뛰어나온 피해자들을 미리 준비한 흉기로 살해하거나 중상을 입혔다. 이 사건으로 사망 6명을 포함해 총 13명의 사상자가 발생했다.

범인이 철저한 사전 준비 끝에 범행을 저질렀고 특히 모르는 사람들을 '게임하듯' 흉기를 휘둘러 해쳤다는 사실에 사람들은 경악했다. 당시 보도에 따르면 재판 과정에서 정씨의 정신을 감정한 국립법무병원은 정씨는 사물 변별 능력이나 의사 결정 능력에 아무런 문제가 없으며 다만 일부 정서 문제와 성격 문제가 있다고 진단했다. 겉으로 보기에 멀쩡한 사람이 상상하기도 힘든 잔악한 범죄를 저지른 것이다.

언론은 정씨의 일기장에 쓰인 "나는 태어나지 말았어야 했다", "이제는 마무리를 할 때가 됐다"는 문구를 열심히 퍼 날랐고 그가 3년 전부터 범행을 계획했다는 수사 결과도 놓치지 않았다. 법원은 정씨에게 사형을 선고했다.

범인의 비인간성에 천착하는 언론 보도

당시 기사들을 보면 대부분 언론은 범행 방식의 잔인함과 피해 규모, 범인의 신변 특징 등에 집중하는 방식으로 이 사건을 보도했다. 특히 범인의 범행 당시 심리 상태, 범행 직전의 행적, 범인의 재산 수준, 직업, 평소 생활 방식, 가족 관계, 성장 환경 등은 하나하나가 비중 있는 팩트로 다뤄졌다. 이런 보도 방식은 이후 다른 묻지마 범죄에 대해서도 비슷하게 반복됐다.

이런 대형 뉴스를 접했을 때 '범인은 왜 대체 저런 엄청난 일을 저질렀을까' 또는 '범인은 어떻게 저런 엄청난 일을 저지를 수 있었을까'라는 질문이 나오는 것은 매우 자연스럽다. 이런 의문을 풀어주기 위해 팩트를 취재하고 보도하는 것은 언론의 책무 중 하나일 것이다. 그런데 범인의 신변 문제에만 천착하는 보도 방식은 범죄에 대한 사람들의 인식을 왜곡시킬 우려가 있다. 여기서 묻지마 범죄를 다루는 우리 언론의 첫 번째 문제점이 드러난다.

범죄의 원인을 밝히는 것은 상당히 어려운 문제다. 어떤 범죄가 발생할 때는 복합적인 원인이 작용한다. 범인 개인의 심리 상태 같은 내재적 요인도 있고 범인을 둘러싼 환경적 요인도 있다. 나아가서는 그런 환경적 요인을 만들어낸 사회 구조적 문제의 영향도 따져볼 수 있을 것이다.

물론 사회 구조적 문제가 심각하고 어려운 환경에 처해 있다고 모두가 범죄자가 되는 것은 아니다. 그런 논리만 가지고 범죄 행위를 정당화할 수 없음도 물론이다. 하지만 묻지마 범죄가 우리 사회의 중요한 문제라고 인식한다면 여러 층위에서 그 원인을 따져보아야 적절한 해결 방법도 찾을 수 있지 않을까?

단적으로 범인이 강한 반사회성을 가지고 있다면 언론은 그런 심리가 어떤 사회 구조 때문에 형성된 것인지 철저하게 따져야 한다. 그렇지 않고 범인 개인의 신변 문제에만 집중하는 보도는 범죄의 원인을 전적으로 범인에게서만 찾아내려는 편협한 시도일 뿐이다. 이런 보도 방식이 언론의 태생적 성향인 선정성과 결합하면 결국 묻지마 범죄 보도는 범인의 비인간성, 나아가 악마성을 부각시키는 선정성의 향연으로 나아갈 뿐이다.

묻지마 범죄라는 단어 자체에는 이미 범인은 묻지도 따지지도 않고 사람을 해치는 자, 인간성이 결여된 자라는 생각이 전제되어 있다. 이런 접근 방식에서는 범인이 평소 술과 담배를 얼마나 했는지, 어떤 게임이나 책을 좋아했는지, 최근 어떤 영화를 봤는지 등 사소한 신변에 관한 사실들 하나하나가 잔학한 범행을 예고하는 단서로 해석된다. 보도에 따르면 논현동 방화 살인 사건의 범인은 평소 인형뽑기와 공상과학 이야기를 즐겼다고 한다. 평소 아무렇지 않았던 인형뽑기와 공상과학 소설이 지금 이 순간, 여러 면에서 연쇄 살인과 관련성이 깊어 보이지 않는가.

범인의 악마성에만 초점을 맞추면 묻지마 범죄의 해결책이라는 것은 따로 있을 수가 없다. 범죄를 사전에 막기 위해 갖가지 장치를 도입하고 우범자들을 철저히 관리하고 불평등한 사회 구조까지 개선한다 하더라도 악마는 악행을 멈출 리 없다. 악마는 악마라서 악행을 저지르지 다른 이유는 필요 없기 때문이다. 그를 막을 수 있는 것은 '천벌'뿐이다. 범죄에 대한 의미 있는 분석과 제언은 이렇게 요원해진다.

묻지마 범죄인가 혐오 범죄인가

또 다른 문제는 묻지미 딤곤이 사선의 본질을 충실하게 보지 못하게 만든다는 점이다. 묻지마라는 말 한마디로 사건의 성격을 정의해버리면 선정성 너머에 감춰진 진짜 문제들을 짚어볼 기회를 잃게 된다. 언급한 대로 묻지마 범죄는 자의적으로 쓰이는 표현이다. 거기다 대중의 관심을 끄는 자극적 소재이기 때문에 언론은 최소한의 조건이 갖춰진다면 이 표현을 마다할 이유가 없다.

그런데 세상 모든 일이 그렇듯이 어떠한 사건도 한 가지 성격으로만 규정되지 않는다. 사건 사고나 사회 현상의 여러 단면 중에서 어떤 숨은 문제점을 찾아내고 여기에 사회적 의미를 부여하는 것이 사회부 기자들이 하는 일이다. 지금 다니는 신문사를 입사할 당시 기사 작성 실무 평가에 나왔던 문제는 이런 것이었다.

'서울의 한 반 지하 방에서 화재가 발생해 초등학생 남매가 사망했다. 남매는 학교 수업이 끝난 뒤 집에 돌아와 있던 중 일을 당했다. 남매의 부모님은 맞벌이 직장인이다. 평소 남매를 따로 돌봐주는 가족은 없었다. 사건 현장 분석 결과 화재 진압용 스프링쿨러가 작동하지 않았다. 남매가 있던 방의 문

대략 이런 내용의 사건 브리핑을 근거로 형사 역할을 맡은 면접관에게 추가로 궁금한 사실을 물어보고 이를 바탕으로 기사를 작성하는 시험이었다. 아마 시험지 첫 줄에 '서울 ○○동에서 화재가 발생해 초등학생 남매가 사망했다'고 쓴 뒤 수사 기록만 충실히 정리한 응시자들은 대부분 탈락했을 것이다. 사건에 아무런 의미를 부여하지 않았기 때문이다.

사건의 의미를 충분히 고민한 응시자들은 적어도 이 화재 사망사건을 통해 반 지하 방의 소방안전 실태나 초등학생 방과 후 돌봄 문제, 화재 신고의 중요성, 도시 지역 공동체의 현실 등에 대한 나름의 문제제기를 했을 것이다. 방문이 잠겨 있었다는 사실을 파고들어 새로운 팩트를 찾아내고 전혀 다른 방향의 기사를 쓴 응시자도 있을 수 있다. 하나의 사건이지만 어떤 면에 의미를 부여하느냐에 따라 전혀 결이 다른 기사가 될 수 있는 것이다.

묻지마 범죄 보도를 둘러싸고 자주 논란이 되는 것은 언론에서 묻지마 범죄라고 보도한 사건이 사실은 혐오 범죄(증오 범죄)가 아니냐는 점이다. 혐오 범죄는 모르는 사람에게 폭력을 행사해 분노를 표출한다는 점에서는 묻지마 범죄와 비슷하다. 하지만 범행 대상은 특정한 성별이나 출신, 인종, 종교, 신분, 성적 지향을 가진 사람 등으로 한정된다.

한국 사회에서는 2016년 강남역 여성 살해사건이 발생하며 이 문제가 본격적으로 부각되었다. 그해 5월 17일 서울 지하철2호선 강남역 10번 출구 인근에 있던 한 노래방 건물 화장실에서 가해자가 23세의 여성을 살해했다. 가해자와 피해자 간에는 일면식도 없고 가해자는 조현병을 앓고 있었기에 경찰은 이 사건을 정신질환자에 의한 묻지마 범죄라고 결론지었다. 그리고 상당수 언론들은 경찰 발표에 따라 이 사건을 묻지마 범죄라고 보도했다.

그러나 수사 과정에서 새로운 팩트가 확인되면서 다른 판단이 나오기 시작했다. 화장실에 숨어 있던 범인은 피해 여성 이전에 화장실에 들른 남성 6명은 그대로 보냈다. 이 사실이 알려지자 이 사건은 여성 혐오 범죄라는 보도가 나오기 시작했고 여성들의 공감과 분노를 일으켰다.

언론이 어떤 사건의 본질을 묻지마 범죄라고 보느냐 혐오 범죄라고 보느냐는 보도 방식에서도 상당한 차이를 낳는다. 묻지마 범죄는 범행 방식의 잔인함, 범인의 비인간성에 주로 초점을 맞추지만 혐오 범죄는 사회구조적 문제에 대한 강도 높은 성찰이 동반된다. 여성이나 이주노동자, 성소수자 등에 대한 혐오 범죄를 묻지마 범죄라고 규정해버리면 한국 사회의 성차별, 인종차별, 성소수자 인권 문제 등에 대해 사회적 논의를 벌일 수 있는 기회를 잃는 것이다.

치안 불안을 부추기는 보도 방식

묻지마 범죄 보도에 대해 하나 더 지적할 것이 있다. 다음 인용문을 보자.

[D] 사설 | 잔혹한 묻지마 범죄 빈발, 한국 사회 괜찮은 건가

17일 새벽 경남 진주의 한 아파트에서 안모씨(42)가 자신의 집에 불을 지른 뒤 대피하는 주민들에게 흉기를 휘둘러 70대 남성과 60대 여성 등 5명이 숨지고 13명이 다치는 끔찍한 사건이 발생했다. 안씨는 유일한 대피로인 계단 2~4층을 오가며 무방비 상태의 주민들을 살해하고 상처를 입혔다. 사망자 중에는 12세 여자 초등학생과 18세 여고생도 포함돼 있다. 참담하고 안타까운 일이 아닐 수 없다. 심심한 애도를 표한다. 수사 당국은 엄중한 수사와 처벌로 반인륜적 범죄에 대해 합당한 책임을 물어야 한다.

안씨는 폭력 전과와 함께 치료감호소에서 편집형 정신분열증(조현병)으로 치료를 받은 전력이 있는 것으로 확인됐다. 또 이 아파트에 살면서 평소에도 이웃집·승강기에 인분 등을 뿌리는가 하면 욕설과 폭행 등으로 주민들과 갈등을 빚어왔다. 숨진 여고생은 안씨가 따라다니며 괴롭히기까지 해, 가족들이 지난달 집 앞에 폐쇄회로(CC)TV까지 설치했다고 한다. 올 들어 안씨의 행패·폭행과 관련해 경찰에 신고된 것만 7차례나 됐다. 이런 사정을 보면, 안씨의 방화·살인은 어느 정도 예측 가능했던 일이다. 법무부와 지역 정신건강복지센터가 안씨 출소 후 조현병 치료와 관리를 제대로 했더라면, 경찰이 적극적인 범죄예방조치를 시행했더라면 하는 아쉬움이 남는다.

이번 사건은 한국 사회의 허술한 안전망에 대한 경종이기도 하다. 대검찰청 자료를 보면, 전체 살인사건에서 사회 불만에 따른 우발적 살인 비중은 2015년 38%, 2016년 39%, 2017년 42%로 해마다 늘고 있다. 올 들어서도 '성신여대역 행인상대 칼부림사건' '부산 범천동 고시텔 방화사건' '진주 70대 노인 무차별 폭행사건' '부산 대학생 피습사건' 등 충동범죄가 계속되고 있다. 이 같은 범죄를 저지르는 이들 10명 중 1명은 정신질환을 앓고 있다고 한다.

정부와 국회는 법·제도의 정비에 나서야 한다. 정신질환을 앓고 있는 범죄 우려자에 대한 등록의무화와 정보의 공유·치료가 우선 시급하다. 보건복지부 자료를 보면, 전체 중증정신질환 환자 중 정신보건시설 등에 등록한 사람은 10명 중 3명에 불과하다. '스토킹범죄 처벌법' 등의 시행도 서둘러야 하고, 경찰청 예규에만 언급된 '우범자 관리제도'도 정비해야 한다. '임세원법' 시행으로 정신질환자에 대한 정보연계·외래치료명령 등이 가능해지지만 본인 동의가 없으면 강제 치료나 관리는 불가능한 상황이다. 또 우리 사회의 부조리, 불평등, 빈부격차와 함께 성별·이념·계층·세대 간 갈등 치유를 위한 정책을 마련하고 시행해야 한다. 그래야 '묻지마 범죄'에 의한 사회적 약자의 허망한 죽음을 일부라도 막을 수 있다.

_《경향신문》 2019년 4월 17일자 31면 사설

진주 아파트 방화 살인 사건을 다룬 한 진보 성향 신문의 사설 전문이다. 다소 길지만 묻지마 범죄에 대한 대한민국 언론의 전형적인 반응을 보여준다는 점에서 전문을 인용했다. 이 사설만 가지고 이야기한다면 묻지마 범죄를 바라보는 시각은 매체의 이념 지향성과 큰 관련이 없는 것처럼 보인다.

글은 사건 개요를 전달하면서 시작되는데, 주로 범행 방식이 얼마나 끔찍한지를 묘사하는 데 힘을 쏟는다. '반인륜적 범죄'라는 진단도 빠뜨리지 않았다. 다음으로는 범인 안모씨의 신변과 과거 행적을 요약했다. 폭력 전과와 치료감호소 치료 전력, 조현병 진단을 받은 사실과 함께 주민들을 수차례 괴롭혀 경찰이 출동한 전력을 담았다. 그리고 우발적 살인과 충동범죄라는 표현을 동원해 묻지마 범죄 현황을 제시한다.

이 글을 보면 대한민국은 점점 더 살기 위험한 사회가 돼가고 있는 듯하다. 우발적 살인 사건의 비중이 매년 늘어나고 충동범죄가 줄줄이 일어난다고 하니 불안은 커질 수밖에 없다. 사설의 제목부터가 '한국 사회 괜찮은 건가'라는 의구심 가득한 문장이다.

그런데 한 가지, 글에서 인용한 통계의 실체를 따져보면 새삼스럽게 불안에 떨어야 되는 것인지 고개를 갸우뚱거리게 된다. 사설은 38%-39%-42%라는 비중만 제시하면서 우발적 살인 사건이 매년 증가하는 것처럼 썼다. 하지만 대검찰청 범죄분석 통계를 찾아보면 우발적 살인의 비중은 증가하지만 전체 살인범죄 발생 건수는 오히려 줄어드는 추세다. 특히 인구 대비 건수는 큰 폭으로 줄었다. 2017년 인구 10만 명당 살인 범죄 건수는 1.7건으로 전년 대비 9.6%가 감소한 수준이었다. 10년 전과 비교해보면 27%가량 줄어든 수치다.

우발적 범행과 계획적 범행 중 무엇이 더 무서운지는 사람마다 다를 수 있다. 사람에 따라서는 전체 발생 건수가 대폭 줄었다고 해도 우발적 범행이 늘었다면 치안이 나빠졌다고 볼 수 있다. 그런데 묻지마 범죄에 대한 판단은 다분히 자의적이다. 따라서 우발적 살인 비중이 늘어난 것을 반드시 치안 상황과 연결시키는 것은 무리가 아닐 수 없다. 어떤 사건을 우발적 범행으로 분류할지 계획적 범행으로 분류할지는 수사의 정확성이나 수사관의 판단, 사건을 둘러싼 여론, 상부 수사기관의 방침 등의 영향을 받는다.

묻지마 범죄는 표현 자체가 필요 이상의 치안 불안을 조장하는 기사를 만들어 낼 수밖에 없다. 사람들은 인과 관계가 비교적 명백한 범죄에 대해서는 대부분 자기와 무관하다고 생각한다. 치정이나 원한 관계에 의한 범죄라면 그런 관계를 만들지 않으면 되고, 금전은 없어서 문제일망정 너무 많아서 범죄의 대상이 될 정도는 아니라고 여긴다. 그런데 피해 대상이 특정되지 않는 묻지마 범죄는 범행의 이유가 없으니 누구라도 언제 어디선가 그 같은 범죄의 피해자가 될 수 있다는 두려움을 불러일으킨다. 실제로는 전체 범죄 건수가 줄어들고 있는데도 묻지마 범죄 보도로 사람들의 치안 불안은 더욱 커지는 것이다.

묻지마 범죄 대책과 인권 침해의 위험성

나아가 과도한 치안 불안감은 대책 마련 과정에서도 살못됐거나 불필요한 정책을 지지하게 만들 위험성이 있다. 당장 진보 성향의 신문이 쓴 위사설만 해도 정신질환자를 우발적 살인의 잠재적 가해자처럼 다룬다. 그러면서 정신질환자에 대한 등록의무화, 본인 동의 없는 정보 공유 및 외래치료 명령 같은 인권 침해의 소지가 큰 제도를 도입해야 한다고 주장한다. 우발적 살인을 저지른 사람 10명 중 1명이 정신질환을 앓고 있다는 이유로 정신질환자 전체에 대한 개인정보를 동의 없이 공유하고 외래치료까지 강제하자는 것은 전체주의에 가깝다.

이런 논리대로라면 나중에는 우발적 살인을 저지른 사람 10명 중 정신질환자가 아닌 9명에 대해서도 치안을 이유로 각종 인권 침해가 자행될 수 있을 것이다. 불시 검문의 확대, 임의 동행, 동의 없는 개인 정보 수집과 정보 공유, 이동 명령 등 시민들의 권리를 제한하는 제도들은 정신질환자에 이어 노숙인, 이주노동자, 장애인 등으로 확대·적용되다가 종내에는 시민 전체를 대상으로 삼을 것이다.

실제로 앞서 인용한 한국형사정책연구원의 보고서는 묻지마 범죄의 대책 중 하나로 은둔형 외톨이(히키코모리)에 대한 발굴과 관리 등을 제안했다. 관리해야 할 히키코모리의 기준이 무엇인지는 모르지만 이런 정책이 실제로 시행된다면 직업이 없거나 아르바이트를 하며 고시원에서 가족 없이 혼자 게임과 인터넷 서핑을 주로 하며 지내는 사람들에 대한 이웃의 편견은 극심해질 것이다. 묻지마 범죄를 저지른 사람 중에 히키코모리가 있을 수는 있지만 모든 히키코모리가 잔인한 범죄를 저지르는 것은 아닌데도 말이다.

묻지마 범죄 해결을 촉구하는 여론이 비등하면 정부나 국회는 뭐가 됐든 법이나 제도를 개선하려고 할 것이다. 그런 변화에 실질적인 효과가 있는지는 논외다. 들끓는 여론을 진정시키는 게 우선이기 때문이다. 그렇게 투입된 예산은 헛된 곳에 쓰일 가능성이 크다.

범죄학자들은 묻지마 범죄가 발생하는 이유로 불평등한 경제 구조, 사회와 개인의 조급증, 몰가치적 생활, 폭력적 문화의 확산 등을 든다. 하지만 이것들은 묻지마 범죄뿐 아니라 모든 범죄의 원인이라고 해도 무리가 아니다. 이런 문제가 예산 몇 푼으로 해결된다면 묻지마 범죄뿐 아니라 각종 사회 문제도 대한민국에서 사라질 게 아닌가? 평등한 경제 구조나 윤리적 생활 등은 이상적인 가치이지 정책으로 해결하는 현실적 문제가 아니다.

기자의 입장에서 묻지마 범죄는 참 편리한 개념이다. 최소한의 선정성이 확보된다는 점은 둘째치고 어떤 사건을 묻지마 범죄로 규정하고 나면 말 그대로 더 이상 깊이 따져 물을 필요가 없다. 가해자의 신변과 과거 행적을 파고들어 가는 것이 주요한 취재 활동이다. 사회적 의미를 찾는다고 해도 묻지마 범죄라는 틀 속에서는 불평등한 경제 구조, 몰가치적 생활처럼 현실적 해법도 딱히 없는 추상적인 문제만 들출 수 있을 따름이다.

그러나 언론 본연의 역할은 이런 데에 있지 않다. 경찰 당국에서 어떤 사건을 묻지마 범죄라고 발표하더라도 의심하고 묻고 따지는 것이 기자들의 할 일이다 언론이 그 일을 게을리 할 때 묻지마 범죄 담론 안에서 우리 사회의 차별 문제는 고착화될 것이다. 또 과도한 치안 불안은 시민들이 스스로를 옥죄는 인권 침해 정책의 도입을 촉구하는 아이러니한 상황을 만들 수도 있다.

가장 큰 문제는 공동체 구성원 사이의 신뢰가 약화된다는 점이다. 거리를 활보하는 묻지마 범죄자가 공동체를 파괴하는 것이 아니라 그런 자들이 거리를 가득 채우고 있다고 믿게 만드는 묻지마 범죄 담론이 공동체를 파괴한다. 이런 사회에서는 구성원들이 서로를 믿지 못하며 누군가 어려움을 겪고 있어도 애써 관여하려 하지 않을 것이다. 치안에 대한 불안이 사람에 대한 불신으로 옮아가는 것이다.

특히 그런 불신은 적극적으로 이 담론을 거부하고 저항의 논리와 반대 여론을 만들 수 없는 약자 집단에 대해 더 강하게 나타날 여지가 크다. 정신질환자, 노숙인, 이주노동자, 장애인 등에 대한 억압으로 작동할 수 있다는 말이다. 묻지마 범죄 보도를 접하면서 느끼는 불안은 이들도 다르지 않을 것이다. 더욱이 혐오 범죄에서 느낄 공포까지 고려하면 이들의 심리적 고통은 훨씬 더 클 수 있다. 사람들의 불안을 잠재우기 위해 역시 같은 불안에 떨고 있는 사람들을 잠재적 가해자로 지목하는 일이 과연 우리 공동체를 위해 옳은 일일까. 그런 데에서 공동체의 안정성이 확보될 리도 없겠지만 그렇게 얻어낸 안정성이라면 얼마 가지도 못할 것이다.

귀족노조: 노동하는 귀족이라는 역설

귀족노조   [명사] 높은 임금을 받는 안정적인 일자리를 가지고 있으면서도 파업을 일삼는 대기업 노동조합의 행태를 비난하는 표현. 국가경제와 어려운 기업 환경, 열악한 처지의 비정규직 노동자 등을 외면하는 정규직 노조의 이기심과 도덕적 해이를 지탄하는 말처럼 보이지만, 실제로는 법으로 정해놓은 노동자들의 권리를 부정하고 그들에 대한 인식을 악화시키는 단어다.

유토피아에서는 평일의 경우 하루에 총 여섯 시간을 일합니다. 오전에 세 시간 일하고, 점심을 먹고 두 시간 휴식을 취하고, 오후에 세 시간을 더 일하고, 이후 저녁을 먹습니다. 그들은 저녁 여덟시에 잠자리에 들며 여덟 시간을 잡니다. 하루 스물네 시간 중 나머지 시간은 자신이 좋아하는 일을 마음대로 할 수 있는 자유 시간입니다. 그들은 이 시간을 빈둥대거나 방종한 일에 탕진하지 않고 좋아하는 여가 활동에 유익하게 사용합니다.

_토마스 모어, 류경희 옮김, 『유토피아』, 펭귄클래식, 2012.

우리의 노동자가 열두 시간에 열두 개의 상품을 만든다고 가정해보자. 자본가는 열두 개의 상품을 판매해 그 대가로 30마르크를 얻는다. 상품 생산에 필요한 원료와 시설의 마모에 대한 24마르크를 빼고 나면 6마르크가 남는다. 자본가는 그중 3마르크를 노동자에게 임금으로 지불하고 나머지 3마르크를 주머니에 집어넣는다. 여기서 노동자는 여섯 시간은 자기 자신을 위하여 즉 자신의 임금을 보상하기 위해 노동하고, 나머지 여섯 시간은 자본가를 위해 노동한 것과 같다.

_칼 마르크스, 『임금노동과 자본』에 붙은 프리드리히 엥겔스의 서설*

---

*   『유토피아』는 펭귄클래식 시리즈 번역을 그대로 옮겼고 『임금노동과 자본』은 1999년에 출간된 박종철출판사 판의 번역을 일부 손질했다.

토머스 모어가 1516년 펴낸 소설 『유토피아』에 등장하는 섬나라 유토피아의 사람들은 하루에 여섯 시간만 일한다. 그래도 식료품이나 생필품 등이 전혀 부족하지 않고 생활에 불편함도 못 느낀다. 국가 재정은 튼튼해서 적절한 수준의 국방력을 유지할 수 있으며 때로는 이웃나라를 원조하기도 한다. 이것이 가능한 이유는 이곳 사람들 모두가 '생산적인 일'을 하기 때문이다.

유토피아에는 생산 활동을 하지 않는 귀족이나 필요 이상의 성직자, 실용성과는 거리가 먼 사치품을 만드는 장인들이 없다. 놀고먹는 자들도 없고 불필요한 곳에는 노동력을 투입하지 않으니 하루 여섯 시간 노동만으로도 모두가 풍족함을 누릴 수 있는 것이다. 유토피아는 지금 방식으로 말하자면 완전고용과 주 30시간 노동제가 완벽히 실현된 나라라고 할 수 있다. 유토피아(Utopia)라는 이름이 왜 '이 세상에 존재하지 않는 곳'이란 뜻인지를 아주 잘 보여주는 부분이다.

『유토피아』가 세상에 없는 노동자들의 이상향을 그려냈다면 『임금노동과 자본』은 현실 세계의 노동자들이 장시간 노동을 할 수밖에 없는 구조적 요인을 설명했다. 노동자들은 자신의 노동력을 팔아 생활한다. 노동력을 투입해 만들어낸 상품이 팔리면 원료비와 시설의 감가상각비 등을 빼고 이윤이 남는다. 노동자는 이 이윤의 일부만 임금의 형태로 보상받는다. 나머지는 자본가에게 돌아간다. 노동자는 노동을 통해 자신의 임금뿐 아니라 자본가의 이윤까지 만들어줘야 하니 필연적으로 장시간 노동을 하게 되는 것이다. 만약 자본가와 노동자가 모두 함께 생산 활동에 뛰어든다면 모어가 『유토피아』에서 그린 것처럼 하루 여섯 시간 노동만으로도 충분할는지 모르겠다. 하지만 그것은 현실에서는 실현이 불가능한 공상일 뿐이다.

주 52시간 노동제는 투쟁의 결과물

우리나라에서는 2018년 7월에 주 52시간 노동제가 처음 실시됐다. 근로기준법을 개정해 일주일 노동시간을 평일 주간 40시간과 연장근로 최대 12시간으로 제한한 것이다. 이를 어기면 사용자가 2년 이하의 징역 또는 2,000만 원 이하의 벌금형에 처해진다. 사실 평일 노동 40시간을 기준으로 한 주 5일 노동제는 이미 2004년에 시행됐다. 그럼에도 현장에서는 야근과 휴일연장근로 등을 포함해 최대 주 68시간씩 일하는 사례가 흔하게 발생했고, 이에 연장근로를 아예 제한하는 법률을 시행한 것이다.

주 52시간 노동제 시행 전후로 말도 많고 탈도 많았지만 어쨌든 평균 노동시간은 줄어들었다. 법 시행 1년 후 진행된 한 설문조사*에서는 직장인 84%가 노동시간 단축에 만족한다고 답했다. 여가시간이 늘어나자 노동자들은 새로 외국어를 배우거나 운동 같은 취미 활동을 시작했고, 주말에는 더 자주 여행을 가게 됐다고 한다. 유토피아 사람들처럼 좋아하는 여가 활동에 유익하게 사용할 수 있는 나머지 시간이 좀 더 늘어난 것이다. 노동시간의 단축이라는 흐름만 보면 대한민국은 어쨌든 더딘 걸음이나마 유토피아를 향해 걸어가고 있는 것처럼 보인다.

주 52시간 노동제 시행에는 정부의 강력한 의지가 주효하게 작용했

---

* 「'주52시간 1년'…직장인 '웃고' 인사담당자 '울고' 희비」, 〈뉴시스〉, 2019년 7월 4일.

다. 문재인 대통령은 노동시간을 줄여 노동자들의 삶의 질을 높이고 새로운 일자리를 창출하겠다고 공약했다. 여기에는 장시간 노동의 관행을 깨야 한다는 지칠 줄 모르는 노동계의 목소리가 반영됐다.

노동자들이 자신의 노동 환경 개선을 위해 노력하지 않았다면 정부도 그런 정책을 구태여 추진할 이유가 없었을 것이다. 노동시간 단축은 정부와 기업의 시혜적 조치가 아니라 노동자들의 투쟁의 결과물인 셈이다. 대한민국이 자본주의 사회인 이상 마르크스와 엥겔스가 설명한 자본에 의한 노동 착취라는 본질은 바뀔 수 없겠지만, 우리 사회가 계속 진보하다 보면 언젠가는 하루 6시간 노동을 쟁취하는 날이 올 수도 있을 것이다.

그러나 강물의 도도한 흐름에도 저항은 있기 마련이다. 최소한의 투자로 최대의 이윤을 내야 하는 기업 입장에서는 마냥 노동시간을 줄일 수가 없다. 만일 같은 양의 상품을 만드는 두 기업이 있다면 적은 수의 노동자를 고용한 쪽이 이윤을 더 많이 남길 수 있다. 그런데 노동시간을 줄이면 신규 노동자를 고용해야 한다. 임금 외에 각종 관리 비용이 늘어날 것은 뻔한 이치다. 중장기적 시각에서 보면 노동 환경 개선은 노동생산성 향상에 긍정적이다. 하지만 당장 눈앞의 손익계산서에서 눈을 떼지 못하는 것이 대다수 우리 기업의 현실인 것도 사실이다.

보수 언론과 경제지들은 기업의 입장을 적극적으로 옹호한다. 이들은 노동자들의 '무리한 요구'가 선진국 대열에 진입하려는 대한민국의 국가경쟁력을 떨어뜨리고 글로벌 기업들과 일선에서 싸우는 기업들의 경쟁력을 약화시킨다고 선동한다. 그리고 노동자들의 요구가 결국은 노동자들에게 독이 될 것이라며 이런저런 외국 사례를 끌어온다.

특히 언론은 기업이 노사 관계를 고려해 공식적으로 말하기 힘든 부분까지 대신 말해주기도 한다. 기업은 협상 대상인 노동조합을 면전에서 욕하기 쉽지 않다. 하지만 언론은 제3자의 입장에서 훨씬 악의적이고 선동적인 표현을 동원해 이들을 비난한다.

언론이 노동자들을 비난할 때 쓰는 표현들 중에 아마 '귀족노조'만큼 성공을 거둔 사례는 없을 것이다. 높은 임금과 고용 안정은 보장받으면서도 끝없이 무리한 요구를 하며 파업에 나서는 노동조합의 행태를 비난하는 이 표현은 노사 관계만큼이나 오랜 역사를 가지고 있다. 특정 집단을 악의적으로 몰아세우는 이런 표현이 세기를 넘나들며 쓰이고 있는 것은 그만큼 효과가 확실하기 때문이다. 우리 사회에서도 귀족노조 담론은 노동자들의 노동 환경 개선 요구를 효과적으로 막아주는 방어 시스템 역할을 훌륭히 해내고 있다.

억대 연봉+파업=귀족?

귀족노조라는 표현이 우리 언론매체에서 어떻게 쓰이고 있는지부터 살펴보자.

[A] "억대연봉자, 고객볼모로…" 국민銀 귀족노조파업에 국민 싸늘

8일 KB국민은행 노조가 2000년 주택·국민은행 합병 반대 파업 이후 19년 만에 총파업을 벌이면서 고객들이 불편을 겪고 있다. 국민은행 노사는 8일 1차 파업을 예고하고 이날 새벽까지 협상을 이어나갔지만, 끝내 결렬되며 노

조는 총파업에 돌입했다.

이날 서울 마포역 인근 지점을 찾은 이모(39·회사원) 씨는 "저축통장을 만들기 위해 등본을 떼서 왔는데 파업으로 통장을 만들 수 없어 당장 타행 송금을 하지 못해 걱정"이라고 말했다. 카드 발급을 위해 국민은행 영등포 지점을 찾은 최규학(30) 씨는 "기사로 보고 파업은 알고 있었지만 카드 발급조차 안 될 줄 몰랐다"면서 "국민을 볼모로 잡는 게 아닌가 하는 생각이 든다"고 불쾌함을 표했다. 파업 소식에 서둘러 은행부터 찾은 자영업자 정모 씨는 "나라 경제가 어렵고 내수가 죽어나는데 노조가 파업만 일삼는다"면서 "이럴 때일수록 다들 자중하는 자세가 필요하다"고 말했다.(이하 생략)

_〈문화일보〉 2019년 1월 8일자 9면

[B] '귀족 노조' 파업에 비난 봇물

정유업계 사상 초유의 LG칼텍스정유(이하 LG정유) 파업사태가 2주째 지속되고 있는 가운데 이 회사 노동자들이 누리고 있는 각종 복지혜택의 상세한 내용이 공개되면서 노조 쪽에 곱지 않은 시선이 쏠리고 있다.

31일 LG정유측이 밝힌 이 회사 근로자들의 복지혜택은 웬만한 대기업은 명함도 못 내밀 정도로 높은 수준이다. 이 회사 생산직 근로자들은 지난해 평균 6920만원의 급여를 받았다. 하지만 이는 월급 명세서에 찍힌 수령액의 단순 합산일 뿐 이들이 누리는 각종 복리혜택을 합하면 얘기가 다르다. 이 회사 직원 자녀들은 중학교부터 대학까지 학비를 전액 회사에서 대준다. 보통 자녀 2인으로 수혜범위를 좁히고 있는 것과 달리 전원에게 무제한으로 지원된다. 유학을 가도 국내 최고학비 수준까지 지원해주며 한 학기 학비가 400만원이 넘는 의대도 전액 지원된다. 정규 학교가 아닌 유치원에 입학해도 60만원의 학자금이 지원된다.(이하 생략)

_〈문화일보〉 2004년 7월 31일 인터넷판

[A]는 2019년 KB국민은행 노동조합이 총파업에 돌입하자 '억대연봉 귀족노조가 고객을 볼모로 파업했다'는 고객들의 목소리를 앞세워 노동자들을 비난한 기사다. 은행업이 전 국민을 고객으로 하는 서비스업이다 보니 은행 노동자들이 파업하면 국민 대부분이 불편을 겪게 된다. 불편을 겪는 고객들에게서 당연히 좋은 소리가 나올 리 없다.

[B]는 2004년 LG칼텍스정유 노동조합의 파업이 이어지는 가운데 사측이 노동자들이 받고 있는 복지혜택을 공개하자 그 내용을 고스란히 담은 기사다. 의도는 뻔하다. 중소기업 노동자나 자영업자들은 꿈도 못 꿀 호화로운 복지혜택을 받고 있으면서도 '배부른 파업'을 한다는 비난을 유도하려는 것이다.

같은 매체가 보도한 두 기사 사이에서는 15년이라는 시차가 존재한다. 하지만 날짜를 지우고 보면 비슷한 시기에 같은 기자가 썼다고 해도 속을 정도다. 귀족노조의 기준처럼 제시된 '억대 연봉'과 '평균 6920만원 급여' 정도에서 세월의 변화가 느껴질 뿐이다. 노동자들의 파업을 규탄하는 논리는 15년이라는 시간도 뛰어넘고 서비스업과 제조업 등 업종도 가리지 않는다. 독자들이 지금 몇 년도를 살아가고 있든지 파업 뉴스를 다루는 오늘자 기사는 아마도 위 예들과 큰 차이가 없을 것이다.

파업의 정당성이란 무엇일까

귀족노조라는 표현을 사용하는 기사들은 위 예시처럼 대부분 파업의 정당성에 의문을 제기하는 방향으로 작성된다. 여기서 말하는 정당성은 '절차적 정당성'이 아니다.

노동조합 및 노동관계조정법은 노동자들이 '쟁의행위'를 벌일 수 있는 조건과 절차를 까다롭게 규정해놓고 있다. 조합원들의 직접·비밀·무기명투표에서 과반수 찬성을 얻어야 하며(제41조), 노동위원회의 조정 절차(제45조)도 거쳐야 한다. 또 공중의 생명·건강·안전·일상생활을 현저히 위태롭게 하는 업무라면 필수유지 인력을 남겨둬야 한다(제42조). 그럼에도 근래 벌어지는 대부분의 파업은 이러한 절차적 정당성을 확보하고 있다. 그렇지 않으면 당장에 법적 제재를 받기 때문이다.

언론이 제기하는 정당성 문제는 초점이 다른 곳에 맞춰져 있다. 절차적 정당성을 지키지 못한 파업 현장이라면 언론이 나설 필요도 없이 당장 경찰부터 들이닥쳤을 것이다. 언론의 질문은, '높은 연봉과 각종 복지 혜택을 누리면서 파업을 해도 되느냐', '고객들에게 불편을 끼치면서 파업을 해도 되느냐', '국가경제가 어렵고 기업경쟁력이 약화되는데 파업을 해도 되느냐'처럼 주로 '윤리적 정당성'을 반복적으로 묻는다.

노동자뿐 아니라 누구도 쉽게 답할 수 없는 이 질문들에 노동조합은 수세적으로 대응할 수밖에 없다. '기본급은 얼마 되지 않아 야근에 특근을 해야 그 연봉을 받는다'거나 '고객 불편을 최소화하기 위해 노력하고 있다'고 해명에 급급하다 보면 파업의 동력을 이어나가기가 쉽지 않다. 내외부에서 확산되는 파업에 대한 비판 여론을 극복해낼 무기가 노동자들에는 없기 때문이다.

언론이 노동조합에 던지는 윤리적 정당성에 대한 질문들은 사실 답이 없다. 반대로 질문을 조금 바꿔 언론과 기업에 물어보면 당장 알 수 있다. '연봉이 얼마면 파업을 해도 되느냐', '고객들이 지지한다면 파업을 해도 되느냐', '국가 경제성장률이 몇 퍼센트, 기업 영업이익이 얼마면 파업을 해도 되느냐'라는 질문에 자신 있게 정답을 내놓을 언론과 기업은 전 세계 어디에도 없을 것이다. 귀족노조 담론은 노동자들의 단체행동의 정당성을 객관적으로 따지자는 것이 아니라 그저 단체행동 자체를 죄악시하는 시각의 반영일 뿐이다.

영국의 노동귀족에서 한국의 귀족노조로

귀족노조는 유서 깊은 역사를 가진 단어다. 노동조합의 출현과 궤적을 같이한다고 해도 무리가 아니다.

현대적 의미의 노동조합은 산업혁명 시기 영국에서 등장했다. 노동조합을 운영하기 위해서는 조합원들을 이끌고 조합의 정책을 결정하는 간부의 존재가 필수적인데, 이들 중 사측과 협상하는 과정에서 노동자 전체의 권익 향상이 아니라 자신들의 특권을 도모하는 변절자들이 나타나기 시작했다. 영국에서 이런 기회주의적인 어용 노동조합의 간부 등을 비롯해 '노동계급 중에서 물질적 특권을 누리고 그 결과 계급의식이 약화된 자들'을 일컬었던 말이 바로 '노동귀족(Labour aristocracy)'이었다. 지금 흔히 쓰는 귀족노조라는 말의 뿌리다.

노동귀족이란 표현은 이미 1830년대에 널리 쓰였다. 처음에는 높은 임금을 받는 숙련 노동자와 화이트칼라 등에 한정됐는데 이와 비슷한 부류의 노동자들 스스로가 비숙련·저임금 노동자들과 자신을 구별하기

---

* 　노동귀족 개념에 대한 설명은 나경수·김종한, 「노동귀족 개념의 재검토」, 『경상논집』 제19권 2호, 경북대학교 경제경영연구소, 1991. 참조.

위해 노동귀족이라 칭하기도 했다. 노동자의 자긍심을 높이는 표현처럼 이 단어가 쓰인 것이다. 이후 노동귀족임을 자칭하는 사람들은 급진적 노동운동을 거부하고 부르주아 사회의 시민으로 편입되고자 더 노력했다고 한다.

우리나라에서는 1929년 동아일보의 「노동귀족 출현, 영국대법관 '쌍키-'씨에게 남작 수여」라는 기사에서 이 단어가 발견된다. 대법관이 영국 황제로부터 남작 칭호를 수여받았다는, 진짜 귀족에 관한 소식이라 노동귀족의 본디 용법과는 거리가 멀다.

대신 언론 자료는 아니지만 1928년 경성지방법원 검사국 문서 중에 「조선출판경찰 월보」라는 것이 있다. 출판 분야 경찰이 올린 일종의 보고서로, 당시 경찰이 압수한 출판물과 삭제한 기사의 요지가 정리돼 있는데 여기에 '노동귀족 반동분자 숙청' 등의 표현이 발견된다. 이로써 미뤄보면 일제강점기에도 이미 노동계 내부에서 노동귀족이란 표현을 사용했음을 알 수 있다. 다만 일제의 검열 탓에 신문 기사에는 등장하지 않았던 것으로 보인다.

해방 후에는 1958년 10월 30일자 매일신문의 「은행은 누구를 위해 존재하는가」 등에 친정부 정치 단체 노릇을 하는 대한노동총연맹을 노동귀족이라고 비판하는 내용이 보인다. 이후로도 이 표현은 가끔씩 쓰였는데 60년대 중반부터 80년대 후반까지는 신문지상에서 아예 모습을 감췄다. 산업화시기에 노동자들은 극한의 환경에 놓여 있었고 자유로운 단결과 단체행동이 불가능했기 때문에 노동귀족론이 끼어들 틈조차 없었던 것이다.

한국에서 노동조합 활동은 1987년 6월 항쟁과 7·8·9투쟁 이후 활성화된다. 새로운 노동조합들이 여기저기서 결성됐고 어용 성격이 강했던 기존 노동조합들까지 민주화되면서 드디어 1990년 1월에는 전국노동조합협의회(전노협·민주노총의 모체)가 만들어진다. 그해 1월 단병호 전노협 준비위원장의 한겨레신문 인터뷰를 보면 노동귀족이란 표현은 노동계 내부의 자성의 의미를 담아 쓰인 것임을 알 수 있다. 그러다 1993-1994년 현대자동차 노동조합의 투쟁을 계기로 이 표현은 서서히 노동자들의 기득권을 문제 삼는 방향으로 쓰이게 된다.

1993년 현대차 노조는 사측과 협상에서 임금 인상 외에 유니언숍(노조 의무 가입), 노조 전임자 증원, 인사징계위원회의 노사 동수 구성 등을 요구했다. 이 중에서도 특히 현장 일을 하지 않고도 임금을 받는 노동조합 전임자 확대 요구에 언론들은 일제히 비난의 화살을 쏘아댔다.

그리고 이듬해 노동부는 여기에 화답하듯 '노동계 개혁'을 하겠다면서 노동조합에 대한 대대적인 업무 조사에 돌입했다. 노동조합의 회계 부조리 등을 조사하겠다는 것이었지만 노동계는 노조 탄압이라고 반발했다. 실제로 이때 업무 조사 대상에는 정부에 비교적 협조적이었던 한국노동조합총연맹(한국노총) 산하 조합은 모두 제외됐고 전노협 쪽만 이름을 올렸다. 전노협이 출범 3년 만에 노동귀족의 집합체로 거론되기 시작한 것이다.

참여정부 시절 확산된 귀족노조 담론

1990년대까지만 해도 노동귀족이나 귀족노조라는 표현이 대중적이지는 않았다. 노동계와 기업, 정부, 언론 일각에서 각자 목적에 따라 쓰고 있었을 뿐 일반 국민들에게는 아직 친숙하지 않은 표현이었다. 본격적으로 이 단어가 쓰이기 시작한 것은 2003년 노무현 정부가 출범하면서부터다. 조·중·동 보수 언론이 즐겨 쓰는 이 표현을 확산시킨 주역은 아이러니하게도 다름 아니라 그들과 치열하게 대립했던 노무현 대통령이었다.

[C] "노사분규 격화 땐 법대로 해결"

노무현 대통령은 10일 "노사문제는 원칙적으로 대화와 타협으로 풀어갈 것이나 분쟁이 격화될 경우에는 법과 질서의 잣대로 해결하겠다"고 강조했다. (중략)

노 대통령은 이날 과천 정부종합청사에서 재정경제부의 업무보고와 경제 5단체장과의 오찬간담회를 잇따라 갖고 이같이 밝혔다. 노 대통령은 "노사 문제를 풀기 위한 대화와 타협을 적극 주선하겠다"며 "그러나 대화와 타협에도 상식과 원칙이 있다"고 강조했다. 이어 "여기에서 벗어나 무리하게 분쟁이 격화될 경우에는 법과 질서의 잣대로 (문제를) 풀어가겠다"고 밝혔다.

이 발언은 새 정부가 노조지향적이라는 국내외 투자가들의 기존 인식과 거리가 있는 것이어서 주목된다. 청와대는 최근 일부 공기업과 대기업 노조 등 이른바 귀족노조의 정치세력화와 무분별한 파업에 적극 대응한다는 원칙을 세운 것으로 알려지고 있다.(이하 생략)   _〈서울경제〉 2003년 3월 10일 인터넷판

참여정부가 출범하자마자 노무현 대통령은 노동조합에 경고 메시지

를 보냈다. 노사 분쟁 문제를 두고 '법과 질서의 잣대'를 운운한 부분만 보면 이 발언이 노무현 대통령 것인지 이명박 대통령 것인지 헷갈릴 정도다. 인권 변호사 출신 대통령이나 기업인 출신 대통령이나 국정을 운영하면서는 노동 문제에 대해 비슷한 입장을 내놓았던 셈이다. 노무현 대통령은 직접 '노조의 귀족화'를 지적하기도 했다. 쓸쓸하지만 권력의 본질이 무엇인지를 엿볼 수 있는 지점이다.

친(親)노동 정책을 펼 것만 같았던 대통령이 이런 입장을 내놓은 뒤 언론들도 질세라 귀족노조에 대한 비판을 쏟아내기 시작했다. '강한 자여, 그대는 노조'(파이낸셜뉴스 2003년 8월 18일), '잇단 물류파업에 중소기업 신음'(서울경제 2003년 7월 2일), '귀족노조 배부른 투정, 여론 등 돌려'(매일경제 2004년 12월 3일) 등 그해 나온 기사들의 제목을 보면 지금 사용하는 귀족노조 담론의 형식과 내용이 그즈음 완성됐음을 알 수 있다.

귀족노조라는 표현이 확산되면서 상대적으로 노동귀족의 쓰임이 줄어든 것도 이즈음이다. 빅카인즈 검색 결과를 기준으로 볼 때, 노동귀족이라는 표현이 들어간 기사는 2002년 15건, 2003년 68건, 2004년 41건에서 기아차 노동조합의 '취업 알선' 비리가 불거진 2005년 102건으로 정점을 찍은 뒤 보도 빈도가 줄어들기 시작했다. 귀족노조라는 표현이 포함된 기사는 2002년 3건, 2003년 23건, 2004년 60건, 2005년 241건으로 늘어났다.

그리고 2017-2018년에 노동귀족은 25-29건 기사에서 쓰인 반면,

<hr>

* 「노 대통령 "성급한 경기부양책 안 써"」, 〈연합뉴스〉, 2003년 9월 18일.

귀족노조는 2017년 1098건, 2018년 611건 기사에 등장했다. 2017년에 귀족노조의 사용량이 대폭 늘어난 것은 그해 대통령 선거에서 자유한국당 홍준표 후보가 '귀족노조 개혁'을 공약을 내세우면서 이슈가 됐기 때문이다.

귀족노조 비판은 누구에게 먹힐까

귀족노조 담론이 확산되는 과정을 보면 이중적인 의미를 발견할 수 있다. 하나는 일부이기는 하지만 어쨌든 우리 사회에서 노동자의 지위가 과거에 비해 나아졌으며 노동조합의 힘도 강해졌다는 점이다. 애초에 노동자의 지위가 바닥이라면 귀족노조 담론이 설득력을 얻을 수가 없다. 1970-1980년대처럼 그런 단어가 아예 등장조차 하지 않았을 가능성이 크다. 어떤 노동자들의 임금은 사람들이 고액이라고 생각할 만큼 올라갔고, 일부 기업에서는 경영에 대한 노동조합의 영향력도 커졌기에 취업 알선 문제도 불거질 수 있었을 것이다. 그런 점에서 귀족노조 담론의 확산은 노동자 지위 향상의 지표라고 볼 여지도 있다.

그러나 한편으로는 귀족노조 담론이 누구에게 설득력을 얻고 있는가를 묻는다면 정반대의 진단을 내릴 수밖에 없다. 지금의 귀족노조 담론은 정규직 노동조합의 반성의 산물과는 거리가 멀다. '우리가 귀족이 됐으니 사측에 덜 요구하고, 누리던 권리를 내려놓고, 파업도 하지 말자'고 노동조합이 주장할 리는 없다. 그건 노동조합과 노동 운동의 존재 의의를 뿌리째 부정하는 것이다.

그들이 아니라 언론의 귀족노조 담론에 포획된 집단은 정규직 노동조합이 누리는 혜택이 먼 나라의 이야기처럼 들리는 사람들일 것이다. 말하자면 중소기업 노동자, 비정규직 노동자, 자영업자, 해고자, 무직자 등이다.

귀족노조를 들먹이는 보도 방식의 근본적인 문제가 여기에 있다. 귀족노조 담론이 점차 설득력 있게 다가오는 이유는 말처럼 정말로 노동자들이 귀족에 가까워지고 있다기보다는 일부 노동자들이 누리는 혜택조차 '귀족적'이라고 여기는 사람들이 많아지고 있기 때문이다. 그런데도 귀족노조라는 표현은 전체 노동자들의 노동 환경 악화를 이야기하지 않고 일부 정규직 노조가 획득한 혜택만을 문제 삼는다. 노동자들의 요구를 부당하게 억누르고 노동 환경을 하향평준화 시키고자 노노(勞勞)갈등을 부추기고 있는 것이다.

1998년 IMF 구제금융 사태 이후 시장에 대한 정부의 개입을 최소화하는 신자유주의가 도입되면서 우리나라에서는 공기업 민영화, 비정규직 양산, 노동력 외주화 작업 등이 급속히 이뤄졌다. 파트타임과 기간제, 파견직 노동자들이 많아졌고, 그 결과 노동조합 활동을 하며 고용 안정과 임금 인상을 요구할 수 있는 정규직 노동자들은 줄어들었다.

근래 우리나라의 노동조합 조직률은 10% 언저리를 맴돌고 있다. 2018년에 12.5%였다. 다니는 회사에 노동조합이 조직돼 있고 거기 가입할 수 있다는 사실만으로도 전체 노동자 중 상위 10%에 든다는 의미다. 노동조합 조직이 활발히 이뤄졌던 1989년 말에 정점을 찍은 조직률이 18.6%였는데 20년 사이 3분의 2 수준으로 줄어든 것이다. 참고로 경제협력개발기구(OECD) 가입국 평균은 30% 정도이며 북유럽 국가들은

70%에 육박한다.

우리나라 노동조합 조직률이 과거에 비해 떨어진 것은 제조업에서 서비스업으로 산업의 무게추가 옮겨가고 있다는 점도 한 원인으로 작용했다. 서비스업 노동자 중 금융서비스, 법률서비스, 경영컨설팅 등 전문 영역에 종사하는 인력은 극히 소수다. 대부분은 청소, 경비, 운수, 배달, 고객 응대 등 보조적이거나 단순 반복 업무, 감정노동 등 분야에서 파견직 형태로 일한다. 노동자의 권리를 지키기 위한 최소한의 안전망도 가지지 못한 이들에게는 노동조합 자체가 귀족적 사치로 보일 수밖에 없다.

'정규직 vs 비정규직'이냐 '노동자 vs 주주'냐

귀족노조라는 표현은 기만적이다. 비정규직 노동자들의 상대적 박탈감을 잘 알고 있는 정치인과 기업인, 언론 등은 대기업 정규직 노동조합이 중소기업 및 비정규직 노동자들의 고통은 외면하고 '배부른 파업'만 일삼는다고 비난한다. 하지만 이들이 귀족노조 담론을 내세우는 것은 결코 비정규직 노동자 등의 처우 개선을 위해서가 아니다.

현재의 법 제도나 기업 문화 등을 근거로 미뤄 짐작하면 대기업 정규직 노동조합, 즉 귀족노조가 이미 얻어낸 권리를 내려놓는다고 해도 그 혜택은 중소기업이나 비정규직 노동자들에게 고스란히 돌아가지 않는다. 절감된 재원 중 일부는 이전될 수 있겠지만 상당 부분은 기업의 영업이익이 돼 주주에게 흘러갈 가능성이 크다. 정규직 노동자가 양보한 인건비를 비정규직 및 하청업체 노동자에게 쓰도록 강제하는 법령이 단 한 글자도 없는 마당에 기업은 그런 일을 할 이유가 없다.

그리고 무엇보다 그렇게 비정규직 노동자 등의 권리를 생각했다면 애초에 그들을 그런 신분으로 고용하지도 말았어야 했다. 비정규직 노동자들의 가장 절실한 요구는 '정규직 전환'이 아니던가.

노동자들이 겪는 근본적인 불평등은 정규직과 비정규직, 대기업과 중소기업 등 노동자와 노동자 사이가 아니라 다른 곳에 존재한다. 소수의 기업인과 노동자 다수의 불평등 말이다. 귀족노조 담론의 부당함을 지적하는 쪽에서는 반박 논리의 차 로 기업 임원들의 고액 연봉을 문제 삼아 왔다. 노동자들이 고액 연봉을 받는다고 비난하면서 왜 수십 억 원 연봉을 받는 임원들은 비난하지 않느냐는 것이다.

한 보도에 따르면 2018년도 10대 그룹 등기임원 301명의 평균 연봉은 11억 4400만 원으로, 일반 직원의 평균 연봉 8400만 원의 13.6배에 달했다. 정의당 심상정 의원은 2016년에 이른바 '살찐고양이법'으로 불리는 최고임금법을 발의하기도 했다. 한 기업의 최고임금과 최저임금의 차이를 민간은 30배, 공공기관은 10배로 제한하자는 내용이다.

그러나 이보다 더 근본적인 문제는 주주와 노동자 사이의 불평등에 있다. 기업 임원들도 평범한 노동자로 출발해 노력 끝에 경영인의 자리에 올랐다면 더 나은 대우를 받는 것이 옳다. 문제는 별다른 노력 없이 '진짜 귀족'으로 태어났기에 손쉽게 임원의 자리를 꿰차는 사람들과 일을 하지 않고도 노동의 성과를 나눠가지는 사람들이다.

한 나라에서 만들어진 소득 중 노동자들의 임금으로 배분하는 비율

---

* 「10대그룹 등기임원 평균연봉, 일반직원 13.6배」, 〈연합뉴스TV〉, 2019년 4월 14일.

을 노동소득분배율이라고 한다. 대한민국의 노동소득분배율은 2015년 62.6%에서 2016년 62.5%, 2017년 60.2%로 줄어들다가 2018년에 63.8%로 반등했다. 문재인정부의 최저임금 인상 정책 등의 효과라 할 수 있다. 하지만 이 수치도 OECD 국가들 중에서는 최하위 수준이다. 2017년 기준으로 다른 나라의 노동소득분배율은 일본이 68.7%, 독일이 68.4%, 영국이 67.3%였다.

신자유주의 도입이 본격화되기 전인 1996년 우리나라의 노동소득분배율은 64.2%였다. 노동자들은 지난 20여 년간 처우 개선을 요구해왔지만 전체 소득 중 모든 노동자의 몫은 전보다 더 줄어들었다. 줄어든 파이를 가지고 노동자들은 그 안에서 다시 계급을 나누고 서로를 백안시하고 있는 셈이다. 노동자의 몫을 제외한 나머지는 기업의 영업잉여가 된다. 바로 엥겔스가 설명한 자본가의 몫이다.

노동 3권 보장을 위한 노동자들의 연대

귀족노조 담론을 깨려면 무엇보다 정규직 노동조합의 연대 의식이 우선되어야 한다. 노동자들의 권리 향상을 위한 비교적 단단한 기반을 마련해둔 대기업 정규직 노동조합과 그 상급 단체에서 중소기업 및 비정규직 노동자들의 처우 개선을 위한 목소리를 함께 내줘야 한다. 보수 언론 등에서 말하듯 대기업 정규직 노동자의 몫을 양보하여 중소기업 비정규직 노동자에게 이전하자는 것이 아니라 노동자들이 땀을 흘린 대가로 받는 임금 전체의 규모를 키워야 한다는 것이다.

고(故) 노회찬 정의당 의원의 말을 빌리자면 "노동자 조직이 노동자 전체의 연대의식을 잃고 정규직으로 제한된 노동자들의 이익만을 대변하고 다른 다수에 대한 착취를 눈감으면 그건 노동자 운동이 아니다. 종업원 운동일 뿐이다."*

하지만 그보다 더 근본적인 해법은 귀족노조가 아니라 더 책임 있고 힘 있는 자리에 있는 사람들이 국가 전체 일자리의 질을 높이기 위해 힘을 쓰도록 만들어야 한다. 노동조합을 갖는 것마저 귀족적이라고 인식할 정도로 어려운 상황에 놓인 노동자들이 많다면 이들도 헌법 제33조가 보장한 노동 3권을 제대로 누릴 수 있도록 법과 제도를 갖춰야 한다는 뜻이다. 비정규직 노동자는 매년 늘어나는데 이들이 노동 3권을 누릴 수 있는 여건을 만들어놓지 않는다면, 이는 입법자가 그 의무를 다하지 않은 입법부작위(立法不作爲)에 해당한다.

2019년 10월, 국제노동기구(ILO)의 핵심협약 기준에 맞춰 실업자 및 해고자의 노동조합 가입을 허용하는 노동조합법 및 노동관계조정법 개정안 등이 국회에 제출됐다. 비록 외부 요인에 따른 법 개정이지만 개정이 이뤄질 경우 대한민국에서 노동조합 활동의 영역은 한층 더 넓어지게 된다. 당장 해직 교사 소속 문제로 법외 노동조합 처지가 된 전국교직원노동조합(전교조)이 합법 단체의 지위를 회복하게 된다. 또 앞으로 노동조합에서 요구하는 노동 정책에는 정규직뿐 아니라 해고자와 실업자를 아우르는 요소들까지 포함될 것이다.

그러나 ILO 협약에 따른 법 개정마저 반대하는 목소리가 심상치 않

---

*　　노회찬·구영식, 『대한민국 진보 어디로 가는가?』, 비아북, 2014, 76쪽.

게 들린다. 기업들은 "이래서는 한국에서 기업 활동을 못한다"고 아우성을 치고, 야당은 아예 ILO 협약에 대한 비준 자체에 부정적인 입장을 보이고 있다. 그러니 비정규직 노동자들의 노동 3권을 보장하는 입법이 쉬울 리가 없다.

현 시점에서는 노동관계법 개정안 등이 어떤 식으로 처리될지 알 수 없다. 하지만 노동자들이 끊임없이 요구하는 한 법 개정은 언젠가는 이뤄질 것이다. 지금 정규직 노동조합이 누리는 권리들도 모두 그렇게 얻어낸 것들이다.

대부분 사람들은 일생의 상당 부분을 노동을 하며 보낸다. 정년이 이미 만 60세로 늘어났고 다시 만 65세 연장을 논의하는 분위기로 미뤄보건대 가까운 미래에는 연금 수령을 미뤄둔 채 거의 평생을 노동자로 살아가야 할 것으로 보인다.

그러나 노동자들 중에서도 자기 스스로 정체성을 노동자로 삼고 일하는 사람들은 별로 없다. 흔히 "노동은 신성하다"고 말하는데 현실에서의 노동은 대체로 무거운 삶의 굴레의 하나일 뿐, 일하며 신성함을 느낄수 있는 순간은 매우 드물기 때문이다.

폴 라파르그는 『게으를 권리The Right to be Lazy』(1883년)에서 노동이신성하다는 명제는 자본주의가 만들고 주입한 허상이라고 설파했다. 인간은 본디 일하기보다 놀기 좋아하는 존재다. 노동이 신성하다고 하면서도 정작 가진 게 많은 사람들은 노동을 하지 않는다. 일하는 사람은 물론 심지어 10대 청소년들까지도 장래희망으로 건물주를 꿈꾸는 세상 아닌가.

노동이 신성의 영역이 아니라면 노동의 대가는 더더욱 중요한 문제일 수밖에 없다. 기업인들이 적은 돈을 주고 같은 일을 시키려고 하듯, 노동자들은 같은 일이라면 더 많은 임금을 받고 싶어 한다. 당연한 계산이다. 노동자가 임금을 많이 받는다고 비난받아야 할 이유는 없다. 노동자도 연봉 1억 원을 받을 수 있고 노동의 결과 그보다 더 큰 가치를 생산해냈다면 더 큰 임금을 받을 수도 있다. 그래서 더 큰 임금을 받는다고 해도 여전히 헌법과 법률에 규정돼 있는 임금 인상을 요구할 수 있는 권리는 유효하다.

권익 향상을 요구하는 노동자들을 귀족노조라고 비난하는 것은 일은 시키는 대로 하되 품삯은 주인이 주는 대로 받으라는 전근대적 신분 사회의 사고에 가깝다. 귀족노조 담론은 신분제 사회처럼 노동자는 노동자로 평생 일하다 사라질 뿐 발버둥 쳐도 귀족이 될 수 없다는 생각을 전제로 한다. 노동자들이 좋은 대우를 받고 높은 수준의 임금을 받아 진짜 귀족은 아니더라도 최소한 중산층으로서 생활할 수 있도록 하는 것이 우리의 국격에도 걸맞지 않을까.

언론이 귀족노조라고 비난하는 대상들이 진짜 귀족인지는 독자들이 판단해보면 된다. 진짜 귀족은 떼를 지어 길바닥으로 나오지도 않고 전광판이나 크레인, 톨게이트 옥상 같은 위험한 곳에 올라가 농성하지도 않는다. 단식으로 생사를 넘나들 일도 무장한 경찰의 위협을 당하거나 물대포에 맞는 일도 없다. 그럼에도 자신들이 원하는 것을 얻을 수 있는 다른 수많은 방법이 있기 때문이다. 그게 진짜 귀족이다. 권리를 찾자고 온갖 위험과 불편과 비방을 감당하는 자들은 귀족일 수가 없다.

전통시장: 시장 논리를 이겨낸 서민 담론

전통시장	[명사] 재래시장을 달리 일컫는 말. 재래시장을 보존하고 계승해야 할 대상으로 규정하면서 그에 대한 정책적 지원에 힘을 실어준 표현이다. 대형 마트의 확산에 맞서 재래시장의 활동 영역을 일부 보장해준 효과가 있지만 서민경제의 터전이라는 시장의 본질을 가린 면도 있다.

전통(傳統)은 참 간단해 보이면서도 복잡한 단어다. 사전에는 '어떤 공동체에 역사적으로 형성돼 전해 내려오는 사상이나 관습, 행동 양식'이라고 뜻풀이가 돼 있다. 그런데 역사적으로 형성됐다고 할 때 그 역사는 무엇을 말하는지, 옛날부터 전해 내려왔다면 그 옛날의 기준은 언제인지 딱 부러지게 말하기가 어렵다. 전통은 주로 '지켜야 한다'는 문장이 붙어 당위명제를 이루는데 지킨다는 것은 또 어떤 뜻인지, 어떻게 해야 잘 지키는 것인지 풀어야 할 문제가 한둘이 아니다.

전통시장에 관한 이야기를 본격적으로 하려면 먼저 이 전통이란 개념 자체를 어느 정도 정리해야 한다. 전통은 언제 형성되고 어떻게 공동체 구성원들에게 받아들여지는 걸까. 우리나라의 대표 전통 음식인 비빔밥을 예로 삼아 전통의 성립과 수용 과정에 대해 이야기해보자.

세계로 뻗어나가는 여러 K푸드(한식) 중에서도 비빔밥은 단연 최고의 인지도를 자랑한다. 팝스타 마이클 잭슨(1958-2009)을 비롯한 유명인들이 비빔밥을 극찬한 바 있고, 지금도 유튜브에서 'Bibimbap'을 검색하면 해외 각국 유명 요리사들과 유명 먹방 유튜버들이 이를 만들어 먹고 있는 영상이 쏟아진다. 대한항공은 비빔밥을 기내식으로 내놓고 있다. 비밥밥은 한국을 방문한 적이 있는 외국인이라면 한 번쯤 맛보았을 음식이다.

갖은 재료를 고추장과 섞어 새로운 맛을 내는 비빔밥의 특성을 한국인의 정서와 연결 지으려는 시도*도 흔하다. 그만큼 비빔밥은 한국인들의 생활문화와 깊은 관계 속에서 탄생한 음식으로 인정받고 있다. 16세기 고문헌 등에 고기와 채소를 넣고 비벼 먹던 '혼돈반(混沌飯)', 섞어 비빈 밥이란 뜻의 '골동반(汨董飯)'이란 표현이 등장하는데 밥에 나물을 넣어 비벼먹는 풍습은 아마 그보다 훨씬 전부터 있었을 것이다. 이 음식에 대한 한글 표기는 19세기 말 『시의전서(是議全書)』라는 책에서 '부뷤밥'이라는 형태로 처음 등장한다.

지역마다 다른 특색을 가진 비빔밥이 많지만 그중에서도 가장 유명한 것은 전주비빔밥이다. 전주비빔밥은 사골 육수로 지은 밥에 각종 나물과 황포묵, 볶은 소고기 등을 올린 고급 비빔밥이다. 남은 반찬을 몰아넣고 고추장만 한 숟갈 넣어 비벼먹는 가정식 비빔밥과는 차원이 다르다. 전주비빔밥은 비빔밥의 유래가 임금이 먹던 수라 중 하나였다는 '궁중음식설'과 결합해 한식 고급화와 세계화를 선도하고 있다. 전주가 조

---

*　특히 정치인들은 비빔밥을 화합과 조화의 상징으로 쓰길 좋아한다. 한 예로 2018년 8월 문재인 대통령과 여야 5당 원내대표가 만난 자리에서는 점심 메뉴로 오색비빔밥이 나왔다.

선 왕실의 본향이며 외국인들이 한국의 전통문화를 체험하기 위해 많이 찾는 관광도시라는 점도 꽤 영향을 미쳤을 것이다.

그러나 실은 지금 우리가 알고 있는 전주비빔밥은 조선 왕실과는 전혀 무관하다. 고문헌에 나오는 혼돈반이나 골동반은 물론 농사꾼들이 농사철에 흔히 먹었던 비빔밥과도 다르다. 밥과 반찬을 양념과 비벼 먹는다는 원칙만을 따랐을 뿐, 엄밀히 말하자면 전주비빔밥은 개발된 지 70년이 채 안 된 현대식 메뉴다.

전통이 된 현대식 메뉴, 전주비빔밥

일제강점기 전주 남부시장 등지에서는 간단한 한 끼 음식으로 비빔밥이 큰 인기를 모았다고 한다. 6·25전쟁 이후 전주도청 인근에 문을 연 한국떡집이란 떡집을 겸한 식당은 주변 지역 공무원과 회사원들을 겨냥한 점심 메뉴로 새로운 비빔밥을 만들었다. 과거 시장 비빔밥과 달리 도라지, 쑥부쟁이, 꽃버섯 같은 특별 재료와 소고기 육회를 올린 고급 비빔밥이었다.

이 메뉴가 인기를 얻자 주변 식당들도 새로운 비빔밥을 내놓기 시작했다. 그 결과 1960-70년대 전북도청 인근에는 비빔밥 골목이 형성됐다. 그러다 1970년대 서울 백화점에 열린 '팔도민속전'에 전주 지역 명물로 비빔밥이 소개돼 인기를 끌면서 비로소 전주비빔밥이란 메뉴명이 성립하게 됐다.[*]

---

[*] 양미경, 「전주비빔밥의 사회적 부각과 고급화 과정 연구」, 『한국민속학』 58호, 한국민속학회, 2013.

전주비빔밥은 전주라는 지명과 비빔밥이라는 일반 음식명이 결합됐다는 점에서만 보면 부산오뎅이나 천안호두과자 같은 음식들과 크게 다를 게 없어 보인다. 다른 점이 있다면 전주비빔밥은 오랜 역사 속에 있던 비빔밥이란 메뉴를 현대인의 기호에 맞게 재탄생시켰다는 것이다. 즉 비빔밥은 '공동체의 역사'라는 흐름 속에 존재한다. 만일 전주'비빔밥'이 아니라 전주'파스타'나 전주'피자'였다면 어땠을까? 아무리 인기를 끌었어도 전통이란 수식어는 붙지 않았을 것이다.

전주비빔밥을 처음 고안해낸 식당 주인이 고문헌 속 혼돈반이니 골동반이니 하는 음식을 알았을 리는 없다. 궁중음식설이니 농번기유래설이니 하는 것도 훗날 비빔밥에 대한 학술적 연구가 이뤄지면서 생겨난 말들이다. 식당 주인은 그저 그 당시 사람들이 즐겨 먹던 음식을 더 맛있고 보기 좋게 개량했을 뿐이다. 그런데 운이 좋게도 그 메뉴가 인기를 끌었고 전주의 문화 자산과 더불어 전 세계에 알려지면서 전통 음식으로서의 권위까지 얻게 된 것이다.

전주비빔밥의 예가 보여주듯 전통이란 과거 어느 순간에 만들어져 고정된 채 내려오는 불변의 양식이 아니다. 전통은 새로 만들어지기도 하고 그 속을 채우고 있던 내용이 조금씩 바뀌기도 한다. 사전적 정의처럼 전통이 역사적으로 형성되는 무엇이라고 할 때 여기서 역사는 먼 옛날뿐 아니라 동시대에 생겨난 변화의 자취까지 포함하는 말로 보아야 한다. 또 전통을 지킨다는 말도 과거부터 내려온 핵심적 요소를 잘 유지하되 여기에 새로운 가치를 부여하는 적극적인 계승까지 포함한다고 하겠다.

우리 언론에 등장하는 전통시장이란 표현도 이와 비슷한 방식으로 전통의 개념을 끌어온 것이라고 할 수 있다. 전주비빔밥과 마찬가지로 전통시장도 예부터 있던 개념이 아니라 사람들 사이에 널리 쓰이고 공감을 얻으면서 인정받고 확산된 단어다. 전통시장이란 표현은 과거에 주로 썼던 재래시장과 무엇이 어떻게 다를까. 재래시장은 언제 전통의 옷을 입게 됐으며 그 이후 대한민국 사회에서 어떤 의미를 가진 공간으로 변해 갔을까.

전통시장은 육성과 지원의 대상

[A] 추석 연휴 마트 문닫아 걱정?… 전통시장 안 가보셨군요

막바지 추석 장보기를 준비하고 있다면, 전국 각지의 전통시장이 정답이다. 추석 전날인 23일은 일요일. 대형마트의 의무휴업일이다. 2012년 대형마트 의무휴업제가 시작된 이후 추석 전날이 휴무일에 걸린 것은 올해가 처음이다. 떠들썩한 지역 장터에는 마트에 없는 현지 특산 제수(祭需), 풍성한 먹을거리와 행사가 기다린다.

지난 17일 오후 경북 경주 중앙시장. 입구에서부터 명절 기운이 흘러나왔다. "구경하느라 시장하시지예. 국수 한 그릇 드시소." 손님을 붙잡는 음식점 주인의 손길엔 정(情)이 묻어난다. 경주 중앙시장은 경주역과 고속버스터미널에서 걸어서 10분 거리다. 1만1000㎡(4000평)에 점포 700곳이 성업 중이다. 대부분 신용카드를 받는다. 떡·김밥·족발·소머리곰탕 등 먹을거리가 유명하다. 걸어서 10분이면 천마총·첨성대·월지 등 명소를 둘러볼 수 있다.

(이하 생략) _〈조선일보〉 2018년 9월 21일자 16면

설날과 추석, 김장철이면 어김없이 나오는 기사다. 특별한 문제의식이 담긴 것은 아니고 그저 지역별 주요 전통시장에 관한 정보를 한데 모아 쓴 정보성 기사다. 하지만 여기에는 우리 언론이 전통시장을 다루는 방식, 전통시장을 바라보는 시각 등이 고스란히 담겨 있다.

우선 언론 보도 속 전통시장은 대형마트와 대립하는 공간이다. 의무 휴업 제도로 인해 문을 닫은 대형마트의 대체제이면서 '마트에 없는' 상품과 먹거리를 팔고 이벤트까지 열리는 곳이다. 전통시장만이 가지고 있는 비물질적 가치도 부각됐다. 시끌벅적한 활기, 인간적인 분위기, 정(情)은 대형마트 같은 신식 시장에는 없는 전통시장의 전매특허처럼 묘사됐다.

또 천마총, 첨성대, 월지 등 관광 자원과도 연결 지어졌다. 전통시장은 대형마트처럼 단순히 물건만 사는 곳이 아니라 먹고 즐기고 구경하는 나들이 공간인 것이다. 그러면서 전통시장이 변하고 있다는 점도 놓치지 않는다. 대형마트와 비교할 때 전통시장의 대표적인 불편 사항으로 지적됐던 신용카드 결제 문제가 대부분 해결됐다는 정보가 슬쩍 들어가 있다.

[B] 관악, 1억 5000만원 들여 전통시장 키운다

서울 관악구가 외면 받던 전통시장을 인기 생활시장으로 키우는 '신시장 모델 육성 사업'에 나선다고 26일 밝혔다. 구는 최근 서울시의 관련 공모사업에 선정돼 예산 1억 5000만원을 확보했다.

관악구는 신림동 신사시장, 봉천동 인헌시장·봉천제일시장, 조원동 펭귄시장의 경쟁력과 특색을 키우는 사업을 추진한다. 각 시장의 매력을 보여줄 수 있는 축제를 연례행사로 정착시켜 관광객까지 끌어 모을 계획이다. 올해 상인회를 새롭게 등록한 봉천제일시장은 이번 시 공모에서 '상인회 재정자립 서울의 한 자치구가 전통시장 육성 사업에 새로 예산을 투입한다는 소식이다. 지역 내 전통시장들의 경쟁력과 특색을 '키우는' 사업을 추진하겠다는 내용인데 여례 축제 진행, 싱인회 새성사법노 제고, 지역상권 리더 육성 등이 구체적인 프로그램으로 거론됐다. 세부 실행 방식은 조금씩 다를 수 있겠지만 이 기사는 사업 주체를 서울 관악구에서 전국의 다른 어느 지방자치단체로 바꾼다고 해도 어색할 게 없다. 모두 비슷한 일을 하고 있기 때문이다.

만약 전통시장이 아니라 대형마트에 이렇게 예산을 투입한다고 하면 말도 안 되는 특혜라는 비난이 일 것이다. 하지만 중앙정부와 지자체가 전통시장 활성화를 위해 예산을 지원하는 것은 대부분 사람들이 자연스러운 일로 받아들인다.

언론도 마찬가지다. 기사 속 전통시장은 항상 육성하고 지원해야 할 대상이다. 전통시장에 관한 기사는 어떤 내용이더라도 이 같은 대전제에서 출발한다. 전통시장의 정보를 모아 제공한 [A]도 더 많은 사람들이 전통시장을 찾게 하겠다는 의도에서 작성됐을 것이다.

전통시장이 왜 이런 특별 대접을 받고 있는지는 제도와 인식의 차원으로 나눠서 설명할 수 있다. 서울 관악구의 예시처럼 지방자치단체는 물론이고 중앙정부도 전통시장을 의무적으로 지원해야만 한다. 그렇게 법으로 정해져 있기 때문이다. 전통시장 및 상점가 육성을 위한 특별법 (전통시장특별법) 제3조는 중소벤처기업부 장관과 지자체의 장에게 전통시장을 체계적으로 육성해야 할 의무를 부여하고 있다. 중소벤처기업부 장관은 시·도지사들과 협의해 3년 단위로 전통시장과 상점가의 활성화를 위한 기본계획을 수립(제5조)하고, 또 시·도지사들은 기본계획 등에 따라 구체적인 지원계획을 수립하고 시행(제6조)해야 한다.

정부가 전통시장 육성과 지원 사업을 추진하지 않으면 직무태만이자 법 위반이다. 그래서 공무원과 공공기관 직원들은 좋든 싫든 전통시장 활성화에 힘써야 하고 될 수 있으면 대형마트보다 전통시장에서 장을 봐야 한다. 각종 공공기관 등이 실시하는 '전통시장 가는 날' 같은 행사는 모두 그런 취지를 따른 것이다.

이런 법은 당연히 입법 이전에 사람들의 폭넓은 동의를 얻어 만들어졌을 것이다. 전통시장을 육성하고 지원해야 한다는 여론이 형성되고 정부와 여야 국회의원들이 여기에 동의했기에 나온 결과물이 전통시장특별법이다. 이런 인식은 어떻게 생겨났으면 어떻게 확산됐을까. 여기서는 언론 보도 속에서 기존의 재래시장이 전통시장이란 이름으로 정착해가는 과정을 추적하여 그런 인식 확산의 실마리를 찾아보려 한다.

"시장의 명칭은 어떤 것이 좋습니까?"

2003년 7월, 대형마트의 공세적 확장 속에서 기존 시장의 매출이 한창 쪼그라들고 있던 때 중소기업협동조합중앙회는 설문조사를 하나 실시했다. 재래시장 관련 정책 추진의 근거로 삼기 위해 전국 75개 재래시장 상인들을 대상으로 매출 추이, 재래시장 번영 저해 요인, 시장 활성화 추진 방안 등을 물은 것이다.

이 설문조사의 끄트머리에 곁다리처럼 붙어 있던 문항이 하나 있었는데 바로 "시장의 명칭은 어떤 것이 좋습니까"였다. 여기에 응답한 시장 상인들 중 가장 많은 26.7%는 당시 일반적으로 쓰고 있던 재래시장이란 이름이 좋다고 답했다. 이어 알뜰시장(22.7%), 전통시장(11.9%), 향토시장(10.7%), 민속시장(9.3%) 등 차례로 선호도가 높았다. 일반인 434명을 대상으로 한 똑같은 조사에서는 전통시장이라는 응답이 27.7%로 가장 많았고 이어 우리동네시장(23.0%), 향토시장(18.9%) 순이었다.

이 기사를 보면 당시까지는 시장 상인들은 물론 방문객들과 언론도 재래시장을 그저 재래시장이라고 불렀다는 사실을 알 수 있다. 또 이때까지만 해도 '전통시장'은 여러 후보 중 하나였을 뿐, 상인과 방문객들 사이에서 특별히 압도적인 지지를 받던 이름이 아니었다는 점도 드러난다.

그즈음 다른 기사들 속에 등장하는 전통시장이란 단어를 찾아보면 재래시장을 대체하는 이름보다는 다른 용도로 쓰이는 경우가 훨씬 더 흔했다. '이집트 카이로의 전통시장', '터키 이스탄불의 전통시장'처럼 정말 유서 깊은 문화 자산으로서 해외 전통시장을 말하는 경우를 제외하면, 주로 새롭게 생겨난 상품 및 용역 거래 시장과 구분되는 기존 시장이라는 의미로 이 단어를 썼다. 예를 들어 인터넷 쇼핑몰이라는 새로운 유통시장에 대비되는 '전통'시장은 백화점 같은 오프라인 상점, 새로 개발

---

* 「올 1-5월 재래시장 월 평균 매출액 감소」, 〈연합뉴스〉, 2003년 7월 16일.

된 증권 파생상품 시장에 대비되는 '전통'시장은 주식시장을 뜻하는 식이었다.

이런 흐름에 따라 2004년 제정된 시장 지원 관련법의 이름도 '재래시장 육성을 위한 특별법'으로 정해졌다. 법령에서 재래시장이라고 명시했으니 정부가 추진하는 관련 정책들에도 당연히 같은 이름이 쓰였다. 재래시장이란 단어가 공적 담론의 언어로서 지휘를 선점한 것이다. 2006년 재래시장 육성 특별법이 재래시장 및 상점가 육성을 위한 특별법으로 확대·개정될 때도 재래시장이란 표현은 그대로 살아남았다.

이명박 대통령 "전통시장으로 바꿔보라"

2008년 흥미로운 뉴스가 하나 보도됐다. 그해 3월 '장바구니 물가'를 점검하기 위해 서울의 한 재래시장을 방문한 이명박 대통령은 참모들과 순댓국을 먹던 도중 상인들이 "재래시장이라는 어감이 안 좋다"고 지적하자 참모들에게 "전통시장 등으로 이름을 바꾸는 방법을 강구하라"고 지시했다. 그러면서 '재래시장 고유의 문화전통'을 가미해 시장을 관광명소로 바꾸는 방안까지 언급했다.*

대통령이 순댓국을 먹으며 내린 지시에 정부는 발 빠르게 움직이기 시작했다. 주무 부처인 중소기업청은 공식 브리핑에서 "재래시장 대신 전통시장이란 표현을 쓰겠다"며 대대적인 홍보에 나섰다. 언론에서도 재래시장과 전통시장을 병기하거나 전통시장이란 단어만 쓴 기사들이 늘

---

* 「李대통령 "전통시장으로 이름 바꿔보라"」, 〈경향신문〉, 2008년 3월 9일 인터넷판.

어나기 시작했다. 그러다 2010년 6월에 재래시장특별법마저 전통시장특
별법으로 개정되면서 전통시장은 재래시장을 대체하는 공식적인 이름으
로 오롯이 인정받게 된다.

빅카인즈 검색 결과 전통시장이란 표현이 들어간 기사 건수는
2006년 123건, 2007년 243건에서, 2008년에는 1618건, 2009년에는
5479건으로 증가했다. 2010년 이후로는 꾸준히 1만 건이 넘는 기사에서
발견된다

반면에 재래시장이란 단어가 들어간 기사는 2010년까지 1만 건 이
상씩 보도됐으나 2011년에는 9344건, 2012년에는 8682건, 2013년에
는 5515건으로 줄어들었다. 2017년에는 3510건, 2018년에는 3085건이
었다. 재래시장특별법이 전통시장특별법으로 개정된 2010년을 기점으로
전통시장이란 단어가 우위를 점하기 시작한 것이다.

"재래시장의 이름을 전통시장으로 바꿔보라"는 대통령의 지시는 개
인의 번뜩이는 아이디어라기보다는 청와대에서 미리 짜놓은 시나리오
에 따른 퍼포먼스였다고 봐야할 것이다. 2006년의 한 기사를 보면 부산
재래시장연합회장이 중소기업청장을 만난 자리에서 "재래시장의 이름
을 풍물시장, 전통시장 등으로 변경해 달라"고 요청했다는 소식*이 나온
다. 앞서 언급한 2003년 설문조사에서 전통시장이 이미 재래시장의 대
안 중 하나로 거론됐다는 점에 근거하면, 대통령의 지시가 있기 전까지
시장 상인들 사이에서는 재래시장의 이름을 전통시장으로 바꾸자는 의

---

*   「이현재 중기청장-부산 중소기업인 간담회」, 《부산일보》, 2006년 5월 16일 인터넷판.

견이 제법 확산되고 있었을 것으로 보인다. 이런 여론이 결국 대통령 지시사항으로까지 이어진 것이다.

재래에서 전통으로의 승격

재래시장이 전통시장으로 바뀐 것은 부르는 이름이 달라진 것이 다가 아니다. 공간에 대한 성격 규정 자체가 달라진 것이었다. 규정하는 성격이 달라지면 대상에 대한 인식이 바뀌고, 인식이 바뀌면 위상도 새로워진다. 재래시장은 전통시장이라는 이름을 얻으면서 그 이전과는 전혀 다른 수준의 위상을 가지게 됐다.

기존 재래시장특별법에서 재래시장은 '상업기반 시설이 노후화돼 개·보수 또는 정비가 필요하거나 유통기능이 취약해 경영 개선 및 상거래의 현대화 촉진이 필요한 장소'(제2조 1항)였다. 그러나 이 법이 전통시장특별법으로 개정되면서 시장에 대한 규정은 완전히 달라졌다. 전통시장특별법상 전통시장은 '자연발생적으로 또는 사회적 경제적 필요에 의하여 조성되고 상품이나 용역의 거래가 상호신뢰에 기초하여 주로 전통적 방식으로 이루어지는 장소'라고 정의돼 있다. 시설이 노후화되고 유통기능이 취약해 개선이 필요했던 공간이 상호신뢰에 기초한 전통 거래 공간이라는 완전히 다른 위상을 얻게 된 것이다.

재래(在來)가 그저 예전부터 있던 것이란 뜻인 데 반해, 전통은 공동체의 역사에서 일정한 의의를 가지는 대상이라는 한층 격이 높은 의미를 지닌다. 그것이 무엇이든 전통의 옷을 입는 순간부터 공동체 구성원들은 그 대상을 당연히 보존해야 할 가치 있는 것으로 취급하게 된다. 전통은 시장경제의 원리도 비켜간다. 돈과 효율의 문제로만 따진다면 국가가 예산을 들여 보전하는 대부분의 무형문화재는 별다른 시장 가치가 없는 기예일 뿐이다. 시장경제 원리대로라면 진작 사라졌을 것들이지만 전통문화의 영역이기에 어느 나라나 마찬가지로 이를 공동체 차원에서 보전하고자 힘을 기울인다.

재래시장이 전통시장이란 이름을 얻기 전에도 정부의 지원은 있었다. 그러나 시장 상인들은 지원 여부를 떠나 소비자들의 인식이 바뀌지 않는 한 재래시장이 대형마트의 공세를 견디기는 힘들 거라고 판단한 듯하다. 1990년대 중반에 처음 대한민국에 생긴 대형마트는 급속히 성장해 2000년대에 이미 재래시장 주변 상권을 완전 장악했다. 정치권에서는 재래시장 주변에 대형마트 출점을 제한하는 법안 등을 추진했지만 반대의 목소리가 만만치 않았다.

강력한 반대의 논리 중 하나는 낡고 불편한 재래시장 쇼핑을 강제하는 것은 소비자들의 선택권을 침해한다는 것이었다. 신용카드 결제 불가, 주차 공간 부족, 불친절, 불명확한 가격, 흥정의 피로감 등이 재래시장이 풀어야 할 문제들이었다. 이런 문제들을 풀고 사람들의 인식을 바꾸는 등 변혁과 새로운 정체성 확립이 절실했던 시점에 시장 상인들과 정부, 언론의 눈에 든 것이 전통시장이라는 상징적인 이름이었다.

전통시장은 재래시장과는 다른 차원에서 보호와 지원, 보전, 계승의 당위성을 가진다. 자본의 힘이 아무리 강하다고 해도 공동체의 역사와 정체성에 관한 영역을 쉽사리 침범할 수 없는 노릇이다. 즉 전통시장이란 이름을 얻으면서 시장 상인들은 대형마트의 무차별 공습 속에서 최소한으로 숨을 쉴 수 있는 틈을 찾을 수 있었던 것이다.

전통의 발명과 문화적 정체성

전통이 고정불변이 아니라 바뀌고 만들어지는 것이라고 할 때 전통시장
은 성공적으로 만들어진 전통이라고 평가할 수 있다. 규모나 파급력을
생각해보면 전통시장은 전주비빔밥에 비할 정도가 아니다.

인류학자들은 전통을 '현재의 목적' 안에서 그 목적을 달성하기 위해
만들어진 결과라고 설명하기도 한다. 전통의 발명은 공동체의 문화적 정
체성을 만들어내는 작업과도 관련이 깊다.[*] 이런 설명에 따른다면 전통시
장은 재래시장 활성화라는 목적을 달성하기 위해 재래시장에 전통의 권
위를 부여하고자 한 작업의 결과물이다. 그리고 이를 공동체 구성원이
큰 이질감 없이 받아들였기에 재래의 것이 전통으로 안착한 경우라고 할
수 있다.

이렇게 성공적으로 개발된 전통의 다른 예로 태권도를 들 수 있다.
전통주의 시각에서 태권도의 역사를 설명하는 학자들은 그 뿌리를 고구
려 고분 벽화 속의 수박희(手搏戲)와 삼국시대의 태견에서 찾는다. 그러
나 사실 태권도라는 이름은 1950년대에 와서야 성립됐다. 수박희와 태
견 등 전래의 무예와 일본 가라데(空手道)의 영향 그리고 당대 무예가들
의 연구 결과물 등이 합쳐서 태어난 스포츠가 태권도다.[**] 태권도는 '국기

---

[*] 전통의 발명 담론에 대해서는 권혁희, 「내셔널리즘과 '전통의 발명'」, 『비교문화연구』 제20
집 2호, 서울대학교 비교문화연구소, 2014, 95-138쪽 참조.
[**] 태권도사 서술의 문제점에 대해서는 최복규, 「전통주의 태권도사 서술의 문제점」, 『국기원
태권도연구』 9권 1호, 국기원, 2018 참조.

(國技) 태권도'라는 표현이 상징하듯 정부의 적극적인 정책적 지원을 받아 전통무예의 자리를 획득했고 지금은 전 세계인이 수련하는 한국의 대표 스포츠로 자리매김했다.

이런 시도가 모두 뜻대로 되는 것은 아니다. 태권도와 반대로 각고의 노력에도 전통의 권위를 확보하지 못한 대표적인 예로는 트로트를 들 수 있다. 4분의 4박자를 기본으로 하는 대중음악 장르인 트로트는 일제강점기에 처음 유행하면서 일본 엔카(演歌)의 영향을 짙게 받았다. 그러다 해방 이후부터는 왜색 가요의 틀을 벗어나기 위해 독자적인 창법을 개발하고 한국 트로트만의 형식을 추구하려고 나름대로 노력했다. 트로트 가수들도 자신이 부르는 노래를 전통가요라고 칭하며 트로트를 전통의 담론 속에 포섭하려고 했다. 하지만 전통가요보다는 성인가요라는 이름으로 주로 불리는 것이 트로트의 현실이다.

태권도와 트로트의 성패를 가른 것은 사람들이 '무엇을 우리의 전통으로 받아들일 수 있느냐'는 공동체 정서와 관련이 깊다고 할 것이다. 전통은 공동체의 문화적 정체성에 관한 문제이기 때문에 여기에는 공동체 구성원들의 역사의식이나 가치관의 판단이 작용할 수밖에 없다. 그 판단 결과에 따라 어떤 것은 전통이 되고 어떤 것은 그저 재래의 것으로 남는다.

그런 점에서 보면 재래시장을 전통시장이라고 부르는 것은 그 공간에 우리 공동체의 문화적 정체성을 설명하는 어떤 요소가 존재한다는 말과 같다. 우리 언론이 기사 속에서 전통시장을 다룰 때 고유의 정서와 공동체 문화를 강조하고 지역 특산물, 지역 문화유산 등을 거론하는 것도 모두 이 같은 맥락에서다.

'전통'시장인가, 전통'시장'인가

전통시장이란 표현은 재래시장에 전통의 권위를 부여해 상인들의 숨통을 트여준 긍정적인 효과를 만들어냈지만 한계도 분명히 있다. 이 한계는 입법과 정책의 한계로 이어지는 것이기도 하다.

전통시장이란 표현은 재래시장에 전통의 옷을 입혀줬지만 그 내용까지 모두 채워줄 수는 없다. 과거 재래시장에는 분명 전통이라고 할 만한 고유의 정서와 공동체 문화가 존재했다. 하지만 그런 관습이나 행동 양식이 지금까지도 전해 내려오고 있느냐고 물으면 자신 있게 그렇다고 답하기는 어렵다.

재래시장이 품고 있던 전통 문화의 대부분은 과거에 이 공간을 중심으로 형성됐던 지역 공동체의 문화적 동질감을 전제로 한 것들이다. 과거 시장은 제품과 용역이 거래되는 장소일 뿐 아니라 지역 주민들의 교류와 소통의 공간이기도 했다. 그러나 재래시장을 교류와 소통의 장으로 삼았던 지역 공동체는 지금은 존재 자체가 희미해졌다. 시골보다 도시 지역에서는 공동체의 해체가 더욱 심하다. 전통시장이라고 하지만 그곳에는 전통의 근간이 남아 있지 않은 셈이다.

다음으로 시장이 지금도 살아 숨 쉬는 사람들의 생활공간이라는 점도 놓치고 있다. 시장은 박물관이나 민속촌처럼 박제된 공간이 아니다. 시장 상인들이 그곳을 터전으로 삼아 살아가는 가장 중요한 이유는 고유의 정서와 공동체 문화를 계승하기 위해서라기보다는 생계를 유지하기 위해서일 것이다. 상인들은 더 많은 손님을 모으기 위해 다양한 변신을 시도할 수 있으며 그 변신이 때로는 전통과 멀어지는 방향일 수도 있다.

실제로 정부에서 지원하는 '전통'시장 '현대화' 사업은 역설적인 명칭처럼 이율배반적인 부분이 존재한다. 주차장 조성, 캐노피 설치, 거리 정화 등 고객 편의를 위한 하드웨어 개선뿐 아니라 판매 방식이나 고객 응대법 등 정서와 문화의 영역까지 현대화를 요구하는 것 등이다. 정량 및 정찰 판매, 밝은 인사·친절·미소 같은 감정노동의 적용은 전통시장이 현대화의 기준이자 목표를 다름 아닌 대형마트로 삼고 있다는 고백과 같다. 언제든 전통의 균열이 발생할 수 더가 있다는 말이다.

가장 중요한 문제는 '전통'에 방점이 찍히면서 '시장'이 상대적으로 조명 받지 못한다는 점이다. 재래시장이라고 하든 전통시장이라고 하든 중요한 본질은 그곳이 사람들의 경제활동이 이뤄지는 장소라는 점이다. 재래시장을 전통시장이라고 부른다고 하더라도 시장의 위축은 '전통의 위축'이 아니라 이곳을 주 무대로 살아가는 '경제 주체들의 위축'이라는 사실 자체엔 변함이 없다. 전통시장을 살리는 문제도 결국은 경기 부양의 문제다. 특히 전통시장에서 활동하는 경제 주체들은 대부분 정치인들이 흔히 말하는 서민으로 불리는 사람들이다. 그래서 전통시장이 붕괴되면 서민 경제도 붕괴된다.

정치인들이 전통시장(재래시장)특별법을 만들고 정부와 지자체가 각종 지원 정책을 추진하며 또 언론이 전통시장 활성화를 부르짖는 것도 그 근간에는 모두 '서민 경제 수호'라는 절대적 가치가 존재하기 때문이다. 시장 상인들과 마찬가지로 정부와 언론 등이 전통시장 담론을 통해 지키려는 것도 전통이 아니라 서민 경제의 기반이다. 그런데도 관련 법령과 정책이 서민 경제가 아니라 전통만을 쳐다보고 있다고 하면 이야말로 본말전도라 할 수밖에 없을 것이다.

전통은 쉽게 부정할 수 없는 자리에 있다. 전통시장 담론은 재래시장에 이 같은 권위를 부여하는 데 성공했기에 시장 상인들이 자본의 논리에 맞서는 교두보를 만들어줄 수 있었다. 하지만 그것만으로는 재래시장의 경제 주체들, 즉 서민들의 삶을 온전히 보전하지는 못한다.

20여 년간 이어진 대형 유통 자본의 공격 속에서 살아남아 관광·축제가 함께하는 풍성한 전통시장으로 성공적으로 탈바꿈한 재래시장은 극소수다. 언론은 그런 시장들을 대서특필하지만 그 외 대부분의 재래시장은 고사(枯死) 직전의 상황으로 내몰리고 있다. 근본적으로 서민 경제가 살아나지 않는 한 어떤 이름을 갖다 붙여도 재래시장은 살아나기 힘들 것이다.

전통시장 담론의 효과가 언제까지 이어질지도 장담할 수 없다. 유통 환경은 급속도로 변하고 있다. 근래에는 온라인 유통이 활성화되면서 '전통시장 vs 대형마트'라는 구도도 점점 의미가 없어지고 있다. 이제는 공산품뿐 아니라 채소와 육류 같은 신선식품까지 문 앞에 배달해주는 '새벽 배송'의 시대다. 온라인 유통의 득세에 대형마트도 힘을 못 쓰고 있으니 재래시장의 고통이야 더 말할 것도 없다.

모바일로 물건을 사고 문 앞에 배달을 해주는 시대에 공동체 고유의 정서와 문화적 정체성이 얼굴을 내밀 자리는 없다. 이런 가치들을 아무리 강조한다고 해도 사람들은 편리함을 포기하고 장바구니를 든 채 동네 시장으로 가지 않을 것이다.

해체된, 또는 해체 도중에 있는 지역 공동체가 복구된다면 그 중심에 있는 재래시장도 다시 살아날 수 있을 것이다. 지역 공동체 복구는 시장 활성화보다 더 어렵고 복잡하지만 반드시 풀어나가야 할 문제다. 다행히 최근에는 여기에 힘을 쏟는 지자체와 시민단체들이 늘어나며 관련 정책들도 꾸준히 도입되고 있다.

하지만 지역 공동체 복구를 위해서는 근본적으로 공동체에 대한 구성원들의 인식이 달라져야 한다. 공동체는 불편하고 거추장스러운 것이 아니라 건전하고 건강하게 만들어나가야 할 생활의 터전이라는 인식이 확산될 때 해체의 흐름을 최소한 멈춰 세울 수 있을 것이다. 공동체를 이끌어갈 대표들을 잘 뽑는 것이 의미 있는 출발점이 될 수 있다.

솜방망이: 법감정과 정의 그리고 여론의 온도

솜방망이   [명사] 어떤 범죄에 대해 사람들의 법감정에 비춰 약한 처벌이 내려졌을 때 비판의 뜻을 담아 사용하는 말. 범죄에 대한 합당한 처벌과 범죄예방보다는 사람들의 분노를 자극하려는 목적이 짙다.

스티븐 스필버그 감독의 2002년 영화 〈마이너리티 리포트〉는 '범죄 예방 수사'라는 기발한 소재를 다룬 SF물이다. 2054년 미국 워싱턴D.C에는 살인이 벌어지기 전에 미리 예측해 범죄를 막는 범죄예방시스템 '프리크라임'이 도시의 치안을 지켜주고 있다. 이 시스템은 앞으로 일어날 살인사건의 발생 시간과 장소, 가해자 및 피해자의 이름을 예언하고 주요 범행 장면까지 미리 보여준다. 주인공인 프리크라임의 팀장 존 앤더튼(톰 크루즈)은 시스템의 예시를 단서로 곧 발생할 사건을 수사해 가해자를 체포하고 사건 발생을 막아내는 역할을 한다.

첫 시퀀스는 프리크라임이 실제로 어떻게 작동하는지를 보여주는 장면들이다. 아내의 불륜에 절망한 남편이 주방가위를 들어 아내의 가슴을 겨냥하는 순간 앤더튼과 팀원들이 현장에 들이닥쳐 범행을 중지시킨다. 이때 앤더튼의 대사는 "08시 04분 발생 예정이던 살해 사건의 예정 범인으로 당신을 체포한다"이다. '예정 범인'이 "난 아무 짓 안 했소. 찌를 생각은 없었어"라고 말해도 소용없다. 이 시스템의 도입으로 워싱턴D.C의 살인 범죄율은 90% 줄어든다. 이것이 영화의 설정이다.

이 영화의 큰 주제는 '인간이 자유의지로 운명을 바꿀 수 있는가'라는 운명론 대 자유의지의 대결이다. 이 외에도 영화는 여러 고민거리를 던져주는데 그중 하나는 제목과 관련이 깊다. 마이너리티 리포트는 소수의견이란 뜻이다. 살인처럼 중요한 사건의 진실을 배심원들의 다수결로 결정하는 아이러니한 미국식 사법 체계에 의문을 제기한 것이다. 사건의 실체적 진실과 다수결은 전혀 관련이 없다. 이 사실은 사람에 의한 재판에서든 프리크라임이라는 범죄 예방 시스템에서든 결코 달라지지 않는다.

만약 인간이 자유의지로 운명을 거스를 수 있다면, 또 다수의견보다 소수의견이 오히려 사건의 실체적 진실에 더 가깝다면, 영화에 나오는 프리크라임 시스템은 무쓸모가 될 것이다. 상황에 따라서는 "난 아무 짓 안 했소. 찌를 생각은 없었어"라는 예정 범인의 말이 진실일 수도 있다. 여기서 영화의 또 다른 질문이 불거진다. 살인을 저지르기 직전에 체포된 자들을 무엇으로 처벌할 수 있느냐는 사법적 논쟁이다.

프리크라임이 예시하는 예정 범죄를 대한민국의 현행법에 적용해보면 어떨까. 첫 시퀀스의 남자가 예정대로 가위로 아내를 찔러죽였다면 형법 제250조에 따라 살인 혐의를 적용받게 된다. 그런데 찌르기 전에 수사관들이 들이닥쳤다면 실제 범행에 착수하지 않았으니 살인죄로 처벌할 수는 없다.

살인미수 처벌도 힘들다. 형법에서 미수는 '범죄의 실행에 착수해 행

위를 끝내지 못했거나 결과가 발생하지 아니한 경우'를 말한다. 살인미수
는 상대를 죽이겠다는 분명한 의도를 가지고 살인에 착수했으나 마무리를
못 지었거나 피해자가 죽지 않은 경우에 성립한다. 아예 착수를 하지 않았
으니 살인미수라 말하기도 어렵다. 물론 아내를 죽일 것처럼 흉기를 들어
위협을 가했으니 특수협박 혐의 정도는 충분히 적용할 수 있을 것이다.

실제로 2019년 5월 서울 관악구에서 발생한 '신림동 강간미수 사건'
을 비근한 예로 들 수 있겠다. 30대 남성인 범인은 술에 취해 귀가 중이
던 여성의 뒤를 쫓아가다 원룸 안까지 침입을 시도했다. 현관문이 닫히
며 침입에 실패한 범인은 10여 분간 벨을 누르고 문손잡이를 돌리고 도
어락 비밀번호를 눌러보기까지 했다.

만약 범인이 원룸 안까지 침입에 성공했다면 무슨 일이 있어났을까.
마이너리티 리포트의 예지자가 아닌 평범하고 상식적인 사람들의 눈으
로 봐도 범인은 곧바로 다른 범죄를 저질렀을 가능성이 크다. 하지만 처
음 경찰은 이 사건을 조사할 때 주거침입미수 혐의만을 적용했다. 원룸
안으로 들어가려 했지만 실패했고 그 외에 다른 일은 일어나지 않았으
니 추가로 혐의를 적용하기는 어렵다고 본 것이다.

경찰의 안일한 인식을 비판하는 여론이 들끓었고 결국 검찰은 기소
단계에서 범인에게 성폭력범죄 처벌 등에 관한 특례법(성폭력특별법)상 주
거침입·강간미수 혐의를 적용했다. 그러나 1심 재판부는 주거침입 부분
은 유죄라고 판단해 징역 1년을 선고했지만 강간미수 혐의는 무죄라고
판결했다. 법조문에 나와 있는 것처럼 '범죄의 실행에 착수'하지는 않았
기 때문이다.

수사 당국과 법원을 겨냥한 솜방망이 비판

세상에서 실제 벌어지는 사건들은 범행 내용이 천차만별이다. 몇 줄의 법조문에 새겨놓은 대로 딱 맞아떨어지는 사건만 벌어질 리가 없으니 말이다. 그게 검사나 판사가 존재하는 이유이기도 하다. 검사는 사건에 어떤 혐의를 적용할지 결정하고 판사는 그 혐의가 제대로 입증되었는지, 입증됐다면 어떤 처벌을 내릴지를 정한다.

그런데 만약 앞서 예로 든 영화 속 장면 같은 사건에 대해 검사가 특수협박 혐의만 적용해 기소하고 판사가 법에 따라 '7년 이하의 징역 또는 1,000만 원 이하의 벌금'을 선고한다면 사람들은 어떻게 반응할까. 또 신림동 강간미수 사건에 대해서도 판사가 그저 그런 주거침입처럼 몇 백만 원 벌금만 선고하고 말았다면 어땠을까.

이 경우에 판사에게 쏟아질 비판은 이런 식일 것이다. '국민 법감정 저버린 법원, 흉악범에 솜방망이 처벌', '국민들 불안에 떠는데 법원은 솜방망이 처벌'. 그리고 해당 판사가 과거에 어떤 판결을 내렸는지 내역을 정리하고 판결의 성향을 분석한 기사가 쏟아지고 개인 신상에 관한 정보들은 공공재처럼 인터넷을 떠돌게 될 것이다. 이런 순간에는 판사만큼 외로운 직업이 세상에 없을 것이다.

솜방망이는 솜으로 만든 방망이다. 폭신폭신한 솜으로 만들었으니 수백 대, 수천 대를 때려도 아플 리 만무하다. 우리 언론은 주로 어떤 범죄자에 대해 기대 이하의 구형이나 처벌이 내려졌을 때 이 단어를 동원해 수사당국이나 법원을 비판한다. 강력한 처벌을 받아야 할 범인이 시원찮은 처벌을 받고 곧 아무렇지 않게 사회 공동체에 복귀하는 상황은 누구도 쉽게 용납할 수 없다. 언론 기사의 솜방망이란 단어는 국민들의 흉악한 범죄에 대한 끓어오르는 분노, 그리고 죗값은 공정하고 납득할 만한 것이어야 한다는 정의로운 상식을 대변한다고도 하겠다.

그런데 이 표현을 아무렇게나 사용해도 괜찮을까. 언론은 여론의 관심이 집중된 사건에는 이 단어를 거의 관성적으로 사용한다. 여론의 공분을 유발한 범죄자에게는 어떤 처벌이 내려져도 대다수 언론들이 합심하여 솜방망이라는 평가를 내놓는다. 매번 강력한 처벌, 더 강력한 처벌을 요구한다. 과연 이것이 능사일까. 언론의 관성적인 솜방망이 주장이 놓치고 있는 점은 무엇일까?

범죄 예방 효과가 미미한 '솜방망이 징계'

[A] '윤창호법' 집행 경찰·검찰·법원, 제 식구엔 솜방망이 징계

법을 집행하는 경찰·검찰·법원이 정작 소속 공무원이 음주운전에 적발됐을 때는 '솜방망이' 징계를 한 것으로 나타났다. '윤창호법' 시행 등 음주운전 처벌을 강화하면서 일반 시민에게만 '법과 원칙'을 엄정하게 적용한 것이다.

경향신문은 정보공개청구를 통해 경찰청·법무부·법원행정처에서 2014년 1월–2018년 12월 5년간 음주운전 징계 현황을 제출받아 분석했다. 이 기간 음주운전으로 적발돼 징계 받은 경찰관은 382명이다. 2014년 74명, 2015년 65명, 2016년 69명, 2017년 86명, 2018년 88명으로 증가하는 추세다. 반면 징계는 점점 약해졌다. 2014년 최고 중징계인 '파면' 처분을 받은 경찰관은 12명이었지만 2018년에는 0명이었다. '해임' 처분도 28명에서 11명으로 줄었다. 같은 기간 중징계 중 가장 가벼운 '정직' 처분은 25명에서 61명으로 늘었다.(이하 생략)

_〈경향신문〉 2019년 4월 4일자 10면

2018년 9월 부산 해운대구에서 친구들을 만나고 귀가하던 22살 청년이 만취 운전자가 몰던 차량에 치여 뇌사 상태에 빠졌다가 끝내 숨지고 만다. 이 청년의 어이없는 죽음이 개죽음이 아니라 사회적으로 의미 있는 죽음이 되길 원했던 가족과 친구들은 청와대에 국민 청원을 올리고 음주운전에 대한 처벌을 대폭 강화하는 법 개정 운동에 나선다. 호의적인 여론에 힘입어 사고가 발생한 지 3개월이 채 못돼 이 청년의 이름을 딴 법안이 국회 본회의를 통과한다. 바로 '윤창호법'이다.

[A]는 윤창호법의 본격적인 시행을 앞두고 음주운전에 관한 법집행을 담당하는 경찰, 검찰, 법원의 음주운전 징계 현황을 분석한 기획기사다. 일반 국민들 사이에서 음주운전은 중죄라는 인식이 자리 잡고 법 개정으로 처벌 수위까지 한껏 높아졌는데 오히려 법을 집행하는 공직자들의 인식은 이를 못 따라가고 있다는 게 글의 요지다. 음주운전으로 징계받는 건수는 매년 늘어났지만 파면이나 해임 같은 강력한 중징계는 매년 줄었으니 '솜방망이 징계'를 의심할 만하다.

이 경우 징계의 수위를 대폭 높여 음주운전 적발 시에 즉각 파면이나 해임 조치를 한다면 어떻게 될까. 징계가 과하다며 다시 심사해달라는 소청이나 행정소송이 폭발적으로 증가하겠지만 웬만큼 간이 큰 공무원이 아니고서는 술을 마시고 운전대를 잡지는 않을 것이다. 징계 수준을 솜방망이에서 '치도곤'으로 높이면 공무원들의 일탈을 사전에 막는 효과를 어느 정도 기대할 수 있다는 이야기다. 징계가 징계로서 효과가 없다면 수위를 높여야 한다. 이때 언론의 솜방망이 비판은 적절한 지적이라고 할 수 있을 것이다.

그런데 이 단어가 기사 속에서 매번 적절한 수준에서만 쓰인다면 얼마나 좋겠냐만 현실은 그렇지가 않다. 범죄와 처벌에 대한 사람들의 인식을 왜곡하는 방식으로 쓰이는 경우도 비일비재하다.

반복되는 범죄와 솜방망이 처벌의 관계

[B] '몰카범' 경찰·성추행 교사⋯ 솜방망이 징계가 그들을 키웠다

국정감사에서 유독 눈살을 찌푸리게 하는 게 있다. 각 부처 일부 공무원들이 저지른 성범죄와 이들에게 내린 솜방망이 징계다. 각 의원실이 입수한 자료에 따르면 공무원들의 성범죄는 해마다 줄기는커녕 오히려 늘고 있다. 그럼에도 징계 수위가 낮아 제 식구 감싸기라는 비판을 면치 못한다. 이를 바로잡기 위해 내년부터 공무원의 성범죄 처벌을 강화하는 법이 시행되는데 어느 정도 실효성을 담보할 수 있을지 관심이 쏠린다.

_〈서울신문〉 2018년 10월 17일자 18면

[C] 또 동물학대⋯ '솜방망이' 처벌에 잔혹해지는 동물학대

벌금형이나 집행유예에 그치는 '솜방망이 처벌'이 동물학대를 부추긴다는 지적이 나온다. 현행 동물보호법에 따르면 학대 범죄는 2년 이하의 징역 또는 2000만 원 이하 벌금에 처한다. 하지만 2015~2017년 3년간 경찰이 수사한 동물학대 사건 575건 중 70건만 처벌됐고, 그마저도 68건은 벌금형이고 2건은 집행유예로 끝났다. _〈세계일보〉 2019년 7월 16일 인터넷판

[B]와 [C]는 [A]와 마찬가지로 범죄에 대한 처벌이 너무 약하다는 의미로 솜방망이란 단어를 썼다. [B]는 공무원 성범죄가 매년 늘고 있는데

도 징계 수위는 낮다는 사실을 지적했고, [C]는 동물학대가 2년 이하의 징역형까지 받을 수 있는 범죄이지만 실제로는 벌금형 같은 약한 처벌만 이뤄지고 있음을 경찰 자료를 통해 밝혀냈다. 둘 다 처벌이 강화되면 성범죄와 동물학대가 줄어들 것이라고 전제하고 있다는 점에서도 앞의 예시와 비슷하다.

하지만 두 기사는 앞의 기사에는 없는 인식을 하나 공유하고 있다. 제목을 보자. [B]는 솜방망이 처벌이 성범죄자들을 '키웠다'고 썼고, [C]는 솜방망이 처벌에 동물학대가 '잔혹해진다'고 썼다. 마치 범죄가 반복되고 나날이 포악해지는 원인이 약한 처벌에 있는 것처럼 쓴 것이다. 범죄가 반복되고 포악해지기 때문에 처벌 강도를 높여 범죄를 막아야 된다는 생각과, 약한 처벌 때문에 범죄가 일어난다는 인식은 전혀 다른 차원의 이야기다.

예를 들어 담배꽁초를 함부로 버리다 적발될 경우 과태료를 1억 원쯤 내야 한다면 길거리에 담배꽁초를 버리는 사람은 사라질 것이다. 반대로 꽁초를 버리다 걸려도 과태료 몇 천 원에 그친다고 하면 흡연자들은 담배꽁초 투척에 거리낌이 별로 없을 것이다. 그렇다고 담배꽁초 투척의 원인이 미미한 과태료에 있다고 말할 수 있을까. 맘먹은 범행의 착수를 막지는 못했지만 범행의 근본적 원인이 거기 있다고 하기는 어려울 것이다.

더욱이 담배꽁초를 버리는 일과 누군가를 성추행하거나 동물을 잔혹하게 죽이는 일은 성격이 완전히 다르다. 사이코패스가 아니고서는 처벌이 약하다고 해서 성범죄를 마구 저지르거나 동물을 재미로 죽이고 다니는 사람은 없을 것이다. 처벌이 약해서 범죄가 반복된다거나 더 포악해진다고 말하는 것은 인간의 본성이 기회만 있다면 언제든 성범죄나 동물학대 같은 무서운 범죄를 저지르길 원한다는 말과 다르지 않다. 범죄 발생의 원인을 엉뚱한 방향으로 설정하면서 대책도 처벌의 강화에만 초점을 맞춘 것이다.

강력한 처벌은 분명 범죄 예방 효과가 있다. 법학에서는 예비범죄자들의 범죄를 억제하는 형벌의 기능을 위하(威嚇)작용이라고 한다. 그렇지만 아무리 강력한 형벌도 범죄를 완전히 예방하지는 못한다. 인류가 공동체를 이룬 뒤부터 대다수 문명은 살인죄를 사형으로 다스려왔다. 그래도 인류사에서 살인은 사라지지 않았고 지금도 전 세계 곳곳에서 버젓이 벌어지고 있다. 살인이 발생하는 원인은 처벌의 유무나 강도가 아니라 다른 데 있기 때문이다. 처벌에만 매달리면 범죄가 발생하는 진짜 원인을 간과하게 된다.

처벌이 문제냐, 시스템이 문제냐

[D] 파벌·짬짜미·성추행 얼룩진 '효자 종목'… 또 솜방망이 처벌받나

과거 큰 파열음을 일으킨 파벌 싸움과 대회 성적·메달을 둘러싼 '짬짜미'로 한바탕 홍역을 치렀던 쇼트트랙이 또다시 스포츠정신에 먹칠을 했다. 충북 진천선수촌에서 훈련 중인 쇼트트랙 국가대표팀 남자 선수가 암벽 등반 훈련 도중 후배 선수를 성희롱한 사실이 25일 드러나 파문이 커지고 있다.
(중략)
자신이 몸담은 종목이 손가락질과 눈총을 받고 있다는 사실을 전혀 깨닫지 파벌 싸움과 메달 몰아주기 관행, 코치의 성추행 등이 밝혀져 국민적 지탄을 받았던 국가대표 쇼트트랙 팀에서 성희롱 사건이 또 발생하자 나름대로의 원인 분석을 시도한 기사다. 중간에 익명의 감독이 말한 '비슷한 사건이 반복된다는 것은 시스템 문제'라는 분석이 기사의 핵심이다.

여기서 시스템 문제라는 것은 비단 징계 시스템만을 말하는 것은 아닐 것이다. 그런데 솜방망이 처벌이란 단어가 기사 제목에 핵심적인 단어로 떡 하니 자리 잡으면서 시스템의 의미가 상당히 좁아져버렸다. 이러면 기사의 결론도 결국 강력한 징계를 통해 팀 내 기강을 세워야 한다는 쪽으로 갈 수밖에 없다.

쇼트트랙 국가대표팀의 누적돼온 문제들이 징계 시스템만 손본다고 사라질까. 그랬으면 좋겠지만 바람처럼 되지는 않을 것이다. 성폭력 사건이 반복되는 원인은 솜방망이 처벌이 아니라 다른 데서 찾아야 한다. 선수들의 인권감수성 부족, 형식적인 성폭력 예방 교육, 권위적이고 폭력적인 조직 문화, 서로를 감싸주는 파벌 관행, 성적 지상주의 같은 쪽이 오히려 설득력이 있고 더 심각한 문제일 것이다. 이에 대한 치열한 반성과 대책 마련은 없이 처벌 강화만으로 문제가 사라지길 바라는 것은 말 그대로 백년하청이다.

더구나 시스템에 대한 반성 없이 처벌 강화만 운운하는 것은 반복되는 문제에 대한 모든 책임을 선수 개인에게 전가하는 것과 마찬가지다. 선수들을 그저 잠재적 범죄자로 바라보며 강력한 징계 시스템으로 옭아매고 위협하는 것이다. 이런 일은 선수촌뿐 아니라 학교나 회사, 가정 심지어 국가 단위에서도 일어날 수 있다. 우리는 이를 보통 인권 침해라고 부른다.

솜방망이 비판을 퍼뜨린 삼풍백화점 붕괴 사건

솜방망이는 원래 타율이 낮은 타자를 조롱하는 말이었다. 아무리 배트를 휘둘러도 맞지 않으니 상대에게 별다른 위협이 되지 않는 타자 말이다. 비슷한 의미로 국회 국정감사장에서 시답잖은 질문을 하는 국회의원들을 비꼬아 '솜방망이 질의' 같은 표현도 종종 썼다.

범죄에 대한 약한 처벌을 비판하는 뜻으로 이 단어를 쓴 것은 1990년대 초반부터다. 주로 비리 공무원에 대한 사법당국의 무른 조치를 질타한 기사들이었지만 건수가 그리 많지는 않았다.

단일 사건을 두고 복수의 언론 매체가 솜방망이 처벌을 언급한 것은 1995년 삼풍백화점 붕괴 사건이 처음이었다. 1995년 6월 29일 오후 6시쯤 멀쩡히 영업을 하고 있던 백화점 건물이 갑자기 무너져내렸다. 일부 층이 무너진 수준이 아니라 한쪽 건물 전체가 순식간에 붕괴됐다.

502명의 사망자를 포함해 총 1,445명의 사상자를 낸 대한민국 최악의 안전 사고였다. 사고 원인을 조사하는 과정에서 무리한 설계 변경과 증축, 부실 공사가 이뤄졌음이 드러났다. 또 붕괴 며칠 전부터 천장에서 시멘트 가루가 떨어지는 등 위험 신호가 감지됐지만 무리하게 영업을 계속했다는 사실도 드러나 국민적 공분을 샀다.

사고 책임자인 경영진들에게는 업무상과실치사 혐의 등이 적용됐다. 그러자 여론의 분노는 폭발했다. 처음부터 부실 공사를 계획했고 붕괴 위험을 감지하고도 영업을 지속했으며 그 결과 1,000명이 넘게 죽거나 다쳤는데 '업무상과실'은 말이 안 된다며 '살인죄'로 다스려야 한다는 목소리가 터져 나왔다. 이때 언론이 찾아낸 표현이 솜방망이였다.

이 사건 이후 조금씩 등장 빈도를 높여가던 솜방망이는 2000년 이후에는 완전히 일상적인 뉴스의 언어로 자리 잡는다. 다양한 분야에서 강력한 처벌을 요구할 때 이 표현이 동원됐는데, 특히 비리 공무원과 강력 범죄자에 대한 약한 처벌을 꾸짖는 기사에는 어김없이 등장했다. 비리 공무원과 강력 범죄자를 한층 더 강력한 형벌로 다스리자는 주장은 솜방망이 비판의 주류를 형성했다고 해도 과언이 아니다.

솜방망이 처벌과 국민의 법감정

우리 언론에서 쓰는 솜방망이라는 표현은 법감정과 깊은 연관이 있다. 법감정은 말 그대로 법에 대한 감정을 뜻한다. 무엇이 법인가(실증적 법감정), 무엇이 법이어야 하는가(이상적 법감정), 법에 일치하는 일만 일어나야 한다(보편적 법감정)는 생각 등이다.

통상 언론 기사를 통해 부각되는 법감정은 법을 통해 우리 공동체가 지향하는 가치를 구현해야 한다는 당위적 사고와 주로 관련돼 있다. 법 앞에서는 누구나 평등해야 하고 엄격한 법 집행을 통해 정의가 구현돼야 한다는 생각들이다. 비리 공무원에 대한 강력한 처벌 요구는 공무원의 특권에 대한 반발이라는 점에서 법 앞의 평등과, 강력 범죄자에 대한 엄벌 요구는 죗값을 제대로 치러야 한다는 정의 구현 의식과 특히 관련이 깊다고 할 수 있다.

법감정은 공동체의 법질서를 유지하고 법 제도를 만들거나 고치는 원동력이 된다. 사람들에게 법감정이 없다면 애초에 법치국가의 성립 자체가 불가능할 것이다. 이상적인 입법이라는 것은 사람들이 공유하는 정의와 평등의 법감정을 각 분야에서 구체적인 법령으로 구현하는 활동이라 할 수 있다.

그런데 여기서 문제는 사람들의 법감정이 어떻게 형성되며 또 그걸 어떻게 측정할 수 있느냐다. 법감정의 형성과 측정이 객관적으로 이뤄지지 않는다면 사람들의 법감정을 근거로 한 입법 활동 등은 모두 잘못된 결과를 만들어낼 우려가 있다.

사람들의 법감정은 어떻게 형성될까. 우선 인간이 본성적으로 가지고 태어나는 법감정이 있을 것이고 거기에 후천적인 요소들이 영향을 끼칠 것이다. 법감정을 형성하는 가장 중요한 후천적인 요소는 교육이다.

---

* 법감정에 대해서는 임웅, 「법감정에 관한 연구」, 『법철학연구』 1권, 한국법철학회, 1998. 참조.

그리고 그다음을 뽑으라고 하면 다름 아닌 언론의 영향력을 들어야만 할 것이다. 국민 법감정의 상태를 가늠하는 가장 중요한 수단도 결국은 언론이다.

언론의 범죄 보도는 국민들의 법감정을 강하게 자극한다. 특히 솜방망이라는 표현이 등장하는 범죄 기사는 이 사건에서 법 앞의 평등과 법을 통한 정의 구현이 제대로 되지 않고 있다는 여론의 반응이라 할 수 있다. 여론의 반응으로 나온 솜방망이 비판은 다시 또 여론의 분노를 유발하고 비등한 비판 여론은 당국의 정책 변화를 견인하게 된다.

언론이 사람들의 법감정을 자극해 법률이나 당국의 정책 변화를 일으키는 메커니즘은 '범죄의 물결(Crime Wave)'이란 개념으로 설명할 수 있다. 범죄의 물결은 하나의 범죄를 시작으로 비슷한 범죄가 잇달아 발생하는 현상을 말한다. 특정한 외부 요인이 비슷한 범죄를 양산해 범죄의 물결을 일으키는 수도 있겠지만 실제로는 다른 요소가 더 강하다.

특정한 범죄가 여론의 주목을 받으면 이를 예방하거나 단속하기 위해 치안 행정력이 해당 분야에 집중된다. 언론도 동종의 사건이 발생했을 때 평소보다 더 큰 기사 가치를 부여해 더 자주, 더 크게 사건을 다룬다. 이 때문에 사람들은 실제로 범죄의 물결이 일어난 것처럼 착각하게 되는 것이다.

대검찰청 범죄분석 자료를 보면 13세 미만 아동을 대상으로 한 성폭력범죄 발생건수는 2014년 1208건, 2015년 1272건, 2016년 1231건, 2017년 1270건이다. 아동성범죄가 매년 1200건 이상씩 발생한다는 사실도 놀랍지만 4개년만 봤을 때 발생건수가 매년 비슷하다는 사실도 언뜻 이해가 되지 않는다.

바로 '조두순 사건'처럼 누구나 분노할 사건이 발생했을 때는 그즈음 일어난 다른 아동성범죄를 집중적으로 보도하고, 다른 시기에는 이를 소홀히 다루는 언론의 보도 행태 탓이다. 솜방망이를 들먹이며 천인공노할 범죄의 물결이 밀려오는 것처럼 호들갑을 떨며 대책 마련을 촉구하지만 발생건수만 따졌을 때는 사실 심각성이 매우 커지고 있다고 판단할 근거는 부족한 셈이다.

솜방망이 비판의 채워지지 않는 갈증

아동성범죄를 저지른 인면수심 범죄자들에게는 당연히 자비 없는 엄벌을 가해야 할 것이다. 아동성범죄는 어떠한 사정도 봐줄 이유가 없는, 우리 공동체의 안정을 해치는 극악한 범죄다. 그런데 여기서 엄벌의 기준이 뭘까. 이 극악무도한 자들에게 적당한 엄벌은 대체 무엇일까. 여기서 솜방망이란 표현의 문제가 드러난다.

솜방망이 처벌에 대한 언론의 비판은 채워지지 않는 갈증과 같다. 선정성을 피할 수 없는 언론의 특성상 언론이 도저히 솜방망이라고 지적할 수 없는 엄벌이란 일반 국민의 상식과 기대를 넘어서는 지극히 과한 처벌일 수밖에 없다. 그러나 정해진 법절차에 따라 수사하고 기소하는 경찰과 검찰, 또 정해진 법과 판례를 참조해 판결하는 법원이 상식을 넘어서는 과한 처벌을 내리기는 힘들다.

설사 수사 당국과 법원이 여론을 고려해 다소 강한 처벌을 결정한다고 해도 모두의 갈증을 완전히 채워주지는 못할 것이다. 솜방망이 비판은 범죄에 대한 적절한 처벌 요구라기보다는 분노한 사회 구성원들이 기대하는 정의 구현, 즉 법감정에 관한 문제이기 때문이다. 사람들의 분노를 일시에 해소할 수 있는 엄벌이란 사형의 즉각적인 집행밖에는 없을 것이다.

그렇다면 말이 나온 김에 모든 아동성범죄를 사형으로 다스리면 어떨까. 사형으로 다스려도 아동성범죄가 말끔히 사라지지는 않겠지만 피해자나 분노한 국민들의 마음은 한결 나아지지 않을까. 그럴 수도 있다. 그러나 이것도 간단한 문제는 아니다. 형벌 체계의 균형이 깨지기 때문이다.

분노의 해소 vs 정의로운 형벌

형벌 체계가 정의롭다는 것은 죄의 무게에 맞게 벌을 준다는 말과 같다. 무거운 죄를 지으면 무거운 벌을 주고, 가벼운 죄를 지으면 가벼운 벌을 줘야 한다. 금은방에서 반지 하나를 훔친 것과 금은방을 아예 탈탈 털어간 것을 같은 벌로 다스릴 수는 없다. 이들을 똑같이 처벌하는 것은 정의롭다고 할 수 없다. 이것이 형벌의 주요 원리인 비례성 원칙이다.

비례성 원칙이 지켜지지 않으면 오히려 형벌 체계가 더 큰 범죄를 부추길 위험도 있다. 절도로 한정한다면 범죄자가 범행을 저질러 얻는 편익(장물의 가치)이 크면 클수록 죄의 무게는 더 무거워야 한다. 반지 하나보다 금은방 전체 귀금속의 가치가 크므로 금은방을 탈탈 턴 것이 당연히 더 큰 죄다. 그런데 반지 하나를 훔친 자와 금은방의 귀금속을 깨끗이 쓸어간 자가 똑같이 징역 1년형에 처해진다면 어떻게 될까. 절도범 입장에서는 반지 하나보다는 이왕이면 금은방 전체를 탈탈 터는 것이 더 효율적이고 합리적인 선택이 될 것이다.

불쾌한 가정을 하나 해보자. 아동성범죄를 일괄 사형으로 다스릴 경우 범행 직후 범인의 선택지는 그리 많지 않을 것이다. 자수해서 순순히 사형을 당하거나 도망자로 살다가 결국 붙잡혀 죽거나 둘 중 하나다. 아니면 어차피 사형이 예상되는 마당에 몇 가지 죄를 더 지어 완전범죄를 꿈꿀 수도 있을 것이다. 이 경우 형벌이 범죄를 억제하는 것이 아니라 오히려 더 큰 죄를 부추긴 꼴이 된다.

솜방망이 비판이 요구하는 처벌 강화가 끓어오른 사람들의 분노를 한순간 해소시켜줄지는 모르겠다. 하지만 그런 조치가 정의로운 형벌 체계를 훼손한다면 잠시 분노를 해소하는 비용치고는 너무 크다. 장기적으로 우리 사회 전체의 손익을 따져보면 결코 흑자가 나는 선택은 아니라고 하겠다.

즉흥적 입법 대신 냉철한 고민 있어야

아동성범죄를 사형으로 다스리자는 주장은 극단적인 예다. 솜방망이 처벌에 대한 언론의 비판이 모든 범죄에 대해 무기징역이나 사형 선고를 요구하는 것은 아니다. 성추행이나 동물학대는 질 나쁜 범죄임이 분명하지만 여기에도 무기징역이나 사형을 내린다고 하면 당장 반발 여론이 일 것이다. 모든 범죄를 극형으로 다스리는 야만적인 조직을 국가라고 부르기는 어렵다. 솜방망이 비판을 반복하는 언론도 대한민국을 그런 나라로 만들자는 것은 아닐 것이다.

언론의 요구에 따른 적절한 조치는 사법과 입법의 측면에서 나눠볼 수 있을 듯하다. 우선 재판부는 정의 구현 차원에서 가능한 범위의 최고형을 선고할 수 있을 것이다. 형량을 줄여주는 양형 감경 사유를 최대한 소극적으로, 형량을 높이는 가중 사유는 최대한 적극적으로 적용하는 것이다.

시간은 좀 걸리겠지만 법원이 나서서 양형 기준 자체를 뜯어고칠 수도 있다. 심신미약, 자수, 피해자가 처벌을 원치 않음(합의), 배상금 공탁, 진지한 반성 같은 감경 요소들을 싹 없애버리면 솜방망이 처벌에 사람들이 분노하는 일도 줄어들 것이다.

이렇게 해도 풀리지 않는 분노는 당장 해결할 방법이 없다. 판사들에게 법의 테두리를 뛰어넘는 판결을 하라고 요구할 수 없기 때문이다. 사법부는 법을 해석·판단해 적용할 뿐 법을 넘어설 수는 없다. 판례를 무시한 무리한 판결도 여론 재판이란 비판에 직면할 수밖에 없다. 그렇게 되면 결국 입법의 단계로 넘어가야 한다. 법이 제대로 구비되지 않아 판결을 제대로 못 한다고? 그럼 법을 바꿔야지, 하는 식으로 일이 진행되는 것이다.

법감정은 본질적으로 사법보다는 입법과 관련이 깊다. 잠시 언급한 대로 법감정은 입법의 원동력으로 작용한다. 시대의 흐름에 따라 사람들의 가치관이 변하고 법감정도 변하는데 실정법이 여기에 보조를 맞추지 못하면 법과 사회 구성원들 사이에 괴리가 생긴다. 그럴 때 변화한 국민 법감정을 재빨리 헤아려 법을 손질할 책임이 바로 국회에 있다. 뒤늦게 만들거나 고친 법을 소급 적용할 수는 없지만 입법은 적어도 앞으로는 같은 식의 분노 유발이 반복되지는 않을 것이란 약속이 될 수는 있다.

그러나 양형이든 입법이든 잊지 말아야 할 것은 솜방망이 처벌에 대한 언론의 비판은 늘 흥분 상태에서 이뤄진다는 점이다. 세상을 떠들썩하게 만든 흉악한 자들이 등장해 짧은 시간에 뜨겁게 달아오른 여론을 언론은 마치 일반의 법감정인 것처럼 다룬다. 사람들의 분노가 쏟아지는 시점에 객관적 법감정을 파악하기는 불가능에 가깝다. 일시적으로 촉발된 감정을 바탕으로 제도를 만든다면 거기에서 합리성과 균형감을 기대하기는 무리일 것이다.

사회적 이슈가 될 정도의 큰 사건들은 사실상 우리 사회의 제도를 손볼 좋은 기회이기도 하다. 이런 사건을 계기로 그동안 우리가 무엇을 놓치고 있었는지, 무엇을 보완해야 하는지를 집중적으로 고민해야 한다. 자주 오는 기회가 아닌 만큼 적극적으로 활용해야 한다.

이때 급한 일은 여론 재판이나 여론 입법이 아니다. 조금이라도 더 나은 제도를 만드는 것이 가장 중요한 목표다. 그러려면 끓어오른 법감정을 제도 개선의 취지로 삼되 냉철하고 합리적인 고민과 논의를 통해 도출된 내용을 채워 넣어야 한다. 언론도 같은 책임을 지고 있음은 물론이다.

우리 언론이 쓰는 솜방망이라는 표현의 본질은 분노의 표출에 가깝다. 이미 존재하는 사람들의 분노를 반영한 측면도 있지만 새로운 분노의 불을 댕겨 '분노의 도미노'를 이어간다. 그러나 진정으로 솜방망이 비판의 핵심이 돼야 할 것은 분노가 아니라 정의다. 무작정 강력한 처벌을 요구하는 목소리를 낼 것이 아니라 그런 조치가 우리 사회의 정의에 부합하는지를 한 번 더 살펴야 한다. 물론 부합한다면 최선을 다해 법과 제도를 개선해야 할 것이다.

솜방망이 비판은 가끔 근본적인 처벌의 목적을 잊게 만들기도 한다. 국가는 왜 형벌 제도를 두고 범죄를 저지른 국민을 처벌하는가. 공동체에 해악을 끼친 범죄자가 죗값을 치르고 다시 공동체의 구성원으로 복귀할 수 있도록 하며, 또 같은 범죄가 일어나지 않도록 예방해 공동체를 안정적으로 유지하기 위해서다. 이를 간과하고 가혹한 형벌만을 고집할 때 궁극적으로는 헌법이 보장하고 있는 기본권이 침해될 수밖에 없다.

대한민국 헌법은 국민이 인간으로서의 존엄과 가치 및 행복을 추구할 권리(제10조)를 불가침의 기본권으로 보장하고 있다. 또 국가안전보장, 질서유지, 공공복리를 위해 필요한 경우 자유와 권리를 법률로써 제한하더라도 본질적인 내용은 침해할 수 없다(제37조 2항)고 명시했다. 인간이길 포기한 흉악범들이 활개 치는 세상에 헌법상의 기본권을 운운하는 것은 한가한 소리로 들릴 수도 있겠다. 그러나 이를 무시한 수사와 재판, 그리고 입법이 이뤄질 때 우리 공동체 전체가 치러야 할 비용은 당장의 편익보다 훨씬 더 클 것임이 분명하다.

성범죄든 동물학대든 어떤 범죄가 우리 공동체를 건전하게 유지하는 데 유해하다면 뿌리를 뽑기 위해 노력해야 한다. 그럼에도 그 방법을 오직 가혹한 형벌에서 찾으려고 한다면 그건 언론의 직무유기다. 언론의 직무유기는 법을 집행하는 정부와 해석·적용하는 법원, 법을 만들고 고치는 국회의 직무유기를 불러온다.

　범죄의 원인을 그대로 두고 처벌의 강도만 높인다고 해서 범죄가 사라지는 건 아니다. 가혹한 형벌을 부르짖기보다는 그런 범죄가 일어나는 사회구조적 요인을 찾고 잘못된 부분은 지적하고 고쳐야 한다. 그게 언론이 더 힘을 쏟아야 할 부분이며, 더 잘 할 수 있는 부분이기도 하다.

4 장

정치에

관한 것들

민생: 그토록 급박하고도 텅 빈

민생 民生	[명사] 국민의 생활 또는 생계. 주로 서민과 중산층이 먹고사는 문제에 관한 다양한 이슈들을 폭넓게 일컫는 말이다. 민생 치안, 민생 범죄, 민생 현안, 민생 법안, 민생 규제, 민생 탐방 등 다양한 활용형이 쓰인다.

선거철이 되면 TV 뉴스에 단골로 나오는 장면이 있다. 시장을 찾은 정치인들이 웃는 얼굴로 어색하게 어묵이나 떡볶이, 순대 등을 먹는 모습 말이다. 대통령 선거, 국회의원 총선거, 지방선거 등 선거 종류도 불문이고 여야 및 소속 정당도 가리지 않는다. 대통령과 국회의원이 형식적이나마 과거 군사정권 시대 권위의 옷을 벗고 또 지방자치의 시대까지 열리면서, '길거리 음식 먹방'은 선거철 필수 콘텐츠가 됐다.

정치인들은 평소 먹을 기회도 잘 없는 서민 음식을 체험하면서 시장 상인들의 민심을 훑고 경기 수준을 가늠하기도 한다. 선거기획단에서 미리 짜놓은 코스대로 움직이면서 어묵 값도 직접 계산하지 않지만 시장 음식을 먹고 나면 "경기가 바닥"이라느니 "서민 경제가 너무 어렵다"느니 민생 경제에 대한 진단과 우려를 꼭 한두 마디씩 늘어놓는다. 이런 모습이 유권자들에게 친서민적 정치인의 모습으로 각인될 것이라고, 적어도 그 사람들은 그렇게 생각을 하는 모양이다.

하지만 정치인들의 이런 걱정은 선거철이 지나고 나면 거품 꺼지듯 사라져버린다. 선거 운동 기간이 아닌 때에 수시로 시장을 찾아 상인들의 손을 잡고 애로사항을 경청하는 정치인은 극히 드물다.

몇 년 전 국회 출입기자 시절에 서울 남대문시장 상인 50여 명을 인터뷰해 한국정치의 현안과 문제점, 앞으로 나아갈 길에 대해 의견을 듣는 기획 보도*를 한 적이 있었다. 남대문시장은 서민 경제를 대표하는 장소로 선거 때마다 정치인들의 발길이 끊어지지 않는 곳이지만 상인들의 정치혐오는 상상 이상이었다. 당시는 지방선거가 끝난 지 5개월이 됐을 즈음이었는데 '최근 시장에 정치인들이 좀 오느냐'는 질문을 던지자 한 상인은 이렇게 쏘아붙였다. "기자 양반은 알고 묻는 거요, 모르고 묻는 거요? 볼일 끝난 사람들이 뭐 하러 여길 옵니까?"

상인의 짜증 섞인 푸념처럼 정치인들의 민생 탐방은 보통 선거철로 한정된다. 새누리당(자유한국당의 전신) 당대표였던 김무성 의원은 서울의 모 시장을 방문했다가 한 상인이 "정치인들은 명절 때만 시장에 온다"고 예의 그런 넋두리를 하자 무뚝뚝한 말투로 "그럼 시도 때도 없이 와야 합니까"라고 대거리를 해서 입방아에 오르내리기도 했다.

김무성 의원의 발언은 일반 국민들의 마음을 전혀 헤아리지 못한 거친 톤이긴 했지만 어떤 측면에서 전혀 일리 없는 말은 아니다. 상인들의 삶이 더 나아질 것도 하나 없는데 국회의원이 본업은 미뤄두고 주야장천

*   「남대문시장서 들어본 한국 정치 현주소」, 〈서울신문〉, 2014년 11월 22일자 1면, 12면, 13면.

시장통만 헤집고 다닌다면 그것도 반가워할 일은 아닐 것이다.

선거가 끝나면 정치인들의 무대는 자연스럽게 국회로 옮겨진다. 국회에서도 민생 걱정은 결코 멈추지 않는다. 각 당의 지도급 인사들이 그날그날 주요 현안에 대한 입장을 표명하는 당 최고위원회의나 원내대책회의 등을 취재할 때도 흔히 들었던 단어가 민생이었다. 민생 걱정은 당 대변인들의 논평에서도 단골로 등장하며 이들의 발언은 고스란히 신문 지면이나 방송 뉴스에 인용된다. 발언의 빈도만 놓고 본다면 민생은 국회의원들이 최고로 걱정하는 정치권의 최대 이슈임이 틀림없어 보인다.

그런데 정치인들이 걱정하는 만큼 민생이 나아지기는 하는 걸까. 대선, 총선, 지방선거 때마다 민생을 살리겠다는 약속이 빠진 적 없고 크고 작은 정치인들은 다들 소매를 걷어붙이고 민생 탐방에 나서는데 왜 민초들의 삶은 늘 힘겹기만 한 것일까.

2018년 말 기준으로 대한민국의 1인당 국민소득(GNI)은 3만 달러를 넘어섰다. 그토록 부르짖었던 선진국의 문턱에 한 걸음 더 성큼 다가선 것이다. 이런 수치만 보면 국가경제는 어쨌든 성장하고 있는 것처럼 보이지만 도통 민생 상황은 경제지표의 개선과는 무관해 보인다. 1인당 국민소득이 3만 달러라는데 대체 나의 3만 달러는 누구의 손에 가 있는 것인가!

이쯤 되면 정치인들이, 또 언론에서 그토록 부르짖는 민생의 실체가 무엇인지 짙은 의문이 들 수밖에 없다. 민생은 과연 무엇이며 일반 경제와 어떤 관계에 있는 것일까. 정치인들이 그토록 민생을 살리겠다고 했지만 왜 우리의 삶은 전과 다름없이 힘든 것인가. 혹시 민생을 강조하는 정치인들이나 언론의 속마음에는 다른 계산만 가득한 게 아닐까.

민생은 내치의 핵심이자 국정의 양대 기둥

민생의 사전적 의미는 '일반 국민의 생활 또는 생계'이다. 정치인들의 발언이나 언론에서 쓰는 민생이란 단어도 이 사전적 의미를 크게 벗어나지는 않는 듯하다.

그런데 문제는 일반 국민의 생활 또는 생계라는 정의가 애매하기 그지없다는 점이다. 일반 국민이란 누구인지, 생활 또는 생계는 구체적으로 무엇을 말하는지가 분명하지 않기 때문에 민생이란 단어는 무한한 의미의 확장이 가능하다. 이는 말하는 이의 입맛대로 다양한 맥락에서 다양한 의미로 쓰일 수 있다는 말과 다르지 않다.

실제 우리나라 정치판 그리고 언론에서 민생이란 단어를 어떻게 쓰고 있는지부터 살펴보자.

[A] 사설ㅣ 이제는 국회·정당이 정국 안정시킬 책임 있다

박근혜 대통령에 대한 탄핵으로 대통령과 함께 여당도 사라졌다. 외교·안보와 경제·민생의 위기가 중첩된 상황에서 두 달이라는 짧은 기간에 새 대통령을 뽑는 선거까지 치러야 한다. 황교안 대통령 권한대행 내각이 국정 공백을 메운다 해도 과도적, 소극적 역할에 머물러야 한다. 유일한 대의기구인 국회와 정당이 주요 현안을 협의하며 국정을 주도할 수밖에 없는 상황이다.(이하 생략)　　　　　　　　　　　_〈경향신문〉 2017년 3월 12일자 31면

[A]는 2017년 박근혜 대통령이 탄핵된 이후 국회와 정당이 국정 안정을 위해 나아갈 바를 제시한 사설이다. 민생 문제를 전면적으로 다루지는 않았지만 우리 언론이 '민생'을 어떤 맥락에 주로 배치하는지를 이해하기에 적절한 글이다.

글은 탄핵 이후 정국을 '외교·안보와 경제·민생의 위기가 중첩된 상황'이라고 판단하고 있다. 이를 보면 민생은 외교·안보와는 분명히 구별되며 주로 경제와 깊은 관련 있는 영역으로 이해된다. 그리고 민생과 경제는 외교·안보와 더불어 통치자가 가장 무겁게 여겨야 하는 국정의 주요 축이라는 사실도 알 수 있다.

이런 인식은 [B]에서도 반복된다. [B]는 대통령의 국회 시정연설을 앞두고 어떤 의제가 연설문에 담길 것인지를 전망한 해설 기사다. 제목에서 보듯 민생 문제는 외치(외교·안보)와 구별되는, 그러면서 내치의 핵심을 이루는 영역이다. 문맥을 보면 '민생 법안'은 어려운 경제 현실을 타개할 수 있는 입법적 조치라는 전제가 깔려 있다. 이 기사만 봐서는 민생 법안이 무엇인지, 그 법안이 국회에서 통과되었을 때 구체적으로 어떤 경제적 효과가 있는지는 알 수 없다. 단지 '어려운 경제 현실을 감안'해 '초당적인 협조'를 보내줘야 하는 대상으로만 묘사돼 있을 뿐이다.

결국 외치의 핵심인 외교·안보가 워낙 방대하기에 구체성이 없는 것처럼 내치의 핵심인 민생 역시 매우 모호하고 추상적인 의미로 쓰이고 있는 것이다.

범위도 기원도 모호한 민생

이 단어가 미약하나마 구체성을 띠는 것은 그나마 다른 단어들과 접합할 때다. 민생은 신문지상에서 단독으로도 쓰이지만 흔히 다른 단어와 결합해서 등장한다. 앞서 인용한 글에서 등장한 민생 현안, 민생 법안, 민생 입법 외에도 민생 치안, 민생 범죄, 민생 사범, 민생 침해, 민생 사면, 민생 경제, 민생 규제, 민생 우선, 민생 정치, 민생 탐방, 민생 위기 등 활용법은 가히 무궁무진하다.

이 중에서도 '범죄', '사범'처럼 영역을 한정하는 단어가 따라 붙으면 민생의 의미는 좀 더 분명해진다. 예를 들면 '민생 범죄'는 일반 국민들의 생명과 재산을 침해하는 범죄를 말한다. 살인이나 강도, 폭행, 성폭력,

협박, 납치, 교통사고, 음주운전 등 평범한 사람들이 생업에 종사하는 데 장애가 되는 범죄가 여기에 포함된다. 반면 언론에서 주요하게 다루는 재벌 기업인들의 횡령이나 배임, 권력자들의 뇌물수수 등은 엄밀히 말해 민생과 직접적인 관련성이 적기 때문에 민생 범죄라 보기는 힘들다. 이처럼 민생 범죄는 꽤 정확하게 기준선을 그을 수 있다.

그러나 불행히도 민생 범죄처럼 어느 정도 구체성을 띤 민생의 용법은 그다지 많지 않다. 더없이 모호한 민생이란 단어 뒤에 현안, 위기, 경제, 침해, 규제, 정치, 탐방처럼 만만치 않게 뜻이 애매한 단어가 붙어버리면 민생의 추상성은 한층 더 커진다. 어떤 사안이 민생 현안인지, 민생 위기의 기준은 무엇인지, 민생 침해는 무엇을 뜻하는지, 민생 경제와 그냥 경제는 어떻게 다른지 등은 그 누구라도 자신 있게 설명하기가 어려울 것이다.

민생이란 단어는 기원을 따지기도 쉽지 않다. 공동체가 모여 정치가 이뤄진 곳에는 민생도 있었을 것이다. 신문만 따져보더라도 우리나라 최초의 근대식 신문인 한성순보(1883년 창간)나 최초의 민영 신문인 독립신문(1896년 창간)에서부터 이미 이 단어가 발견된다. 물론 그때도 뜻이 모호하기는 마찬가지였다.

[C] 일본소식

중국에서는 때로 간사한 도적과 함부로 행동하는 무리가 있었지만 일본은 대대로 서로 받들어 감히 왕조를 바꾸려는 자는 없었다. 지금의 황제가 등극한 뒤로 나라의 제도를 크게 변경하였다. 옛 법을 고치고 해상무역을 허용

했으며 이웃 나라와 국교를 맺어 거기에 맞는 제도를 펴서 민생에 이롭도록
하였다.　　　　　　　　　　　　　　　_〈한성순보〉 1883년 12월 20일자 10면

[D] 단신

평양군 사는 전 정언 최정헌, 전 주서 정석오, 전 주서 김병홍 세 명이 상소
하기를 "관찰사와 수령을 둔 것은 대개 민생을 편안하게 함으로 근본을 삼
는 것이어늘 순안 군수 심종순 씨가 잠시 평안남도 관찰사 서리로 있을 때
에 사송 일로 순검을 보내어 조관을 잡아다가 무리 하게 맹장 십도씩 하였
으니 크게 실체라" 한 고로⋯(이하 생략)

_〈독립신문〉 1897년 9월 4일자 3면*

보다시피 〈한성순보〉나 〈독립신문〉에 등장하는 민생이란 단어의 용
법과 어감도 지금과 크게 다르지 않다. 차이가 있다면 민생을 챙겨야 하
는 주체가 왕조와 관찰사, 수령에서 대통령과 국회, 정치인으로 바뀐 정
도다.

현대에 들어서도 민생이란 단어는 신문지상에 꾸준히 등장해왔다.
한 예로 국회에서 여야가 대치할 때 자주 등장하는 "민생 법안과 쟁점
법안을 분리하자"는 주장은 30년 신문에서도 똑같이 발견된다.

다만 변화가 있다면 시대에 따라 민생과 주로 결합하는 말들이 조금
씩 달라졌다는 점이다. 이정민과 이상기(2014)는 주요 종합일간지 사설
에 등장하는 민생 담론의 주제를 정부별로 나눠 조사했다. 그 결과 노태

---

*　　　두 인용문은 모두 한자로 작성된 원문 기사를 국립중앙도서관 '대한민국 신문 아카이브'
　　　의 번역에 기반을 두어 좀 더 읽기 쉽게 다듬은 것이다.

우 정부(1988-1993) 때는 민생 치안(68.4%)이 가장 자주 등장한 반면 문민정부(1993-1998)에서는 민생 치안의 비율이 줄어들고 대신 민생 국정, 민생 경제의 비중이 높아졌다.

국민의정부(1998-2003) 때는 민생 치안의 사용 빈도가 4.1%로 대폭 줄고 민생 의정이 30.6%로 치고 올라간다. 참여정부(2003-2008)와 이명박정부(2008-2013) 시절에는 민생 우선, 민생 의정, 민생 현안 등이 많이 쓰였다. 1990년대까지는 치안이 주요한 민생 담론이었으나 2000년대 이후부터는 민생이 국회의원들의 정치 활동 또는 경제 문제와 주로 연결되는 양상인 것이다.*

부정할 수 없는 민생의 절대적 가치

민생이 19세기 말 〈한성순보〉와 〈독립신문〉에서부터 21세기 대한민국의 언론에까지 꾸준한 생명력을 가지고 반복 등장하는 것은 그 의미의 모호성을 떠나서 국가가 절대 간과할 수 없는 중요한 문제이기 때문일 것이다. 민생과 주로 접합하는 단어는 시대에 따라 조금씩 변해왔지만 민생이 외교·안보와 더불어 국정에서 가장 중요한 문제라는 사실은 한시도 변함이 없었다. 국가는 치안을 확고히 해 범죄를 예방하고 국민들이 맘 놓고 경제 활동을 영위할 수 있는 환경을 조성해야 한다. 시민들이 스스로 자유를 제약하며 사회계약을 통해 국가를 만든 이유도 여기에 있다. 곧 민생은 국가의 본질에 맞닿아 있는 영역이라는 말이다.

---

* 이정민·이상기, 「민생 없는 민생 담론: 한국 종합일간지 사설에 대한 비판적 담론 분석」, 『한국언론정보학보』 67권 3호, 한국언론정보학회, 2014. 88-118쪽.

그런데 조금 달리 생각해보면 이런 질문을 던질 수 있다. 그렇다면 굳이 민생이 중요하다는 주장을 반복할 필요가 있을까. 민생은 그 단어 자체가 일종의 절대적 가치를 지니고 있다. 민생을 살리자는 데 반대할 정치인은 아무도 없을 것이다. 반대로 "민생을 죽이자" 같은 문장은 아예 성립되지 않는다. 정치인들이 또는 언론이 새삼스럽게 민생을 강조할 때 뭔가 다른 꿍꿍이가 있는 게 아닌지 강한 의심이 드는 이유가 여기에 있다.

[E] 기약 없는 민생법안 처리… 설 냉각기 거쳤지만 '빈손 국회' 우려

김경수 경남지사 법정구속으로 극한 대치를 벌였던 여야가 설 명절 기간 냉각기를 거쳤음에도 좀처럼 관계 해소 실마리를 찾지 못하고 있다. 1월 임시국회가 오는 17일 종료되지만 유치원 3법 등 국민적 관심이 높은 민생법안을 단 한 건도 처리하지 못한 채 빈손으로 끝날지 모른다는 우려가 나온다.
(중략)
여야가 살얼음 같은 대치 상황을 좀처럼 풀지 않으면서 민생법안 처리는 기약 없는 상황에 놓였다. 사립유치원 비리 근절을 위한 유치원 3법을 포함해 의료진 안전 강화를 골자로 한 '임세원법', 체육계 성폭력 근절법 등은 올해 들어 단 한 차례도 논의되지 않았다. 여야는 지난달 안에 선거제 개혁안을 합의하기로 했지만 합의가 불발된 이후 깜깜무소식이다.(이하 생략)

_〈서울신문〉 2019년 2월 7일자 6면

[F] 사설 | **개점휴업 국회, 민생법안 처리 언제 할 건가**

국회의 개점휴업 상태가 계속되고 있다. 올 들어 국회 본회의가 단 한 차례도 열리지 못했다. 1월 임시국회가 어제 빈손으로 끝났고, 2월 임시국회가 열릴 가능성도 희박하다. 여야의 극한 대치가 이어지고 있기 때문이다. 차라리

이달 중에 냉각기를 갖고 3월 임시국회를 소집하는 게 낫다는 주장이 나올 정도도. (중략)

길어지는 국회 파행 탓에 서비스산업 규제 완화, 카풀 허용범위 결정, 탄력근로제 확대, 최저임금위원회 이원화, 공교육 정상화법 등 수많은 민생법안은 잠만 자고 있다. 공교육 정상화법의 경우 법 개정안 통과가 늦어지면서 초등 1·2학년 방과 후 영어 수업 재개가 사실상 무산됐고, 학부모 사교육 부담만 늘고 있다. 이런 혼선이 곳곳에서 빚어지고 있다.(이하 생략)

<세계일보> 2019년 2월 18일자 27면

인용한 두 개의 글은 모두 여야의 극한 대치 탓에 민생 법안을 논의하지 못하는 국회 상황을 다루고 있다. 20대 국회 이야기이지만 그 이전 국회에서도 비슷한 상황은 매번 벌어졌으니 새로울 것은 없는 풍경이다.

[E]는 현황을 전달하며 기자의 의견을 덧붙인 기사이고 [F]는 현안에 대한 언론사의 입장을 담은 사설이다. 두 글은 분명 종류가 다르지만 내용이나 논조는 거의 비슷하다. 둘 다 민생 법안에는 손도 대지 않고 개점휴업 상태를 이어가는 '빈손 국회'에 대한 우려와 비판의 목소리를 담고 있다.

두 글에서도 민생은 부정할 수 없는 가치로 제시된다. 유치원 3법과 임세원법, 체육계 성폭력 근절법, 탄력근로제 확대, 공교육 정상화법 등이 직접적으로 민생과 어떤 관련이 있는지는 알 길이 없으나 아무튼 모두 민생 법안으로 분류됐다. 그러니 민생을 생각하는 국회라면 당연히 이 법안들을 서둘러 논의하고 처리해야 하는데 그렇게 하지 않고 있다는 것이 두 글의 핵심일 것이다. 당연히 해야 할 일을 하지 않고 있으니 국회는 자연스럽게 비판의 대상이 된다. 구체적인 내용을 몰라도 '민생 외면은 비판의 대상'이라는 손쉬운 논리가 기저에서 작동하고 있는 것이다.

신문지상에 등장하는 민생 담론의 대부분은 이처럼 비난 또는 책임 전가의 양식을 취한다. [E]와 [F]는 민생 문제에 대한 책임을 정쟁 때문에 입법 활동을 제대로 하지 않는 국회에 전가하고 국회의원들을 비난하기 위해 민생 담론을 동원했다. 앞서 인용했던 [B]도 마찬가지다. 대통령이 시정연설을 통해 민생 현안에 대한 국회의 초당적 협력을 요청한다는 말은 곧 정부여당이 추진하는 입법에 야당이 시비를 걸고 법안을 처리하지 않을 경우에 민생을 어렵게 한 책임을 야당에게 묻겠다는 뜻과 다르지 않다.

끝없이 민생의 중요성을 강조하는 속내에는 상대 진영을 비난하고 책임을 묻겠다는 정치적 계산도 작동하고 있는 것이다.

비난과 책임 전가의 양상들

민생을 앞세운 비난 또는 책임 전가의 양상은 몇 가지로 나눌 수 있다. 첫 번째는 대통령과 정부가 민생 경제의 안정을 위해 국회에 신속한 법안 처리를 압박하는 경우다. 박근혜 대통령 시절 지겹도록 반복했던 서비스산업발전기본법 처리 요구가 그랬다. 당시 박근혜 대통령은 국회 시정연설은 물론 각종 국경일 기념사에서도 항상 마무리로 이 법안의 처리를 요구했다. 서비스 산업이 발전하면 일자리가 늘어나고 민생이 살아나는데 국회에서 자꾸 처리를 미룬다는 말을 하고 싶었으리라. 법을 만든다고 당장 산업이 발전하고 일자리가 생길까. 그건 잘 모르겠다.

두 번째는 다수당인 여당이 민생 법안 처리를 하자며 야당의 국회 등판을 압박하는 경우다. 입법 활동은 국회의 존재 이유라 할 정도로 의정 활동의 핵심을 이룬다. 그런데 여야는 법안을 논의하는 과정에서 흔히 각 정당 또는 지지 세력의 이해관계에 따라 충돌하고 갈등한다. 이때 정해진 법절차 내에서는 다수 여당의 독주를 막을 길이 없는 야당은 '국회 등원 거부' 같은 원외 투쟁 방식을 택하기도 한다. 국회가 멈춰서면 모든 법안에 대한 논의가 정지되니 당연히 쟁점 법안 처리도 즉시 중단된다. 보통 이때에 민생 법안의 시급성을 강조하는 여당의 대야(對野) 압박이 시작된다.

세 번째는 언론이 정치권을 비판하는 경우다. 사실 위 두 가지 양상도 결국은 언론을 통해 확대 재생산돼 국민들에게 전달되기 때문에 언론이 정치권을 비판하는 방식으로 볼 수도 있을 것이다. 언론은 기사와 사설을 통해 민생을 외면한 정치권을 준엄하게 꾸짖는다. 특히 언론이 민생을 운운하며 정치권을 비판하는 시기는 주로 여야의 정치적 갈등이 극에 달했을 때다. 정부여당의 정책 추진에 야당이 삭발과 단식까지 불사하며 반대하거나 여야의 이해관계가 정면충돌해 정치적 타협점을 쉽게 찾을 수 없는 고착 국면에서 언론은 민생 걱정을 슬그머니 꺼낸다.

대통령과 정부가 국회를 향해서든, 여당이 야당을 향해서든, 아니면 정치권에 대한 언론의 목소리든 딱히 가릴 것 없이 민생을 걱정하며 비난과 책임을 전가할 때의 공통점은 민생이 '명분'으로만 존재한다는 점이다. 이때 민생은 구체성이 없이 공허한 웅변처럼 배경으로 밀려나고 대신 국민 여론을 무기로 하는 정치적 압박만이 전면에 남는다.

여야 갈등 국면에서 민생이란 단어의 대척점에 서는 단어는 아마 '당리당략'일 것이다. 정치적 영향력을 최대한 키우고 지지 세력에게 더 많은 이익이 돌아가도록 노력하는 것은 정당의 자연스러운 역할이다. 하지만 절대적 가치를 지닌 민생 앞에서 지지 세력의 이익을 내세우는 것은 한 줌의 설득력도 얻기가 힘들다.

여당 지지층이나 야당 지지층이나 그 안에는 민생의 주역인 일반 국민들이 포함돼 있을 것이다. 그럼에도 압박을 받는 쪽은 이를 방어할 수 있을 정도로 강력한 여론의 지지가 없다면 '민생의 파괴자'라는 낙인 때문에 결국 협상 테이블에서 불리한 위치에 설 수밖에 없게 된다.

민생 담론의 현실적 원인, 국회선진화법

근래 민생을 명분으로 법안 처리를 압박하는 사례들을 살펴보면 정부와 여당이 힘을 모아 야당을 압박하는 경우가 대부분이다. 언론이 정치권 전체를 비판할 때도 언론사의 이념 지향에 따라 조금씩 무게는 다르겠지만 결국 공전하는 국회를 무가치한 것으로 다룬다는 점에서 야당에 압박 요인으로 작용한다.

그런데 정부여당은 민생 법안 처리를 놓고 왜 그토록 야당을 압박하는 것일까. 여당이 절대 다수당일 경우에 한해서지만, 그렇게 절실한 법안이라고 한다면 사실 야당의 반대를 무릅쓰고 일방적으로 법안을 처리하는 방법도 있다. 우리는 과거 국회에서 수없이 이뤄졌던 '날치기'의 역사를 잘 알고 있지 않은가. 한미 자유무역협정(FTA) 비준동의안, 미디어 관련법, 4대강 예산안 등이 비교적 최근에 날치기 방식으로 통과된 법안들이다.

그러나 18대 국회에서 이른바 국회선진화법이 통과되면서 사정이 다소 바뀌었다. 국회의사당에서의 몸싸움을 넘어 전기톱에 해머, 그리고 최루탄까지 동원했던 18대 국회는 임기 마지막 본회의에서 국회선진화법으로 불리는 국회법 개정안을 통과시켰다. 이 법은 다수당의 횡포가 아니라 대화와 타협을 통한 법안 처리라는 지극히 민주적인 목표를 내세워 몇 가지 국회 관련 제도를 손봤다. 그중 하나가 국회의장의 법안 직권상정 요건을 강화한 조치였다.

그 전까지는 주요 쟁점 법안이 상임위원회 단계에서 묶여 있을 때 국회의장이 직권을 행사해 해당 법안을 바로 본회의에 부칠 수 있었다. 그러고는 법안 처리에 반대하는 야당 의원들을 배제한 채 법안을 날치기로 통과시켰다. 그러나 선진화법은 천재지변이나 전시가 아니라면 여야 교섭단체 대표들과 합의할 때만 국회의장이 직권상정을 할 수 있다고 규정했다. 보완적으로 신속처리대상안건(패스트 트랙) 제도를 두었지만 그 대상이 되려면 소관 상임위 재적위원 5분의 3 이상이 찬성하도록 했다. 결국 여야의 대화와 타협을 통하지 않은 일방적인 법안 처리는 힘든 상황이 된 것이다.

민생 담론에는 이렇게 국회가 선진화(?)된 이후 뜻대로 법안을 처리하고 정책을 추진하기 힘들어진 정부여당의 답답한 심정이 담겨 있다고 하겠다. 과거에도 민생 담론을 통해 법안 처리를 거부하는 야당을 '민생 외면 정당'으로 몰아세우는 여론전은 존재했다. 그리고 그때는 정부여당의 강력한 의지만 있다면 날치기 방식으로나마 법안 처리가 가능했다.

하지만 선진화법 이후에는 그마저도 힘들어졌다. 결국 대화와 타협이 아니라면 국민 여론에 호소해 야당을 압박하는 방식만 남은 것이다.

국민은 없는 민생 담론

앞서 살펴본 대로 언론에 등장하는 민생이란 단어는 구체성이 떨어지는 모호한 개념이다. 모호하기 때문에 쓰는 사람이 멋대로 해석하고 아무데나 가져다 붙이기에 좋다. 지극히 자의적으로 쓰일 위험이 큰 단어라는 말이다.

정부여당이나 언론은 특정 법안이 실제로 민생에 어떤 영향을 끼치는지에 대한 납득할 만한 설명 없이 정부 입법을 민생 법안이라고 부르는 경향이 있다. 특히 한 해 동안 정부의 재정 지출을 결정하는 예산안은 추가경정예산안까지 포함해 여지없이 민생 법안이란 수식어를 얻는다. 예산안 안에는 어마어마하게 복잡다단하고 논쟁적인 내용이 포함돼 있지만 일괄적으로 민생 문제로 포장된다. 법안의 성격을 왜곡해 시민들의 눈을 가리는 전략이다.

또 다른 문제점은 민생을 명분으로 내세우면 더 이상의 건설적인 논의가 불가능해진다는 점이다. 민생 담론은 대한민국 정치권에서 절대적인 담론의 권력을 쥐고 있다고 할 수 있다. 앞뒤 가리지 않고 누군가 "민생보다 중요하게 어디 있습니까"라고 일갈하면 더 이상 반론이 불가능하다. "민생보다 지금 우리가 논의해야 할 이 문제가 훨씬 중요합니다"라고 자신 있게 잘라 말할 수 있는 정치인은 드물 것이다. 잘해봐야 "민생은 물론 중요합니다. 하지만 이 현안이 해결되지 않고서는 진정한 민생을 살리지 못합니다" 정도로 반론을 펼 수 있을 따름이다. 정치인이라면 그 누구도 민생의 가치를 결코 폄하할 수가 없다.

다당제 민주주의 국가에서 다양한 정당들이 들어서고 각 당이 서로 대립 또는 협력하는 것은 지극히 자연스러운 풍경이다. 정당 간 이해관계가 모두 다르기 때문이다. 올바른 그리고 능력 있는 정치인들이라면 이런 이해관계를 충분한 대화와 타협을 바탕으로 풀어나갈 것이다. 합리적이고 충분한 논의 과정이 없이 다수당이 절차적 정당성만 내세워 강압적으로 법안을 처리한다면 그것은 진정한 의미의 민주주의라고 할 수 없다.

민생이란 단어의 모호성, 절대적 가치에 기대어 정부여당이 추진하는 정책에 민생이란 옷을 입히고 여기에 반대하는 야당을 민생 외면 정당으로 낙인찍는 여론전은 진정한 민주주의와는 거리가 멀다. 이 논리대로라면 정부여당이 추진하는 일은 무엇이든 합리적인 문제 제기를 포함해 모든 견제가 불가능하다. 정부여당의 다른 이름은 살아 있는 권력이다. 살아 있는 권력에 대한 견제가 원천 봉쇄되는 것이다.

그렇게 되면 권력이 민생 담론을 앞세워 정국의 주도권을 쥘 수는 있겠지만 여기에는 생업을 영위하는 진짜 일반 국민들이 끼어들 여지는 없다. 국민은 없는 정치권만의 민생 논의가 한바탕 펼쳐질 뿐이다.

이런 싸움의 반복은 민생을 더욱 공허한 개념으로 만든다. 매번 선거 때마다 정치인들의 입에 오르내리고, 정치권이 첨예하게 갈등할 때 어김없이 민생에 대한 우려가 가장 먼저 등장하지만 민생의 주역인 일반 국민들의 입장에서는 한숨이 나올 수밖에 없다. 나아지는 것 없이 피로감만 쌓이기 때문이다. 민생이란 단어를 습관적으로 입에 올리는 정치인의 대다수는 이 말이 무슨 의미인지 깊게 생각해보지 않았을 공산도 크다.

언론도 크게 다르지 않다. 민생을 들먹이는 정치인들의 발언을 퍼 나르고 나아가 민생을 내세워 정치권을 꾸짖는 언론의 태도는 궁극적으로 정치에 대한 국민들의 혐오만 부추길 뿐이다. 서두에서 들었던 남대문시장의 상인들처럼 말이다. 정치인들의 싸움은 민생을 외면한 것이란 프레임이 반복되면 정치인들은 자기 잇속만 차리는 형편없는 자들이라는 인식이 강화될 것이다. 늘 그렇듯 정치혐오는 정치에 대한 무관심으로 이어지고 무관심은 무비판, 무견제를 낳아 비판과 견제를 받아야할 대상에게 무소불위의 힘을 쥐어주게 된다.

아마도 정치인들은 민생을 긍정적인 단어로 이해할 것이다. 순수한 선의를 가진 정치인들에게 민생은 입에 발린 말이 아니라 정치인으로서 한시도 잊어서는 안 될 지고지순한 가치이며 정치인의 사명을 일깨워주는 단어이어야 한다. 정치인마다 생각하는 구체적인 민생의 개념은 다를 수 있지만 모든 정치인들이 진실로 국민의 삶만을 생각하고 행동한다면 정말 그들이 선거 때마다 약속하듯 민생에 활기가 넘치는 더 나은 세상이 오지 않을까?

그러나 언론에 등장하는 민생이란 단어는 긍정적인 맥락에서 쓰이는 경우가 희박하다. 뜻이 모호하고 자의적이며 특히 치열한 정쟁이 벌어질 때 비난과 책임전가에 주로 쓰이기에 정치인들이 말하는 일반 국민들의 더 나은 삶과는 거의 관련이 없다. '여야가 모처럼 민생을 위해 머리를 맞댔다'거나 '정부의 노력으로 지난 5년간 민생의 수준은 한결 높아졌다' 같은 판타지적 문구는 언론의 특성상 앞으로도 접하기 어려울 것이다. 언론에 민생이란 단어가 자주 나올수록 국민들은 인상을 찌푸릴 일이 더 많아진다는 이 역설!

정치인들과 언론이 주로 그런 방식으로 다룬다고 해서 민생의 실체가 전혀 없는 것은 아닐 것이다. 민생의 중요성이 조금도 작아지지 않은 것도 물론이다. 민생의 실체는 멀리 있지 않다. 당장 이 글을 읽는 독자들의 삶이 다름 아닌 민생의 한 조각이다.

언론에서 민생 법안이란 이름표를 달고 나오는 법안이 있다면 그저 자신의 입장에서 한번 살펴보자. 그 법이 통과되었을 때 나의 삶은 어떤 부분이 나아지는 것인가. 당장의 이익이 없는, 막연히 누군가에게는 언젠가는 이익이 되겠지라고 하면 그건 민생 법안이 아닐 가능성이 농후하다.

국회의원들의 입법 활동은 당장 우리 생활에 영향을 끼치는 상당히 구체적인 활동이다. 그러니 "민생 법안 처리가 시급하다"고 날뛰는 것이 아닌가. 민생 법안이라고 수없이 되뇌었음에도 불구하고 당장 내 삶이 나아지는 게 없다면 둘 중 하나다. 내가 '일반 국민'이 아니거나 그 법안이 민생 법안이 아니거나. 민생 법안은 특정인이나 특정 단체가 아니라 국민 생활 전반에 이익이 가는 법안이어야 한다.

내로남불: 아무것도 보이지 않는 진흙탕

내로남불　[명사] 내가 하면 로맨스, 남이 하면 불륜'의 준말. 똑같은 행위를 두고서 자신이 처한 상황에 따라 다른 평가를 내리는 정치인들의 이중 잣대를 비난할 때 주로 쓴다. 도덕적 자질에 대한 문제 제기처럼 보이지만 실은 '정치인은 모두 똑같다'는 인식을 확산시키고 결국 강도 높은 정치혐오와 무관심을 유발한다.

4·19혁명이 일어난 이듬해 박정희(1917-1979) 소장을 위시한 군인들은 쿠데타로 정권을 잡았다. 군부는 1961년 5월 16일 쿠데타 직후 발표한 소위 혁명취지문에 이렇게 썼다. "친애하는 애국 동포 여러분, (중략) 군부가 궐기한 것은 부패하고 무능한 현 정권과 기성 정치인들에게 더 이상 국가와 민족의 운명을 맡겨둘 수 없다고 단정하고 백척간두에서 방황하는 조국의 위기를 극복하기 위한 것입니다." 이들은 혁명공약에서 "이 나라 사회의 모든 부패와 구악을 일소하고 퇴폐한 국민도의와 민족정기를 다시 바로잡기 위하여 청신한 기풍을 진작시킨다"(3항)라고도 했다.

시민들이 직접 이승만 장기집권 체제에 마침표를 찍으면서 제2공화국은 탄생했다. 피로 일궈낸 혁명이었다. 하지만 민주주의를 향한 뜨거운 열망을 채워주기에 장면 내각은 역부족이었다. 제1야당이었던 덕분에 혁명 이후 정권을 잡았지만 민주당은 자유당과 다를 바 없는 반공보수 세력이었을 뿐이었다. 자유당 정권의 잔재가 온전히 청산되지도 않았고 민주당마저 구파와 신파와 나눠 대립했다. 정치권이 산적한 문제를 해결하지 못하자 새로운 공화국이 들어선 뒤에도 시민들의 집회시위는 끝나지 않았다.

군부 쿠데타 세력은 무능한 정권에 실망한 시민들의 마음속을 파고들었다. '무능한 현 정권과 기성 정치인'을 쓸어버리고 '모든 부패와 구악을 일소'하겠다는 약속은 지극히 정치적인 문구였다. 기존 정치인들에 대한 염증을 쿠데타의 기회로 삼은 것이다.

당시 사회적인 혼란과 정치권의 대립이 시민들에게 어떤 실망감을 주고 있었는지는 5·16 이후 지식인들의 반응에서 단적으로 드러난다. 광복군 출신으로 박정희시절 내내 정권에 대한 날선 비판을 멈추지 않았던 장준하(1918-1975) 선생은 『사상계』 권두언에 "5·16 혁명은 부패와 무능과 무질서와 공산주의의 책동을 타파하고 국가의 진로를 바로잡으려는 민족주의적 군사혁명"이라고 썼다. 물론 '혁명'의 실체가 무엇인지 드러난 후 장준하 선생은 격렬한 야당 투사가 됐다.

정치권의 무능과 부패, 혼란을 명분으로 쿠데타를 정당화하려는 시도는 신군부에서도 반복됐다. 1979년 12·12사태로 군을 장악한 신군부가 이듬해 본격적으로 정권을 찬탈하기 위해 만든 초법적 기구인 국가보위비상대책위원회(국보위)는 "사회안정의 확보로 정치발전을 위한 내실을 다지는 한편 부정부패, 부조리 및 각종 사회악의 일소로 국가기강을 확립"하겠다고 설치 목적을 내세웠다. 독재자의 죽음 이후 각처에서 다양한 정치적 요구가 쏟아지는 상황과, 신민당의 김영삼(1927-2015)과 김대중(1924-2009), 민주공화당 김종필(1926-2018) 등 '3김(金)'의 경쟁을 혼란으로 규정하고 실체가 불분명한 부정부패, 부조리 및 사회악을 일소하겠다고 나선 것이다.

군인들도 국민의 한 명인 이상 사회 혼란과 부패하고 무능한 정치를 걱정할 수는 있다. 하지만 국가안보를 위해 써야 할 무력을 임의로 동원하고 직접 사회 안정과 정치 발전을 위해 부정부패와 부조리, 사회악 등을 일소하겠다는 것은 헌정문란 행위일 뿐이다. 그런데도 5·16세력이나 신군부는 자정(自淨)을 기대하기 난망한 흙탕물 정치권을 들먹이며 대안 세력처럼 국민들 앞에 등장했다.

대한민국의 정치는 발전하고 있는가

지금 대한민국 정치권의 현실을 과거와 비교해보면 어떨까. 정치인에 대한 실망과 염증이야 일상이 되었지만 아무리 욕을 해도 60년 전 또는 40년 전에 비해 어떤 부분에서는 그들의 수준이 다소 높아졌다고 해야 할 것이다. 지금은 적어도 대놓고 막걸리와 고무신으로 표를 구하거나 공개적으로 공무원을 선거운동에 동원하는 정치인들은 없다(물론 음지에서의 부정부패까지 완전히 사라졌다는 말은 아니다). 그리고 속마음은 어떨지 몰라도 최소한 선거 기간 동안에는 평범한 유권자들에게 허리를 숙이고 웃는 낯으로 손을 내민다.

그러나 여야의 정쟁을 지켜보며 느끼는 복장이 터질 것 같은 답답함은 예나 지금이나 변함이 없다. 일반 국민들은 이유도 제대로 알 수 없는, 자기들만의 이익을 위한 싸움을 반복하는 것을 보면 선거철을 제외하고 국민이라는 건 안중에도 없는 것 같다. 그러면서 입으로는 버릇처럼 국민, 국민을 되뇐다. TV에 얼굴이 나오는 것만으로도 밥맛이 뚝 떨어지는 밉상 정치인들도 적지 않다. 여론조사를 보면 가장 신뢰도 낮은 직업의 1등 자리는 늘 정치인이다.

이런 생각이 자연스럽게 들 수밖에 없다. '속 시원하게 국민을 위해 일하는 모습을 정치인들이 보여줄 수는 없는 것일까', '정치가 이렇게 답답하고 한심한 모습만 보여서 무슨 답이 있을까' 군부와 신군부가 쿠데타를 포장하며 공통으로 썼던 단어 중 하나가 '일소(一掃)'였다. '모조리 싹 쓸어버린다'는 뜻이다. 지금 대한민국의 정치는 국민들의 입에서 이 단어가 불쑥불쑥 튀어나오게 한다는 점에서 보면 60년 전과 크게 다름이 없다고 하겠다.

변함없이 못난 우리나라 정치인들의 현실을 압축적으로 보여주는 대표적인 단어가 바로 '내로남불'일 것이다. '내가 하면 로맨스, 남이 하면 불륜'이라는 뜻의 이 재치 넘치고도 뼈아픈 잠언은 정치인들이 상대 진영을 공격할 때 효과적인 타격을 입힐 수 있는 훌륭한 무기다. 국회에서, 특히 인사청문회가 열리는 시즌이면 하루에도 수십 번씩 듣게 되는 이 말은 현대의 속담으로 자리 잡았다고 해도 과언이 아니다. 이 기막힌 표현은 어떻게 쓰이고 있으며 또 어디에서 왔을까. 우리에게 무엇을 말하고 또 어떻게 우리 사회를 망치는가.

조국 법무부 장관의 '조로남불' 논란

[A] 與의 이중성… 최순실·방산비리 땐 검찰發 피의사실로 여론전

문재인 대통령은 지난달 윤석열 검찰총장에게 임명장을 주며 "살아 있는 권력도 엄정하게 하라"고 했다. 그러나 청와대는 막상 조국 법무부 장관 후보자에 대한 검찰 수사가 시작되자 검찰을 공개적으로 압박했다. 더불어민주당은 2016년 '국정 농단' 사건 당시 박근혜 전 대통령과 관련한 자극적 내용이 포함된 검찰발(發) 피의 사실을 구체적으로 밝히며 현 야권을 압박하는데 활용했다. 하지만 이번 조 후보자 수사에서는 "피의 사실 공표 행위를 처벌하라"고 목소리를 높이고 있다. 야당은 "여권의 '내로남불'이 끝이 없다"고 했다. (중략)

야당은 "자신들에게 유리한 사건은 전부 달라붙어 피의 사실을 흘리더니 불리한 보도에 대해선 범죄라고 매도하고 있다"고 했다. 나경원 자유한국당 원내대표는 "문재인정부는 한마디로 '조로남불' 정권"이라고 했다.

〈조선일보〉 2019년 8월 31일자 3면

조국 전 법무부 장관은 문재인정부의 장관 중 가장 큰 논란 속에서 취임하고 퇴임한 인물일 것이다. 정부 출범 후 첫 조각(組閣)에서부터 자질 논란을 겪은 후보자들이 없었던 것은 아니지만 조국 전 장관만큼 격심한 야당의 반대와 언론의 문제 제기를 겪은 사람은 없다. 정치공학적으로는 그가 문재인정부의 상징적 인물이자 잠재적 대선 주자로 분류된 점이, 검증 내용 면에서는 우리 사회에서 가장 예민한 자녀 입시 문제가 다방면으로 얽혀 있었다는 점 때문이었을 것이다.

조국 장관의 청문회 시즌에 야당과 언론은 내로남불이란 표현을 끊임없이 반복했다. 기사에 언급된 것처럼 자유한국당에서는 조국과 내로남불을 합성해 '조로남불'이라는 단어까지 만들어 썼다. 보수 매체인 조선일보 한 곳만 따져봐도 청문회가 있기 직전인 2019년 8월 한 달 동안 내로남불이란 표현이 들어간 기사를 총 38건(네이버 검색 기준)이나 쏟아냈다.

당시 언론과 정치권은 사회 정의를 부르짖었던 조국 전 장관과 그의 부인이 정작 자신의 자녀를 위해서는 다른 학생들이 쉽게 얻지 못하는 기회를 만들어줬다는 의혹과, 또 야당 시절에는 이 같은 문제에 분노했던 더불어민주당이 여당이 되자 후보자를 애써 감싸는 행태 등을 겨냥해 이 단어를 썼다.

위 기사는 조국 전 장관에 대한 각종 의혹이 불거지고 검찰이 전격적으로 관련 사건에 대한 수사를 시작하자 이를 비난하는 여당을 비판하고 있다. 박근혜 정권 때는 검찰에서 흘러나온 정보로 정부여당을 공격하더니 여야가 바뀌고 검찰 수사로 불리한 상황이 만들어지자 검찰을 피의사실 공표죄로 처벌하라며 정반대의 목소리를 내고 있다는 내용이다. 검찰의 피의사실 공표에 대한 더불어민주당의 이중적 잣대를 꼬집은 것이다.

내로남불의 다양한 전략적 층위들

내로남불이란 표현은 어떤 행위를 판단할 때 드러나는 이중성이 비판의 핵심이다. 남이 해서 나쁜 짓은 내가 해도 나쁘다. 남이 할 때는 나쁘다고 신나게 비판을 해놓고선 자신은 당당하게 똑같은 행위를 한다는 것은 상식적으로 봐도 저열하기 짝이 없는 것이다. 그때와 지금은 다르다는 설명은 한없이 구차한 변명으로만 보이기 때문에 한 번 이 비판을 당한 정치인은 추락한 이미지를 좀처럼 회복하기가 쉽지 않다. 정쟁의 영역에서 이만한 파괴력을 갖춘 표현은 드물다.

그런데 내로남불은 겉으로는 대상의 도덕적 자질에 대한 문제 제기처럼 보이지만 분명 다른 층위의 전략적 계산이 존재한다. 우선은 '물 타기'다. 내가 비판을 받았던 잘못을 너도 저지르고 있다는 이야기다. 다른 사람이 똑같은 잘못을 저지른다고 해서 내가 한 잘못의 크기가 줄어드는 것은 아니다. 하지만 유권자의 지지로 생명을 부지하는 정치인의 입장에서는 모두가 비판받는 사안이라면 특별히 자신의 잘못이라고 여길 이유가 없다. 조금 차이가 있더라도 나의 표가 깎이는 만큼 상대편의 표 역시 깎일 것이기 때문이다. 정치와 정치인은 원래 다 그런 부류라는 변명까지 가능하니 마음이 한결 가벼워질 수밖에.

또 자기 진영에 쏟아지는 비판의 예봉을 꺾을 수도 있다. 공격하는 사람의 자질을 문제 삼으면 어느 정도는 그들이 가하는 비판의 설득력과 신뢰도를 떨어뜨리는 효과가 나타난다. '똥 묻은 개가 겨 묻은 개를 욕한다'는 속담이 이 경우에 딱 들어맞는다고 하겠다. 특히 과거에 있었던 비판에 대해서는 사람들의 기억을 교묘히 왜곡하는 일까지도 가능하다. 조국 전 장관 딸의 입시 비리 의혹이 커지자 내로남불을 부르짖던 자유한국당에서는 "최순실과 정유라보다 조국 부녀의 잘못이 훨씬 더 크다"는 주장*까지 서슴없이 나왔다. 내로남불 논리가 극에 달하자 과거의 잘

「김학용 "지금껏 드러난 조국 의혹, 최순실·정유라의 100배"」, 〈머니투데이〉 2019년 9월 6일 인터넷판.

못을 미화하며 엉덩이에 묻은 거가 똥보다 훨씬 더 더럽다는 억지주장까지 한 셈이다.

대한민국의 정치 지형은 기본적으로 대통령을 대표로 하는 정부와, 정권을 탄생시킨 여당이 힘을 합치고, 여기에 야당이 대립각을 세우며 정부여당을 공격하는 구도다. 결코 건전하다 할 수는 없지만 정부가 새로운 정책을 추진하거나 고위급 인사를 임명하며 국회의 협조가 필요할 때 야당은 공격수가 되고 여당은 수비수가 된다. 그리고 여야가 바뀌면 공수가 바뀌고 그때 어김없이 이 같은 내로남불 논란이 반복된다.

한 가지 서글픈 사실은 내로남불이란 비판이 가능하다는 것은 일단 여당이든 야당이든 대한민국 정치인들이 정도는 다를지언정 비슷한 잘못을 저지르고 있다는 뜻이기도 하다는 점이다. 애초에 한쪽만이라도 깨끗하다면 내로남불이란 표현은 성립되지 않았을 것이다. 여야를 막론하고 정치 엘리트를 배출하는 집단이 한정돼 있기 때문에 정치인들이 비슷한 삶의 궤적을 지나오며 같은 특혜를 누리고 닮은 비리를 저지를 가능성도 큰 것이다.

결국 기존 정치 세력의 기득권이 깨지지 않는 한 우리 국회에서 내로남불 논쟁이 단시간에 사라지기는 힘들다고 할 수 있다.

문재인정부 출범 후 급증한 사용빈도

내로남불의 원형이 처음 개발된 곳은 정치권이다. 명(名)대변인으로 이름을 날렸던 박희태 전 국회부의장이 이 표현을 처음 만들어 썼다는 사실은 정치인들과 기자들 사이에 꽤 유명하다.

1996년 6월, 15대 국회의 의장단 선출을 둘러싸고 여야가 대치하면서 국회는 한동안 공전하게 된다. 대치가 한창이던 때 당시 야당이던 새정치국민회의 장영달 의원이 "여당 의원들은 청와대로부터 짓눌린 노예의식에서 벗어나야 한다"고 칼을 빼들었고, 여당이던 신한국당의 박희태 의원은 여기 맞서 "장외지도자에 의해 조종되는 리모컨 국회는 빨리 끝내야 한다"고 꼬집었다. 야당이 청와대를 운운하며 김영삼 대통령을 끌어들이자 여당은 김대중 총재를 들먹인 것이다.

그러면서 박희태 의원이 던진 말이 "야당의 주장은 내가 바람을 피우면 로맨스고 남이 하면 불륜, 내가 부동산을 사면 투자고 남이 구입하면 투기라는 식"이었다. 국회의 문제를 풀어가는 데에 여당이 청와대 지시만 기다린다고 공격하는데 야당도 마찬가지로 국회의원 신분도 아닌 총재의 입만 쳐다보지 않느냐는 항변이었다.

이후 이 표현은 '불륜'이 '스캔들'로 대체되고 앞뒤 문장의 순서가 뒤바뀌는 경우도 있었지만 심심찮게 신문지상에 오르내리며 점차 '내가 하면 로맨스, 남이 하면 불륜'이라는 형태로 굳어져 갔다.

지금 널리 쓰는 내로남불이란 축약형은 2015년에야 등장한다. 인터넷 축약어의 영향을 받아 마치 사자성어 형식을 닮은, 입에 착착 붙는 맛깔 나는 표현으로 거듭난 것이다. 그리고 2017년 이 표현이 신문 지면과 방송 전파를 일순간에 장악하면서 이내 일상의 언어로도 자리를 잡기 시작한다. 빅카인즈 검색 기준으로 축약형인 내로남불이 포함된 기사 건수는 2015년 15건, 2016년 30건에서 2017년 820건으로 폭증한다. 그해 5월 문재인 대통령의 취임이 뇌관이었다.

시민들이 주도한 촛불집회로 박근혜 대통령이 탄핵된 뒤 출범한 문재인정부는 '촛불정부'로 자임했다. 촛불을 들고 정의롭고 공정한 사회, 제대로 된 나라를 부르짖었던 시민들의 뜻을 받들어 나라를 운영하겠다는 뜻이었다. 그러고는 첫 장관 인선을 발표했는데 실망스럽게도 상당수 후보자들이 위장전입을 한 사실이 드러났다. 일부는 자녀 이중국적 문제까지 불거졌다.

야당은 곧장 반격에 나섰다. 문재인 대통령이 병역 면탈, 부동산 투기, 세금 탈루, 논문 표절과 함께 위장전입을 5대 비리로 규정하고 여기 연루된 인사는 고위공직자로 임명하지 않겠다고 공약했기에 더없이 좋은 기회였다. 이에 야당과 언론이 박근혜정부 시절 위장전입 등으로 낙마했던 후보자들 사례를 하나하나 거론하며 매일같이 내로남불을 외쳤으니 이 표현의 언론 노출 빈도가 1년 새 30배 가까이 올라간 것이다.

보수와 진보, 서로 다른 죄의 무게

내로남불이란 표현이 확산되고 일상의 언어로 자리 잡은 과정을 보면 정권 교체가 중요한 계기로 작용했다. 여야 공수 교대가 이뤄지면 이 표현의 쓰임도 잦아졌다. 정권 교체 중에서도 특히 보수 진영에서 진보 진영 쪽으로 권력이 넘어갈 때 이 단어에 더 큰 힘이 실리는 것으로 보인다.

2017년의 예시가 전적으로 보여주듯, 보수 야당은 진보 정권*을 향해

---

* 더불어민주당 정권이 진정한 의미의 진보 정권인가, 대한민국 사회에서 보수와 진보는 무엇인가에 대해서는 한참을 논의해야 할 문제다. 여기서는 논의상 편의를 위해 언론에서 널리 쓰는 구분에 따라 이렇게 칭했을 따름이다.

"너네는 뭐가 다르냐, 잘난 척하더니 우리랑 다를 게 없지 않냐"고 묻기 시작하면 정권 창출에 힘을 보탰던 중도층의 지지는 흔들리게 된다. 내로남불이란 표현이 가진 흥미로운 특징이 이 부분에 있다.

내로남불은 여야, 진보·보수를 막론하고 상대를 공격할 수 있는 단어처럼 보이지만 양측이 누릴 수 있는 효용이 같지만은 않다. 실은 진보보다 보수 쪽에 더욱 유용한 단어라고 할 수 있다.

보수는 기득권을 지키려는 자들이고 진보는 그런 체제를 바꾸려는 자들이다. 태생적으로 진보는 보수 기득력 세력의 실정과 무능, 부패 등을 비판하며 세력을 키운다. 대한민국 현대사의 흐름 속에서도 진보는 보수 기득권의 부정부패를 날카롭게 지적해왔고 그러면서 상대적으로 도덕적 우위를 누려왔다. 박근혜 대통령 탄핵과 문재인 정권의 집권도 결국은 보수의 무능과 부정부패, 불공정, 사리사욕 추구 때문이 아닌가.

그런데 보수 기득권 세력이 저질렀던 부패와 불공정 등을 그 대안이라던 진보가 반복한다면 어떨까. 같은 행위라도 정치적 타격, 곧 유권자들의 실망은 후자가 훨씬 더 클 것이다. 이런 점에서 내로남불은 "너나 나나 똑같다"고 말하는 것처럼 보이지만 사실 똑같은 게 아닌 셈이다. 같은 죄라도 그 무게는 진보 쪽을 더 무겁게 짓누른다.

우습지만 내로남불이라고 말하려면 말하는 쪽도 로맨스든 불륜이든 적어도 뭔가 부정한 짓을 저질렀다는 사실을 자연스럽게 인정하는 것이 전제되어야 한다. 그런 부담에도 불구하고 이 표현을 남발하는 것은 내 잘못을 인정하더라도 잃는 것보다 얻는 것이 더 많기 때문이다. 진흙탕 싸움이라면 흰옷보다는 이미 더러워진 옷을 입은 사람의 마음이 더 편할 것이다. 유권자들의 뇌리 속에 부정부패와 비리로 얼룩진 기득권 세력으로 각인돼 있는 진영에게 내로남불은 별 부담 없이 꺼내 쓸 수 있는 카드인 셈이다.

죄질을 따지지 않는 양비론

언론에서 쓰는 내로남불은 양비론의 형식을 취하기도 한다. 내로남불이란 비판을 던지는 쪽과 받는 쪽 모두에게 일정한 잘못이 있기 때문에 겉으로는 중립적 위치에서 양쪽을 다 준엄하게 꾸짖는 모습을 보인다. 그러나 보수와 진보가 내로남불로 받는 정치적 타격이 같지 않듯 양비론에서 받는 타격도 강도가 전혀 다르다.

양비론은 어느 쪽이 옳고 어느 쪽이 그른지에 대한 판단 자체를 거부한다. 시시비비를 가려야 할 사안을 두고 양쪽이 논쟁할 때 논쟁의 내용은 뒤로 미뤄두고 논쟁 자체만을 문제 삼는다. 그러면 합리적이건 소모적이건 논쟁의 장 자체가 열리기 힘들어진다. 어떤 사회에 변화가 있기 위해서는 다양한 세력들 간의 논쟁이 필수적이다. 논쟁이 없으면 결국은 기득권이 유지될 가능성이 커지는 셈이다.

양비론은 시시비비뿐 아니라 죄질도 따지지 않는다. 다음을 보자.

[B] 사설 | '재연된 적폐' 환경부 블랙리스트… 청와대측 개입 여부도 밝혀야

환경부의 '블랙리스트 작성 및 실행' 의혹이 사실일 개연성이 높아지고 있다. '문재인 캠프' 출신의 낙하산 인사를 위해 지난해 1월께 8개 산하기관의 임원 동향 문건을 작성하고 찍어내기했다는 증거와 진술들이 확보되면서다.

특히 청와대 특별감찰반원이었던 김태우 수사관이 지난해 말 이런 의혹을 폭로하자 "김 수사관의 요청에 따라 자료를 준 것일 뿐이고 윗선에 보고된 바 없다"던 환경부 측의 설명이 거짓인 것으로 드러나면서 공무원들의 도덕적 불감증이 밑바닥까지 떨어진 것 아니냐는 우려까지 나오고 있다. (중략) 현 정부의 적폐 수사를 통해 박근혜정부의 문체부는 블랙리스트 사건으로 장·차관급 인사들이 줄줄이 구속돼 실형을 선고받는 참사를 겪었다. 그런 교훈에도 불구, 환경부는 발뺌에만 급급하니 전형적인 내로남불이라 아니할 수 없다.

_〈중앙일보〉 2019년 2월 18일자 30면 사설

정부에 비판적인 성향을 지닌 문화예술계 인사를 추려 각종 지원에서 배제했다는 문화체육관광부 블랙리스트 의혹은 박근혜 대통령 탄핵 전에 이미 문화예술계 일각에서 제기됐다. 문재인정부 출범 이후 본격적인 수사로 블랙리스트의 전모가 드러났고 이를 기획한 김기춘 전 대통령 비서실장과 조윤선 전 문체부 장관 등은 줄줄이 구속됐다. 한편 문재인정부 출범 이후 청와대 특별감찰반원이었던 김태우 전 수사관은 정부 비리에 관한 각종 의혹을 폭로했는데 그중 하나가 이른바 환경부 블랙리스트 의혹이었다.

위 기사는 환경부 블랙리스트 의혹을 다루면서 박근혜정부의 문화예술계 블랙리스트 사건을 끌어들였다. 그리고 '전형적인 내로남불'이라는 평가를 덧붙였다. 두 사건을 블랙리스트라는 단어 하나로 묶어 똑같은 사건처럼 병렬해놓은 것이다.

하지만 조금만 따져보면 두 사건의 성격이 완전히 다르다는 사실을 어렵지 않게 알 수 있다. 문화예술계 블랙리스트 사건은 정권이 문화예술인들의 이념 성향을 분류해 입맛에 맞는 쪽은 지원하고 그렇지 않은 쪽은 활동을 제한하는 등 정부의 직무 범위를 넘은 것은 물론 헌법에 보장된 표현의 자유를 심각하게 훼손한 범죄였다. 환경부 블랙리스트도 전 정부에서 임명한 산하기관 기관장들을 찍어낼 목적으로 작성했다면 정당한 것이라고 할 수는 없다. 산하기관장 등은 대통령이 임명권을 가지고 있다고 해도 일단 임명된 뒤에는 임기가 보장되기 때문이다. 그러나 문화계 블랙리스트와 환경부 블랙리스트는 작성의 주체와 의도, 권한 유무, 규모, 리스트를 활용한 실행 내용 등이 완전히 다르다.

위 기사에는 여기에 대한 판단이 완전히 사라져 있다. 내로남불이란 표현 하나로 성격이 전혀 다른 두 사건을 마치 비슷한 사건인 것처럼 묶어버린 것이다. 진보든 보수든 당연히 잘못한 점은 비판을 받아야 한다. 지난번에 저쪽이 잘못했을 때 저쪽을 비판했다면 이번에 이쪽이 잘못했으면 이쪽을 비판하면 된다. 그리고 양쪽의 죄질이 다를 때는 분명히 다르다고 말해야 한다. 사람들의 기억이 희미해졌다고 완전히 다른 것을 한데 뭉뚱그리는 것은 심각한 왜곡이다.

정치 혐오가 낳은 '정치 없는 정치'

내로남불의 정치판을 바라보고 있자면 국민들은 속이 터질 수밖에 없다. 쇄신을 하겠다고 큰소리치던 자들도 기존 세력과 다를 바 없는 기득권일 뿐이라는 사실이 드러났을 때 그곳에서는 도저히 희망을 찾을 길이 없다고 느끼는 게 자연스러운 반응일 것이다. 여기다 뉴스에는 내로남불 외에도 진흙탕, 밥그릇싸움, 정쟁, 여야 공방, 네거티브 같은 단어가 쉼 없이 등장한다. 이쯤 되면 정치가 세상을 바꾼다는 말은 허황된 소리처럼 들린다. 정치는 제정신 박힌 멀쩡한 사람들이 해서는 안 될 일처럼 받아들여진다. 바야흐로 정치 혐오와 무관심이 확산되는 것이다.

내로남불이란 표현의 폐해는 한두 가지가 아니지만 가장 큰 문제는 바로 여기에 있다. 투표를 포함해 내가 하는 정치적 행동이 정치를 실질적으로 변화시킬 것이란 기대감을 정치효능감이라고 말한다. 내로남불은 사실이 그렇지 않은데도 정치인은 누구나 똑같이 부패했다는 인식을 사람들에게 퍼뜨려 그들의 정치효능감을 극도로 떨어뜨린다. 투표로 인물을 바꾸든 촛불집회와 탄핵으로 정권을 바꾸든 달라질 게 없다는 생각이 들면 정치적 행동에 열을 올릴 이유도 사라지는 것이다.

대한민국은 다당제 국가다. 여당과 하나의 야당만 존재하는 것이 아니다. 여당과 제1야당이 부패하고 무능해 실망감을 안겼다면 그 대안을 기존 정치권에서 찾지 못할 이유가 없다. 국회의원을 배출한 원내정당뿐 아니라 소속 국회의원은 없지만 지방선거에서 일부 성과를 거두었거나 대선에서 의미 있는 득표율을 기록한 정당도 적지 않다. 여당과 제1야당에 대한 실망이 대안 모색이 아니라 곧바로 정치 혐오와 무관심으로 옮겨가는 것은 이런 정치 자원들에게는 절망적인 상황일 것이다. 이 역시 정치권의 구도를 여당과 제1야당 위주로 그려내 보도해온 언론의 탓이 크다.

우리 사회 전반에 정치 혐오와 무관심이 확산되면 자연히 투표율은 낮아질 것이다. 또 새롭고 다양한 영역에서 정치 신인이 탄생할 확률도 줄어든다. 그러면 정치인의 대표성은 약해지고 정치판은 계속 그들만의 리그로 유지될 수밖에 없다.

정치 혐오의 극단으로 간 주장 중에 국회의원의 정원을 줄이자는 요구가 있다. 일도 안 하는 국회의원들에게 주는 세비가 아까우니 정원을 대폭 줄이자는 것이다. 그런데 밉다고 의원 수를 줄이면 정부에 대한 감시가 약해지는 것은 물론 각계각층의 다양한 목소리를 반영하기가 지금보다 더 어려워진다. 결국 일부 국회의원들에게 더 큰 권력이 집중돼 평범한 국민과의 거리가 더욱 멀어지는 결과를 초래하게 된다.

국민 대다수가 정치인은 나와 내가 속한 공동체를 위해 일하지 않을 것이란 확신으로 등을 돌리고, 또 정치인들은 국민의 심판을 두려워하지 않은 공동체는 정치가 멈춰선 사회라고 할 수 있다. 정치 없는 정치가 빈껍데기처럼 남았을 뿐 그 사회에서 진정한 의미의 민주주의가 작동하고 있다고 말하기는 힘들다.

유교가 지배 이데올로기였던 조선 이래로 우리가 생각하는 이상적인 정치인의 모습 중 하나는 덕성을 갖춘 성인(聖人)이었다. 지금은 그런 덕치(德治)를 바랄 수도 없고 또 반드시 현대사회에 어울린다고 말하기도 힘들다. 이명박 대통령을 보면 우리 국민들은 성군(聖君)보다는 오히려 우리에게 실질적 이익을 가져다줄 상인 같은 국민의 대표를 바라고 있다고 말해야겠다. 시대가 변한 것이다.

그럼에도 정치인들이 일정한 수준의 도덕적 자질을 갖춰야 한다는 사실은 변함이 없다. 군자까지는 아니라도 도둑놈과 파렴치범들에게 국민의 대표라는 직함을 맡길 수는 없다. 국민들이 바라는 것은 아마 건전한 상식을 가진 평범한 중산층과 서민들 수준의 도덕성 정도는 갖춰야 한다는 것일 게다. 너와 나를 불문하고 그것을 로맨스라고 하든 불륜이라고 하든, 그 수준이 너무나 저열하기에 사람들의 입에서 "싹 쓸어버려야 한다"는 탄식이 새어 나오는 것이다.

군부쿠데타 세력들이 정치 혼란을 명분으로 내걸었던 당시와 비교해 대한민국 정치의 어떤 부분은 여전히 후진성을 벗어던지지 못했다. 그러나 아무리 정치인들이 지금보다 더 국민들을 실망시킨다고 해서 군인들이 쿠데타를 일으킬 수는 없을 것이다. 우리 사회의 민주주의는 그때에 비해 훨씬 더 성숙했기 때문이다. 대한민국은 평화적으로 대통령을 탄핵하고 정권을 바꾼 엄청난 경험을 가진 시민들의 나라다.

급진적인 혁명을 바라는 사람들은 아쉽겠지만 대한민국에서 세상을 바꿀 수 있는 가장 강력한 수단은 여전히 투표다. 투표 거부는 민심을 외면한 정치에 대한 의미 있는 경고 메시지가 되지 않는다. 투표율이 낮으면 언론은 또 나름대로 거기서 민심을 분석해낸다지만 그때가 지나면 그만이다. 우리 헌법과 선거법에는 투표율을 기준으로 국회의원의 당선을 제한하는 규정이 없다.

정치 혐오와 무관심이 가득한 사회는 기득권 정치인들에게는 더없이 좋은 정치 환경이다. 어떤 정치인들에게 권력을 부여하고 우리의 정치 문화를 어떻게 만들어갈지도 결국은 유권자의 손에 달렸다. 저질 정치인들은 앞으로도 지치지 않고 국민들의 정치효능감을 낮추고 무기력을 학습

시키려 하겠지만 여기에 질 수는 없다. 이런 저질 정치인들을 몰아내기 위해서라도 더욱 애써 투표에 참가해야 할 것이다.

실사구시와 정면돌파: 정치적 결정을 포장하는 표현들

실사구시와
정면돌파

[명사] 본래 실사구시(實事求是)는 '사실에 토대를 두어 진리를 탐구하는 일'이라는 뜻이지만 우리 언론에서는 흔히 '실리를 추구한다'는 의미로 쓴다. 이념이나 진영 논리를 떠나 국익과 국민을 위해 내린 결정을 말하기도 하나 때로는 명분 없는 통치자의 정치적 결정을 포장할 때 쓴다. 여론의 극심한 반대를 외면한 채 내린 결정을 꾸밀 때는 특별히 정면돌파라고 쓴다

기자들의 중요한 임무 중 하나는 국가 운영의 정점에 있는 통치자, 즉 대통령의 메시지를 대중에게 전달하며 알기 쉽게 해설하고 또 평가하는 일이다. 과거의 어느 한 시절에는 언론이 아무런 비판 없이 권력자의 메시지를 충실히 전파하는 데만 무게를 두기도 했다. 소위 '땡전뉴스' 시절이다(대표적인 땡전 뉴스 매체가 소속 회사인 서울신문이었다). 하지만 다매체 시대가 되고 언론과 유사언론의 이념적 스펙트럼이 다양해지면서 몇몇 신문과 방송을 장악하는 것만으로 국민들의 눈과 귀를 가리는 시절은 다시 올 수 없게 됐다.

모든 독자들의 눈높이에는 차지 않겠지만 기자들은 대통령의 메시지가 발표될 때 나름대로 치열한 문제의식을 가지고 접근한다. 그리고 반나절 정도인 취재 시간 동안 메시지에 숨은 의도를 최대한 분석하고 비판할 지점이 있다면 설득력 있는 비판의 근거를 마련하기 위해 노력한다.

정치부 국회팀 시절에는 선거를 제외하고 가장 바쁜 날이 대통령의 국회 시정연설 날이었다. 대통령의 국회 시정연설은 통상 연설 시작 30분 전쯤에 엠바고(보도 유예)를 전제로 기자들에게 연설문이 먼저 공개되는데, 기자들은 그 순간부터 마지막 기사가 넘어가는 때까지 고도의 집중력을 유지한다.

우선 사전 공개된 연설문을 토대로 전체 흐름을 파악하고 분야별 담당 기자들이 전문가들의 의견을 반영해 각 파트를 집중 분석한다. 정치 현안은 국회팀 기자가, 외교안보 문제는 외교안보팀 기자가, 경제 문제나 노동·사회 이슈 등은 경제부와 사회부 소속 담당 기자들이 맡는 식이다.

또 연설 현장에서는 대통령의 연설 자세와 여야 의원들의 반응도 스케치해야 한다. 연설 뒤에는 대통령과 여야 지도부 간의 회동이 이어지는데 여기서 어떤 이야기가 나왔는지도 중요한 뉴스다. 회동 후에는 보통 청와대와 여야 각 당의 브리핑 및 지도부의 기자간담회가 이어지기 때문에 이런 날 기자들은 점심을 제대로 먹을 시간조차 부족하다. 국회 시정연설뿐 아니라 대통령 취임사, 신년사, 각종 기념일 기념사가 나오는 날도 마찬가지다.

국민들의 목소리와 '대통령의 시간'

기자들이 대통령의 메시지를 분석할 때 가장 중요하게 보는 부분은 전과 비교할 때 어떤 메시지가 달라졌느냐는 점이다. 대부분의 경우 주요 현안에 대한 대통령의 입장은 쉽게 바뀌지 않는다. 대통령이 입장을 내놓을 정도의 현안은 나라 전체에 영향을 미치는 대형 이슈다. 애초에 청와대 참모진과 국무위원(장관들), 여당 지도부 등과 함께 국정에 미칠 영향을 따져 공식입장을 정했는데 이를 손바닥 뒤집듯 바꾸면 국정에 큰 혼란이 오게 된다.

그런데 이렇게 내놓은 입장에 대해 여론의 찬반이 극단적으로 갈린다면 어떨까. 한반도 대운하 같은 초대형 정책을 추진한다거나 흠결이 많은 인물을 국무총리 또는 장관 후보에 지명해 나라 안이 온통 시끌시끌할 때는 기자들뿐 아니라 전 국민의 시선이 대통령의 입을 향한다. 논란의 종지부를 찍기 위해서는 대통령의 외로운 결단이 필요하기 때문이다. 이때를 언론은 '대통령의 시간'이라고 부른다.

선거에 승리해 정권을 획득했지만 대통령은 국민 전체를 대표하는 인물이기 때문에 지지자들의 여론만을 수용할 순 없다. 또 그렇다고 해서 선거 공약과 여당의 이념, 지지자들의 성향, 개인적 소신 등을 외면하고 야당 및 반대 세력의 주장을 그대로 수용하는 것도 쉽지 않다. 대통령은 고려해야 할 모든 요소의 유불리를 따지는 치열한 정치적 계산 끝에 다시 정리된 입장을 내놓는다. 반대 여론을 고려해 기존 입장을 철회 또는 수정하거나, 아니면 반대 여론에도 불구하고 기존 입장을 밀어붙이는 것이다.

이런 순간에 흔히 등장하는 표현이 '실사구시'와 '정면돌파'다. 우리 언론은 대통령의 정치적 결정을 포장해야 할 때 이 표현들을 동원한다. 실사구시는 조선후기 실학의 기본적인 접근 자세를 말하는데 언론에서는 명분 대신에 '실리를 추구한다'는 뜻으로 쓰는 게 보통이다. 대통령이 여론의 반대에 부딪혀 자신의 뜻을 꺾는 순간을 실리를 추구한다고 포장하는 것이다. 정면돌파는 '피하거나 돌아가지 않고 장애물을 뚫고 나간다'는 뜻이다. 여론의 반대에도 불구하고 대통령이 자신의 기존 입장을 고수할 때 언론은 이 말을 쓴다.

실사구시와 정면돌파는 왜 대통령의 결정을 포장하는 말로 채택됐을까. 그저 이해하기 쉽게 '반대 여론에 굴복했다'거나 '반대 여론을 무시했다'고 하면 안 되는 걸까. 언론이 이런 말들 뒤에 감추고 있는 문제들은 무엇일까.

실사구시의 예시들: 경제 공약, 외교 활동

[A] 휴가서 돌아온 문재인 대통령 "실사구시로 규제 혁신"

일주일간의 여름휴가를 마치고 6일 업무에 복귀한 문재인 대통령의 일성은 '민생'과 '규제 혁신'이었다. 고용 등 각종 경제지표에 빨간불이 켜지고 서민 체감 경기가 악화되고 있는 상황에서 민생 경제 활성화, 규제 혁신을 통한 일자리 창출을 하반기 국정 운영의 중심 과제로 삼겠다는 점을 재차 분명히 한 것. (중략)

문 대통령은 이날 청와대에서 열린 수석·보좌관회의에서 "경제 활력은 국민의 삶의 활력을 높이는 것"이라며 "특히 기업 활동이 활발해지고 중산층과 서민들의 소득과 소득 능력이 높아져야 경제가 활력을 찾을 수 있다"고 말했다. 소득주도성장을 아우르는 포용 성장이라는 목표는 유지하면서도 기업 활동에 활력을 불어넣어 일자리 창출과 민생 경제 활성화에 나서달라는 주문이다.

그 방법으로 문 대통령은 "실사구시(實事求是)적 과감한 실천"을 강조했다. 진보·보수라는 이념의 틀에서 벗어나 경제 활성화와 일자리 창출을 위해서 할 수 있는 모든 수단을 동원해달라는 의미다. 이는 7월 인도 삼성전자 신공

문재인 대통령의 경제 분야 핵심 공약은 '소득주도성장'이었다. 임금
을 비롯한 가계 소득의 수준을 높이면 소비가 늘어나 경제가 성장한다
는 이론으로, '최저임금 1만 원' 공약도 여기에 따라서 나왔다. 그 전까지
이명박·박근혜정부가 대기업과 부유층의 부가 커지면 경제가 성장해 저
소득층의 소득도 증가한다는 이른바 '낙수효과(落水效果·Trickle Down
Effect)' 이론에 따라 기업 성장에 역점을 두고 법인세 인하와 규제 철폐
를 부르짖은 것과는 완전히 상반된 입장이다. 문재인 대통령과 더불어민
주당의 주요 지지 세력이 노동자 서민이었기에 나올 수 있는 정책이었다.

취임 1-2년차에 최저임금을 대폭 인상하고 주 52시간 노동제를 실시
하며 소득주도성장 정책에 박차를 가했던 문재인 대통령은 취임 3년차
인 2019년 여름휴가 직후에 전과는 다소 결이 다른 메시지를 내놓았다.
[A]가 다루고 있는 내용이 바로 그것이다. '규제 혁신', '활발한 기업 활동'
은 기업 주도 성장을 강조했던 과거 정부들이 수도 없이 반복했던 말들
이다. 기자는 아예 근래 대통령의 행보를 '기업 친화적'이라고 못 박았다.
정권 출범 당시와는 분위기가 확연히 달라진 것이다.

여기서 문재인 대통령은 직접 실사구시라는 말을 쓰고 있다. 기자도
그 말을 받아서 '진보·보수라는 이념의 틀을 벗어나 경제 활성화와 일자
리 창출'을 위해 가능한 모든 노력을 하라는 의미라고 충실한 해석을 붙

였다. 소득주도성장이라는 핵심 공약을 생각할 때 대통령의 친(親)기업 행보는 도무지 앞뒤가 맞지 않는다. 하지만 이 기사는 경제 활성화와 일자리 창출이라는 실리를 얻기 위해 내린 결정이라고 설명하고 있다. 국정 방향을 집중 고민하는 시기인 여름휴가 직후에 나온 발언이라는 점도 의미심장하다.

[B] 朴, 한·미 동맹 절실한데 전승절 열병식서 시진핑·푸틴과 나란히?

'중앙에는 시진핑(習近平) 중국 국가 주석, 옆에는 박근혜 대통령과 블라디미르 푸틴 러시아 대통령이 나란히…'

박 대통령이 오는 9월 3일 중국 베이징(北京)에서 열리는 '항일전쟁 승리 및 세계 반파시즘 전쟁 승리 70주년(전승절)' 기념식에 참석하기로 결정은 했지만 청와대의 고민은 계속되고 있다. 박 대통령이 서방국가와 미국의 핵심 동맹국 중에서 중국의 전승절 기념식 초청에 응한 유일한 정상이 될 수 있기 때문이다. 더구나 전승절 기념식의 하이라이트인 열병식의 박 대통령 참관도 사실상 불가피할 전망이다. 이에 따라 박 대통령은 미국 정계와 싱크탱크 등 여론 지도층에서 제기될지 모르는 한국에 대한 실망감을 해소해야 하는 새로운 과제를 안게 됐다. (중략)

사상 최초인 한국 정상의 전승절 참석은 한반도 정세를 주도하기 위한 박근혜식 '실사구시' 외교의 압축판이다. 박 대통령이 오는 2~4일 방중 기간에 갖는 시 주석과의 한·중 정상회담에서 받게 될 '참석 답례품'에 기대가 모아지는 이유다.(이하 생략)　　　　　　　　　　_〈문화일보〉 2015년 8월 21일자 4면

　실사구시라는 말은 경제 정책뿐 아니라 외교 분야에서도 흔히 쓰인

다. 경제나 외교 모두 실리가 중시되는 영역이기에 실사구시라는 말 하나면 언제 어떤 상황에서도 최소한의 설득력을 확보할 수 있다. 위 기사는 2015년 9월 박근혜 대통령의 중국 전승절 70주년 기념식 참석을 앞두고 청와대 내외의 기류를 전달한 기사다.

당시 박근혜 전 대통령의 전승절 기념식 참석은 파격적인 행보였다. 중국은 대한민국과 전략적협력동반자 관계이자 최대의 교역 상대국이지만 대한민국의 동맹국인 미국과는 철저한 대립 관계에 있다. 게다가 북한의 후원국이자 6·25전쟁에서 우리나라와 싸운 국가이기도 하다. 특히나 한미동맹과 안보를 중시하는 보수 정권의 대통령이 중국의 국가 행사에 참석해 열병식까지 참관한다는 것은 그 전까지는 상상하기 힘든 장면이었다.

여기서도 어김없이 실사구시라는 단어가 등장했다. '박근혜식 실사구시 외교의 압축판'이라는 수식어는 지금 보기에는 낯 뜨겁지만 그 당시에는 대통령의 행보에 큰 혼란을 느꼈을 지지자들의 고개를 끄덕이게 만들었을 것이다. 국익을 위한 일이라면 대통령이 그 정도는 할 수 있다고 말이다.

그러나 이런 포장이 무색하게도 전승절 기념식 참석 이후 미국 조야에서는 한국이 중국으로 기울었다는 '중국 경사(傾斜)론'이 퍼져 우리나라는 대미 외교에서 불리한 입장에 설 수밖에 없었다. 기대했던 중국의 '참석 답례품' 대신에 사드 배치 결정에 따른 대대적인 경제 보복이 돌아오기까지도 시간이 얼마 걸리지 않았다.

정면돌파의 예시들: 고위직 인사, 거취 결정

[C] '조국의 검찰개혁' 택한 문 대통령… 대국민메시지 곳곳 '정면돌파' 의지

문재인 대통령이 9일 조국 법무부 장관을 임명했다. 핵심 국정과제인 검찰 개혁을 위해 조 장관 임명이 불가피하다는 판단과 조 장관 일가의 의혹에 본인 연루 사실이 확인되지 않았다는 점이 작용한 것으로 보인다. 보수야당이 "대한민국의 법치주의는 사망했다"고 강력 반발하면서 여야 대치는 최악의 국면에 접어들었다. 청와대와 검찰 간 갈등도 전면전에 돌입할 것으로 보인다. (중략) 문 대통령은 이례적으로 생중계된 장관급 7명의 임명장 수여식에서 "저를 보좌하여 함께 권력기관 개혁을 위해 매진했고 성과를 보여준 조국 장관에게 마무리를 맡기고자 한다는 발탁 이유를 분명하게 밝힌 바 있다"며 "그 의지가 좌초돼서는 안 된다고 생각한다"고 말했다. 검찰개혁을 조 장관 임명 이유로 제시하며 고강도 검찰개혁을 예고한 것이다.(이하 생략)

_〈경향신문〉 2019년 9월 10일자 1면

조국 전 법무부 장관은 정부 출범 후 처음에는 청와대 민정수석으로 개헌 준비 및 검찰개혁 작업을 하다가 정부 3년차인 2019년에 뜨거운 논란 끝에 장관 자리에 올랐다. 그는 문재인정부 출범 전부터 꽤 인기가 많은 오피니언 리더였고 정부에 합류한 뒤로는 대권주자급 인물로 분류되기 시작했다.

그러나 장관 인사청문회 과정에서는 딸 입시 비리 의혹과 가족 사모펀드 연루 의혹이 불거졌고 '내로남불'* 논란까지 걷잡을 수 없이 번졌다. 그 결과 각종 설문조사에서 '임명 반대' 여론이 찬성보다 더 높게 나오는

---

*   이 책의 '내로남불' 편을 볼 것.

지경에 이르렀지만 문재인 대통령은 결국 그를 장관에 임명했다.

반대 여론에도 불구하고 논란이 큰 인물을 장관에 임명했기에 [C]는 이를 정면돌파 의지라고 해석했다. 검찰개혁에는 조국 장관이 적임자라는 기존 판단을 꺾지 않고 그대로 밀어붙인 것이다. 고강도 검찰개혁을 성공적으로 완수하면 그에 대한 여론도 달라질 것이라고 생각했을 테지만 이후에도 논란은 가라앉질 않았다. 결국 조국 장관은 검찰 개혁안만 남기고 취임 35일 만에 스스로 자리에서 물러났다.

[D] "검찰 수사는 인격살인·사상누각"
청 '합법 절차' 강조 정면돌파 뜻

박근혜 대통령이 20일 자신을 '최순실 국정농단'의 사실상 몸통으로 규정한 검찰의 수사 결과를 통째로 부정하고 정면돌파하겠다는 뜻을 밝혔다.

정연국 청와대 대변인은 이날 검찰이 수사 결과를 발표한 뒤 6시간 만인 오후 5시10분께 춘추관에서 브리핑을 자청해 검찰 수사 결과를 "심히 유감스럽다"며 정면으로 반박했다. 정 대변인은 이날 서울중앙지검 특별수사본부의 중간 수사 결과 발표에 대해 "상상과 추측을 거듭해서 지은 사상누각일 뿐", "부당한 정치적 공세", "인격살인" 등 원색적인 표현으로 수사 결과 자체를 모두 부정했다. (중략)

청와대는 또 탄핵을 논의하는 정치권을 향해 "합법적 절차에 따라 매듭지어 달라"고 역공에 나서, 거취 문제를 장기화하겠다는 뜻도 내비쳤다. 탄핵소추안이 국회를 통과하더라도 헌법재판소에서만 최장 6개월이 소요되는 만큼, 그 사이 지지층 결집을 통해 여론의 반전을 도모하겠다는 의지로 읽힌다. 박 대통령은 다음 달 한중일 정상회의 참석은 물론 22일 국무회의 주재도 강행할 것으로 전해졌다.(이하 생략) _〈한겨레신문〉 2016년 11월 21일자 3면

2016년 언론을 통해 최순실 국정농단 의혹이 제기되면서 결국 검찰 수사가 시작됐다. 검찰은 그해 11월 박근혜 대통령과 최순실 씨가 사실상 국정농단의 공범이라는 수사 결과를 내놓는다. 박근혜 대통령은 이에 대해 검찰 수사는 '사상누각', '인격살인'이라며 수사 결과를 전면적으로 부정했다. 이즈음 대통령 지지율이 한 자릿수로 떨어지고 퇴진을 요구하는 목소리가 전국을 뒤덮었지만 퇴진 여론을 완강히 거부한 것이다. 절차대로 국회에서 탄핵을 논의하고 헌법재판소의 탄핵심판까지 끝나려면 상당한 시간이 걸리기 때문에 그 사이 여론의 반전을 기할 수 있다는 계산을 한 듯하다.

하지만 모두 알다시피 박근혜 대통령의 정면돌파 시도는 처참히 실패했다. 그해 12월에 국회는 재적 299표 중 찬성 234표, 반대 56표, 기권 2표, 무효 7표로 탄핵소추안을 통과시켰고 이듬해 3월 10일 헌법재판소는 대통령 파면을 결정했다. 파면 결정 이틀 뒤인 3월 12일 저녁에서야 청와대에서 서울 삼성동 사저로 거처를 옮긴 그는 "시간이 걸리겠지만 진실은 반드시 밝혀진다고 믿는다"고 천명하며 끝까지 정면돌파 의지를 내려놓지 않았다. 그가 정면으로 돌파하려 했던 대상이 무엇이었는지는 지금까지도 의문이다.

대통령의 결정과 지도자의 자질

위 예시들에서 보듯 실사구시와 정면돌파는 논란이 크고, 그래서 여파도 큰 사건과 관련해 주로 등장한다. 경제 정책(A), 외교 정책(B), 고위공직자 임명(C), 정치인의 거취 결정(D) 등 하나하나가 신문 1면과 방송뉴스의 헤드라인을 장식할 기삿거리들이다. 그런데 흥미로운 점은 두 단어에는 모두 부정적인 뉘앙스를 담기가 어렵다는 것이다.

사실 우리 귀에 실사구시라는 단어는 지극히 긍정적으로 들린다. 붕당(朋黨)을 나눠 현학적 논쟁을 일삼았던 기존 유학과 달리 조선후기 실학은 나라의 실질적인 발전과 백성들의 삶의 질을 높이기 위해 실사구시를 추구했다는 교과서 교육의 영향이 클 것이다. 물론 영 틀린 말은 아니지만 언론이 실사구시라고 평가한 대부분의 경우는 실학의 실사구시 정신과는 무관하다. 그저 실사구시의 긍정적 이미지만을 차용해온 것일 뿐이다.

정면돌파는 역사적·철학적 근거를 가진 단어가 아니다. 또 단어 자체만으로는 긍정과 부정의 뉘앙스를 일관되게 풍길 수 없는 중립적인 단어다. 여기에 일단 함정이 있다. 여론의 격한 반대를 외면하고 기존 입장을 고수한 대통령의 결정을 중립적인 단어로 설명한다는 것 자체가 편향적일 수 있기 때문이다. 게다가 일반 국민들은 반대 여론을 정면돌파하는 대통령의 결정이 뭔가 확신에 따른 것이라는 인상을 받게 된다. 정면돌파도 실제로는 긍정적인 단어처럼 쓰이고 있는 것이다.

실사구시와 정면돌파는 최고지도자의 자질과 깊이 관련된 표현들이다. 지도자는 정권 재창출과 소속 정당 및 지지자들의 이익도 생각해야 하지만 무엇보다 국익을 최우선으로 생각해야 할 것이다. 그리고 국익을 극대화하기 위해서는 결단력과 추진력이 필요하다. 결단력과 추진력이 없는 우유부단한 지도자는 국민들에게 별다른 이익을 가져다주지 못한다.

여기서 국익을 추구하는 자세는 실사구시라는 단어로, 강력한 결단력과 추진력은 정면돌파라는 단어로 손쉽게 설명해낼 수 있다. 결국 두 단어는 모두 언론이 대통령의 정치적 결정을 해석해야 할 때 비판과 문제 제기를 회피하고 표가 나지 않게 대통령의 입장을 두둔할 때 쓰는 비겁한 표현들인 셈이다.

실사구시는 대통령의 미덕?

실사구시와 정면돌파를 지금 같은 용법으로 처음 쓴 것이 언제인지는 분명히 밝히기가 어렵다. 두 단어 모두 합성어 형식의 신조어가 아니라 일상적으로 쓸 수 있는 단어들인데, 언론이 이를 의도를 갖고 특정한 맥락에 배치했을 뿐이기 때문이다. 여기서는 실사구시가 대한민국 대통령과 연관을 맺는 지점 정도만 추적해 보기로 한다.

조선후기에 실학이 등장한 이래 실사구시라는 단어가 단 한 번도 권력자의 결단을 포장하기 위해 쓰인 적은 없다고 단정할 근거는 없다. 언제쯤 이 단어가 '실리를 추구한다'는 뜻으로 단순화됐고 정치권에서 긍정적인 뜻으로 통용되기 시작했는지도 특정하기 힘들다. 다만 분명한 의도를 지니고 반복적으로 쓰이기 시작한 시점 정도는 비교적 분명하게 말할 수 있다.

해방 이후 대한민국 정치인 중 실사구시라는 단어와 본격적으로 연결된 인물은 김대중 대통령이다. 1997년 중국 지도자 덩샤오핑(1904-1997)이 서거했을 때 그의 통치 스타일을 실사구시라고 평가한 기사가 우리 언론 사이에서도 많이 나왔다. 하지만 1998년 김대중 대통령이 취임하자 실사구시는 온전히 그를 수식하는 표현으로 자리 잡는다.

언론은 특히 그의 외교 스타일을 설명할 때 이 단어를 많이 썼다. 당시 한 기사*를 보면 김대중 대통령의 '실사구시 외교'의 정체를 엿볼 수 있다. "양국관계의 발목을 항상 잡아왔던 과거사 문제에 대해 '사과'의 표현수준에 초점을 맞추기 보다는 그 '진실성'을 중시한다는 점을 강조하려 한다. 과거사가 미래의 한·일 관계발전에 더 이상 장애가 되지 않도록 역사문제에 대한 양국의 인식을 명확히 표명하도록 한다는 구상이다" 같은 내용으로 미뤄볼 때 형식을 따지며 멈춰 있기보다는 국익을 위해 일본과 관계를 발전시키려 했다는 점을 언론은 실사구시라고 평가한 것이다.

김대중 대통령이 일본뿐 아니라 중국 등 주변국을 방문할 때마다 언론은 실사구시라는 표현을 대거 동원했다. 빅카인즈에서 검색해보면 이 단어가 들어간 기사는 1996년 49건, 1997건 105건에서 김대중 대통령이 취임한 1998년 205건으로 늘었다가 1999년 153건으로 줄어들었다.

김대중 대통령 이후 실사구시라는 단어를 가장 잘 활용한 정치인은 아마 이명박 대통령일 것이다. 이명박 대통령은 서울시장 시절부터 실용주의, 실사구시 등을 자신의 이미지와 결부시키려 했다.

그가 대선 후보로 거론된 2005년부터 대통령으로 선출된 2007년까지 실사구시라는 표현이 포함된 기사는 매년 500건 이상씩 보도됐다. 대부분 기업인 출신인 그가 '민주화 세력 대 산업화 세력'이라는 오래된 대결 구도를 무너뜨리고 대한민국을 선진국으로 도약시킬 것이란 기대

---

*　「실사구시의 외교행보/역대 방일(訪日)과 다른 점」, <서울신문>, 1998년 10월 7일자 3면.

감을 반영한 것이다. 그는 후보 시절 직접 "실사구시 대통령이 되겠다"고 공언[*]하기도 했다. 하지만 얼마 지나지 않아 스스로가 산업화 세력의 일원임을 더 이상 숨기려 하지 않았다.

결국 중요한 것은 국정지지율

실사구시와 정면돌파는 민주주의 사회에서 정치권력과 국민이 어떤 관계에 있는지 간접적으로 보여준다. 민주공화국의 대통령은 권력의 원천인 국민으로부터 잠시 권력을 위임 받아 나라를 통치하는 인물이다. 그래서 대통령은 항상 국민들의 목소리인 여론에 귀를 기울여야 한다. 그러나 그들의 말을 그대로 따를 필요는 없다. 그것은 대통령이 무소불위의 군주이기 때문이 아니라 위임받은 범위 내에서 국정을 결정하고 그에 따라 책임을 지는 자리이기 때문이다. 찬성 여론이 높은 쪽으로만 기계적으로 국정을 운영해간다면 대통령이 존재할 이유가 없을 것이다.

결국 중요한 것은 지지율이다. 권력자가 국민들의 지지율을 신경 쓰지 않는다면 여론을 살필 이유도 없고 실사구시니 정면돌파니 하는 단어가 언론에 등장할 이유도 없다. 지지율은 정치인이라면 누구에게나 중요하지만 특히 대통령에게 지지율은 국정 운영의 가장 중요한 자원이다. 지지율이 높을수록 대통령의 국정 운영 반경은 넓어진다. 정부 출범 초기에는 새 대통령에 대한 국민들의 기대감으로 지지율이 높게 형성되는 '허니문 효과' 덕에 대통령은 어떤 정책이든 힘 있게 밀어붙일 수가 있다.

---

[*] 「이명박 "실사구시 대통령될 것"」, <매일경제>, 2007년 9월 10일 인터넷판.

그러다 이런저런 악재 때문에 지지율이 낮아지면 대통령은 여론을 거스르는 결정을 내리기가 힘들어진다. 그랬다가는 정권 재창출은 물론이고 자신의 거취조차 장담할 수 없기 때문이다.

그러나 한 가지 더 생각해볼 문제가 있다. 대통령은 지지율에 수동적으로만 반응하는 존재가 아니라는 점이다. 대통령은 지지율에 따라 행동 반경이 넓어지거나 제한되는 등 큰 영향을 받지만, 반대로 지지율에 영향을 끼칠 수도 있다. 대통령에게는 떨어진 지지율을 높일 수 있는 다양한 무기가 있다. 실사구시와 정면돌파도 결국은 이런 전략과 관련이 깊다.

우선 대통령은 떨어진 지지율을 복구하기 위해 여론을 수용하는 방법을 택할 수 있다. 여론을 폭넓게 반영한 국정 운영은 더 많은 국민들이 정치효능감을 느낄 수 있게 해주기 때문에 당연히 더 높은 지지를 얻는다. 물론 앞서 언급한 여러 가지 이유에서 무작정 여론의 지지가 높은 쪽의 의견만 수용할 수는 없지만 지지율 하락을 감당할 수 없다면 적당한 선에서 '실사구시'를 추구해야 한다.

다음으로 여론을 설득하는 것도 가능하다. 통치자는 특정 현안에 대해 언론과 일반 국민들보다 훨씬 더 많은 기밀 정보를 가지고 있다. 필요에 따라 여론 설득에 유리한 정보는 선택적으로 확산시키고 반대로 불리한 정보는 전파를 차단하는 등 정책 홍보 활동을 펼치면 사람들의 생각도 바꿔나갈 수도 있다. 곧 '정면돌파'다.

아예 여론의 시선을 다른 곳으로 돌리는 방법도 있다. 대통령은 한 나라에 있는 그 어떤 인물보다 의제 설정자(Agenda Setter)로서의 힘이 막강하다. 어떤 현안에 대해 여론의 비난이 쏟아질 때 그보다 더 큰 뉴스거리를 만들어낼 수 있는 능력이 대통령에게는 있다. 예를 들어 대통령이 개헌에 대한 강력한 의지 표명과 함께 구체적인 방안까지 내놓는다면 거의 모든 신문은 이 뉴스를 다음날 1면 톱기사로 다룰 것이다.

여론을 따를지 거스를지는 정권 유지에 필요한 지지율이 얼마인가에 달렸다. 대한민국에서 국정 운영을 제대로 하기 위한 최소 지지율은 얼마일까. 정해진 답은 없다. 일반적으로는 대통령의 대선 득표율보다 지지율이 낮아지면 정권은 극도의 불안을 느끼게 된다. 하지만 51.63% 득표율로 당선된 박근혜 대통령은 임기 중반부터는 30%라는 '콘크리트 지지층'만 바라보고 국정 운영을 했다. 그리고 박근혜 대통령은 지지율이 4%까지 떨어진 직후 탄핵됐지만 김영삼 대통령은 한 자릿수 지지율까지 갔음에도 임기를 끝까지 채웠다.

한 가지 분명한 사실은 지지율이 극도로 낮아졌을 때는 최고 권력을 지닌 대통령도 할 수 있는 일이 별로 없다는 점이다. 지지율을 되돌리려는 여러 시도들도 정권에 대한 국민들의 신뢰가 어느 정도 남아 있을 때 가능한 일이다. 평소 국민들의 목소리를 소홀히 어기고 국민들의 지지를 완전히 잃어버린 통치자는 빈털터리처럼 처분을 기다리는 수밖에 없다.

'군주가 배라면 백성은 물이다. 물은 배를 뜨게 하지만 배를 뒤집기도 한다'는 『순자』의 군주민수(君舟民水) 격언이 바로 그런 뜻이다.

대통령의 모든 결정은 해석을 필요로 한다. 대통령이 언뜻 봐서는 이해할 수 없는 결정과 행동을 할지라도 언론은 거기에 숨은 메시지를 찾아내고 국정과 연결시켜 적절한 의미를 부여해야 한다. 이것이 언론의 지극히 기본적인 역할이다.

하지만 해석이란 것이 그럴 듯한 포장을 뜻하는 것은 아니다. 취재를 통해 확인했거나 합리적으로 추론할 수 있는 권력자의 진짜 의도를 애써 숨기고 다른 말로 짜맞추듯 설명하려는 것은 왜곡일 뿐이다. 그런 점에서 실사구시나 정면돌파는 우리 언론에서 대부분 정직하지 못한 방식으로 쓰인다고 할 수 있다.

대통령은 물론이고 정치인들은 공약이란 형식으로 국민들과 약속을 하고 그 약속을 지키기 위해 노력해야 한다. 정치인의 가장 기본적인 자산은 누가 뭐라고 해도 신뢰가 아니던가. 하지만 신뢰가 무조건적인 약속 이행만을 의미하는 것은 아니다. 현실적으로 공약 이행이 어려울 때, 여론을 따를 수 없는 사정이 있을 때, 가능한 범위에서 국민들에게 최대한 솔직하고 담백하게 설명하려는 진정성을 보이는 것이 진짜 신뢰를 지키는 일일 것이다.

대통령의 결정을 놓고 언론이 실사구시와 정면돌파를 운운할 때 거기에 숨겨진 의도가 무엇일지 한번쯤 따져보자. 실사구시를 위해 내린 결정은 과연 누구에게 어떤 실리를 가져다주는가. 그 실리는 국익인가 당리(黨利)인가, 아니면 특정인의 사익인가. 정면돌파를 한다는데 최고 권력자가 돌파하려는 대상은 대체 누구인가. 반대 목소리를 내는 국민들을 돌파한다는 것이라면 과연 무슨 뜻으로 받아들여야 하는가.

종북과 적폐: 멈춰 서지 않는 대결의 바퀴들

종북과 적폐   [명사]   종북(從北)은 북한의 집권 세력을 맹목적으로 추종한다는 뜻이고, 적폐(積弊)는 오랫동안 이어져온 잘못된 관행이나 폐단을 의미한다. 종북은 주로 보수 진영에서 진보 세력의 대북 정책 등을 비판할 때, 적폐는 반대로 진보 진영이 보수 기득권 세력의 부패 등을 저격할 때 쓴다. 두 단어 모두 언론과 정치권에서 본디 뜻보다 훨씬 더 넓은 의미로 사용하는 경우가 많다.

종북과 적폐, 두 단어를 한 장에서 다루는 것에 대해 대부분 독자들은 불쾌감을 느낄 것이다. '종북 척결'을 자주 입에 올리는 사람은 그런 사람대로, '적폐 청산'에 고개가 끄덕여지는 사람은 또 그 나름대로 종북과 적폐는 전혀 질이 다른 문제라고 여길 것이 틀림없다. 틀린 말은 아니다. 이들 단어의 영역만을 따진다면 종북은 국가안보에, 적폐는 사회 문제에 속한다고 할 수 있다. 이 둘은 축자적 의미를 놓고 봐도 나란히 놓이기가 힘든 단어들이다.

그러나 지금까지 이 책에서 다룬 대부분 표현들이 그랬듯 종북과 적폐 역시 우리 언론 기사 속에서는 본래의 의미와 용법대로만 쓰이지는 않는다. 다른 표제어들과 마찬가지로 종북과 적폐에는 대한민국 사회의 갈등 구조와 정치권의 대립, 권력 투쟁 양상, 또 이에 편승한 언론의 담론 전략 등이 모두 투영돼 있다. 서로 꽤 다른 영역에서 쓰이기 시작한

두 단어가 언론을 통해 중계되는 대립과 갈등의 구조 속에서는 어떤 공통점을 갖고 있다는 말이다.

종북과 적폐는 두 세력 간의 대결 구도에서 상대 진영을 특정 프레임으로 가두는 전략적 표현들이다. 두 단어가 가진 다양한 용법에도 불구하고 종북은 보수 세력이 진보 세력에게, 적폐는 진보 진영이 보수 진영에게 특정한 이미지를 덧씌우고 상대를 옭아맬 때 효과적으로 작동한다.

무엇보다 앞서 다룬 여러 표제어들보다 두 단어는 더욱 과녁적이고 추상적이다. 자의적으로 활용할 수 있는 영역이 무궁무진하다는 뜻이다. 또 대한민국 사회와 정치권에서 벌어지는 대부분의 갈등이 종북과 적폐 문제로 수렴할 수 있다는 측면에서도 종북과 적폐는 이 책의 마지막 표제어로서 한 자리에 같이 설 자격이 충분하다.

많은 사람들에게는 '종북 vs 적폐' 대신에 '종북 vs 친일'의 대결 프레임이 더욱 익숙할지도 모른다. 종북과 친일은 각각 북한과 일본이라는 국민 정서상 대표적인 적대국과의 관계에서 나온 단어로 둘 다 한국 근현대사의 질곡과 깊은 관련이 있다. 하지만 종북이란 단어가 본래 의미와 용법을 넘어서 성공적으로 다양한 분야에 진출해 쓰이고 있는 반면, 친일은 여전히 일본 관련 외교와 역사 문제에만 쓰임이 한정돼 있다.

적폐는 이런 한계를 극복한 진보 진영의 담론 전략이다. 적폐는 친일 문제를 포함하는 데서 나아가 종북처럼 다른 분야에서도 다양하게 쓰일 수 있다. 활용성 측면에서 친일보다 한층 더 발전한 프레임인 것이다. 물론 적폐 담론은 종북 담론과 비교할 때 상대적으로 역사가 짧기에 축적된 용례 역시 적다. 기원에 대해서는 뒤에 자세히 다루겠지만 종북 담론은 2000년대 초반에 처음 등장해 이명박·박근혜 정권 동안 풍부한 의미와 용법을 실험했으나 적폐 담론은 박근혜 정권에서 발굴해낸 것을 문재인 정권이 본격적으로 사용한 것이 거의 전부다.

그럼에도 적폐란 표현이 종북에 버금가는 무궁무진한 가능성을 품고 있음은 부정할 수 없다. 이에 적폐도 머지않아 종북에 못지않은 다양한 변용을 만들어낼 것으로 보고 여기서는 두 단어를 함께 다루기로 한다.

종북, 무능한 진보 정권의 표상

[A] 사설 | "이념의 시대 갔다"던 MB, 지금 사태 보고 있나

이명박 대통령은 취임 첫해인 2008년 3·1절 기념사에서 "이제 이념의 시대는 갔다"고 말했다. 낡은 이념에 사로잡혀선 선진국가로 도약할 수 없다는 의미였겠지만 '이념은 중요하지 않다'는 의미로 해석될 여지도 있었다. 이 대통령은 '색깔론'이라는 비난을 피하기 위해서인지, 중도실용을 강조하기 위해서인지 휘청거리는 국기(國基)를 바로잡으려는 노력을 하지 않았다. (중략) 다음 대선에서는 이 대통령을 거울삼아 차기 대통령의 이념을 분명히 살펴야만 한다. 특히 "지금 세상에 빨갱이가 어디 있느냐"라고 했던 안철수 서울대 융합과학기술대학원장은 종북세력의 실체가 드러난 지금도 같은 생각인지 답해주기 바란다. 아직도 종북세력의 심각성을 깨닫지 못한다면 국가의 운명이 걸린 중요한 문제에 대해 무지(無知)하다고 볼 수밖에 없다. 안 원장은 종북세력이 똬리를 튼 통합진보당과 연대해 공동정권을 세우자는 민주통합당과 손을 잡을 것인지 분명히 밝혀야 한다.(이하 생략)

_〈동아일보〉 2012년 5월 18일자 31면

2012년 제18대 대선을 7개월쯤 앞두고 나온 기사다. 얼핏 보면 이념을 떠나 '중도실용'을 강조한 이명박 전 대통령의 안일한 안보의식을 비판하는 기사처럼 보이지만 이 글의 진짜 목적은 뒤쪽에 나온다. 바로 종북세력들이 버젓이 활보하고 있는데 야권 정치인들은 이런 사실을 외면하고 있다는 주장이다.

이 사설은 당시 좌우를 떠난 '새정치'의 상징으로 떠올라 유력 대권주자로 거명됐던 안철수 서울대 융합과학기술대학원장을 은근슬쩍 종북세력에 동조하는 인물처럼 그렸다. 그리고 아주 능숙하게 몇 개 문장만으로 안철수 원장과 민주통합당, 통합진보당을 종북이란 프레임 안에 함께 가둬버렸다. 종북이란 단어의 전형적인 사용 방식이다.

종북 담론은 단지 특정인이나 특정 세력에 종북이란 색깔을 입히고 편을 가르는 것만으로 끝나지 않는다.

[B] 사설 | 대북 환상 부추기는 통일부 '황당 이벤트' 엄중 問責하라

남북 정상회담이 2주일 남짓 앞이지만 의제조차 발표되지 않고 있다. 북핵 폐기를 '비핵화'로 얼버무리는 것도 문제인데 북한 눈치보기 때문에 그나마 공식 의제로 선언도 못하는 상황은 아닌지 걱정된다. 조명균 통일부 장관은 4·27 정상회담을 위한 고위급 접촉의 수석대표이다. 그런데 통일부가 북한 핵무기 폐기는커녕 대북 환상(幻像)을 부추기는 유(類)의 황당한 이벤트를 하고 있다. 남북 정상회담이 이런 식으로 준비되고 있다면 여간 심각한 일이 아니다. (중략)

북핵 위협을 강조하는 것은 전혀 없이 무조건 평화를 외치고, 금강산 관광 재개까지 당연시하는 듯한 표현들이다. 대한민국 정부의 입장으로는 보이지

2018년 4월, 11년 만에 열리는 남북 정상회담을 앞두고 통일부가 SNS를 통한 국민 참여 이벤트를 시작하자 이를 '황당 이벤트'라고 비판한 한 일간지의 사설이다. 남북 정상회담이라는 대형 정치 행사를 앞두고 주무 부처인 통일부는 분위기를 한껏 띄우고자 이런 이벤트를 기획했을 것이다. 여기에 대해 위 사설은 북핵 폐기는 공식 의제로 확정도 못한 점, 이벤트가 대북 환상을 부추긴다는 점 등을 비판의 이유로 들면서 다름 아닌 종북 의혹을 제기했다.

여기서 보수 매체가 규정하려고 하는 종북의 성격이 어떤 것인지가 일부 드러난다. 대한민국 안보와 대북 외교의 핵심이라고 할 수 있는 북핵 문제가 남북 정상회담 의제로 확정되지 못했다는 점은 정권의 외교적 무능, 낮은 안보 의식 등과 연결된다. 또 무조건 평화를 외치고 남북이 한 민족, 같은 동포임을 강조하는 이벤트는 현실 감각이 떨어지는 감성적 민족주의로 치부된다.

종북은 단지 북한을 추종한다는 이념의 문제가 아니라 외교적 무능, 안보 위기, 비현실적 정세 판단처럼 한 정권이 가진 국정 운영 능력에 대한 총체적 비판 양식으로 작동하는 것이다.

적폐, 부패한 보수 기득권의 초상

다음은 적폐 담론의 예시다.

[C] 광화문광장 색깔론 물들인 한국당,
  총선 앞두고 보수 재결집 본격화?

자유한국당이 지난 20일 서울 광화문광장 일대에서 진행한 대규모 장외투쟁은 한국 보수세력의 '현실'을 보여주는 단면이었다.

당원과 지지자 1만여 명이 운집해 '좌파 독재', '종북 굴욕'이라는 색깔론으로 덧칠된 구호를 거침없이 쏟아냈다. 박근혜 전 대통령 탄핵 이후 숨죽였던 보수가 재결집하는 신호탄이라는 평가가 나온다. 현 정부 지지율 하락을 계기로 보수 세력이 회생하는 모습이었지만 방향은 과거회귀적이었다.

한국당은 서울 종로구 세종문화회관 앞에서 '문재인 STOP, 국민이 심판합니다' 집회를 열었다. 명분은 청와대의 이미선 헌법재판관 후보자 임명이었지만 전방위적인 문재인 정부에 대한 규탄이었다. 더 이상 '적폐 세력'이 아니라 문재인 정부에 대한 '심판자'로 나서겠다는 의지였다. (중략)

나경원 원내대표는 "이 정권은 북한과 적폐청산만 아는 '북적북적 정권'이다"라고 했다. 청와대 측은 21일 "구시대적 색깔론으로 과거에 사로잡힌 모습에 개탄을 금할 수 없다"고 비판했다. 〈경향신문〉 2019년 4월 22일자 7면

제1야당인 자유한국당이 선거법 개정안 처리를 거부하며 장외 투쟁을 이어갔던 2019년 4월의 집회 현장을 스케치한 기사다. 현장에서 자유한국당 당원과 지지자들은 한데 모여 좌파와 종북이란 단어가 포함된 구호를 쏟아냈다. 이를 두고 기사는 이들이 더 이상 '적폐 세력'이 아니라 정권의 '심판자'로 나서겠다는 의지를 보였다고 평가했다. 탄핵된 박근혜

전 대통령과 보수 세력, 자유한국당이 모두 동일한 세력이며 이들이 바로 적폐라는 인식이 이미 전제로 깔려 있는 것이다. 이는 오랫동안 쌓인 폐단이라는 적폐의 본뜻과는 제법 거리가 있다.

한 가지 더 흥미로운 점은 나경원 자유한국당 원내대표의 발언이다. 그는 문재인 정권을 두고 "북한과 적폐 청산만 아는 북적북적 정권"이라고 비꼬았다. 자신들의 공격 무기인 종북 담론과 자신들을 공격하는 적폐 담론 간의 대립 구도를 본능적으로 인식하고 있는 것이다.

[D] 민주, 김경수 법정구속에 분노… "적폐 세력의 보복판결"

여당인 더불어민주당은 31일 김경수 경남지사에 대한 전날 1심 실형 선고와 법정구속을 적폐 세력의 보복 판결로 규정했다. (중략)

홍영표 원내대표는 정책조정회의에서 "김 지사에 대한 1심 판결은 합리적 법 상식으로는 도저히 납득되지 않는 판결이었다"며 "법과 양심에 따라야 할 판결이 보신과 보복의 수단이 되고 있다"고 비판했다. 그러면서 "양승태 적폐 사단이 벌이는 재판 농단을 빌미 삼아 정치적 이익을 도모하고, 나아가 온 국민이 촛불로 이룬 탄핵과 대선 결과를 부정하려는 시도에는 단호히 맞서겠다"고 경고했다.(이하 생략)　　　　　_〈연합뉴스〉 2019년 1월 31일

[E] 靑의 적폐 청산 내년엔 '권력형→생활형' 이동

청와대는 촛불민심과의 약속에 따라 반칙과 특권을 일소하는 적폐 청산 과업을 내년에도 꾸준히 이행한다는 입장이다. 다만 권력형 적폐 청산 작업은 상당 부분 진척됐다는 판단에 따라 향후에는 국민이 일상에서 마주하는 생활 적폐 청산에 집중할 계획이다. (중략)

문 대통령도 지난달 청와대에서 주재한 3차 반부패정책협의회에서 9대 생

활 적폐 분야를 청산하겠다고 선언했다. 학사·유치원비리, 공공기관 채용비리, 불공정 갑질, 지역토착 등 국민들이 일상에서 부딪히는 문제로 적폐 청산의 기조를 변화하겠다는 것이다.(이하 생략)

_〈한국일보〉 2018년 12월 25일자 4면

[D]와 [E]는 적폐 담론이 어떻게 확장되고 있는지를 보여준다. [D]는 적폐라는 단어가 지극히 자의적으로, 특히 종북과 마찬가지로 자기 세력을 위협하는 대상을 겨냥해 얼마든지 손쉽게 쓰일 수 있음을 분명히 보여준다. 문재인 대통령의 '복심'으로까지 불렸던 김경수 경남도지사가 실형을 선고받고 구속되자 더불어민주당 지도부는 '적폐 세력의 보복판결'이라고 반발했다. 청와대와 여당에 불리한 법원 판결이 나오자 결과를 부정하고 재판부를 적폐 세력으로 몰아버린 것이다.

이 발언 이후 더불어민주당은 제법 강한 여론의 역풍을 맞았는데 이런 점에서는 아직 적폐 담론이 종북 담론만큼 자리를 잡지 못했다고 할 수 있다. 보수 진영은 맘에 들지 않는 판결에 대해 판사의 성향을 '좌경'으로 몰아가는 방식으로 제법 안정된 여론몰이를 해왔다. 특히 '우리법연구회' 소속 판사라도 있다고 하면 보수 세력은 여지없이 해당 재판부에 종북이란 색깔을 입혔다.

[E]에서는 '권력형 적폐'와 '생활형 적폐'라는 구분이 등장한다. 권력형 적폐라 함은 주로 이명박·박근혜 정권이 자행했던 선거 개입, 사법 농단, 정경 유착, 민간인 사찰 같은 권력 남용 문제일 것이다. 문재인정부 초기의 적폐 청산 작업도 주로 이 같은 분야의 폐단을 바로 잡는 수준

에서 이뤄졌다.

기사는 생활형 적폐의 예로 학사·유치원 비리, 채용비리, 기업 간 갑질, 토착 비리 등을 들었다. 적폐가 정치의 영역을 넘어 일상 분야로까지 확대된 것이다. 정권이 주도하는 적폐 청산 작업이 정치권과 정부 부처를 넘어 교육계와 학계, 재계, 문화예술계 등으로 이어질 것이란 예고와 다름없다.

종북이 무능, 위기, 비현실성 등의 이미지를 진보 세력에 덧씌운다면 적폐는 부패, 비리, 기득권의 색채를 보수 세력에게 입히는 데 효과적으로 작동한다. 종북 담론이 국정 운영에 대한 진보 세력의 '능력'을 문제 삼는 것처럼 적폐 담론은 보수 세력의 '도덕성'에 문제를 제기하고 이를 근거로 사람들이 보수 세력을 청산 대상으로 인식하도록 유도한다.

사실 여기에서 이념의 문제는 부차적인 것일 수 있다. 그보다는 오히려 능력과 도덕성처럼, 국정을 운영하는 수권(受權) 세력으로서의 기본 자질에 대해 문제를 제기하는 편이 더 합리적으로 보이며, 프로파간다로서 더 큰 효과도 기대할 수 있기 때문이다.

종북은 진보 세력 내 권력 투쟁의 산물

종북이란 단어의 기원*에 대해서는 제법 널리 알려져 있다. 이 표현이 처음 만들어져 쓰인 곳은 아이러니하게도 진보 진영 내부에서였다. 우리나라의 진보 운동 계열은 보통 자주파(NL·민족해방)와 평등파(PD·민중민

---

* 이에 대해서는 최송이, 「진보정당의 분당에 관한 연구: 민주노동당의 분당을 중심으로」, 이화여자대학교 석사학위논문, 2014. 참조.

주)로 나뉜다. 이 중 북한 주체사상 등을 추종하는 소위 주사파(主思派)가 NL계열에 속하는데 PD계열에서는 NL계열의 이런 성향을 과거부터 문제 삼곤 했다.

2001년 원용수 전 사회당 대표는 대선을 앞두고 민주노동당과의 통합 문제에 대해 "민중의 요구보다 조선노동당의 외교정책을 우위에 놓는 종북 세력과는 함께 당을 할 수 없다"고 거부 입장을 밝혔다. 말하자면 사회당은 평등파, 민주노동당은 자주파가 주류를 형성하고 있었던 시절 양당 통합 문제가 나오자 평등파가 이를 거부하며 자주파에 '종북'이라는 딱지를 새로 붙인 것이다.

그 전까지 북한에 대한 진보 진영의 입장을 표현할 때 보통 썼던 표현은 '친북(親北)'이었다. 북한과 친하게 지낸다는 뜻의 친북은 단순히 이념적 색깔만을 표현한 것이지만 주체적 의견 없이 북한에 종속돼 있다는 종북은 굴욕감을 안기는 단어였다.

한동안 모습을 드러내지 않았던 종북이란 표현은 2008년 민주노동당 분당 사태 때 다시 등장했다. 당내 주류인 자주파와 비당권파인 평등파 사이 갈등이 일자 내부에서 다시 종북 논쟁이 수면 위로 떠올랐다. 하지만 이때까지도 종북이란 표현은 진보 진영 내부의 권력 투쟁의 장에서만 한정돼 쓰였을 뿐이다.

보수 세력이 진보 세력의 성격을 한정할 목적으로 종북 담론이 형성되기 시작한 것은 2010년부터다. 천안함 사건, 연평도 포격 사건이 발발하고 북한의 3대 세습이 공식화되면서 북한은 협력하고 지원해야 할 동포의 나라가 아니라 적화 통일의 야욕을 여전히 버리지 않은 적대적 대상으로 다뤄지기 시작했다.

그러면서 종북은 점차 북한과의 평화와 협력을 주장하는 진보 진영을 안보 의식이 희미한 무능 집단으로 낙인찍는 표현으로 자리 잡는다. 그러다 2012년 통합진보당 비례대표 선거부정 사건이 일어나면서 이 단어의 사용량은 폭발적으로 증가했다.

종북이란 단어의 사용 빈도가 증가하는 과정을 보면 천안함 사건처럼 북한 관련 사건이 발생하고 진보 정당의 내부 권력 투쟁 문제가 표면화된 이유도 분명 있다. 하지만 이보다는 이런 사건들을 계기로 이 단어를 전략적으로 확산시키고자 했던 보수 진영의 의지가 더욱 주효하게 작용했다고 할 수 있다.

일련의 사건들을 거치는 과정에 보수 정권은 2011년 '서울시공무원 간첩 조작 사건'처럼 각종 간첩 사건을 전면화하여 공안 정국을 조성했다. 그와 동시에 종북이란 딱지가 자주파와 평등파에 뿌리를 둔 진보 정당뿐 아니라 이들과 연대했던 통합민주당, 사회운동 세력, 시민단체, 노동 단체, 심지어 진보 언론 등에 광범위하게 붙기 시작했다. 예를 들면 환경 평화 운동 차원에서 벌어졌던 제주 해군기지 건설 반대 등도 여지없이 종북 담론 속에서 다뤄졌다.

빅카인즈에서 관련 기사를 검색해보면 이 단어가 포함된 기사는 2009년 154건에서 2010년 384건, 2011년 1335건, 2012년 6045건, 2013년 6611건으로 폭증했다가 2014년 3880건으로 감소했다.

세월호 참사 이후 확산된 적폐 담론

적폐는 신조어는 아니다. 그래서 단어 자체의 기원을 추적하기가 쉽지 않다. 다만 이 단어가 담론 전략의 하나로 대한민국 언론 기사 안에서 어떻게 활용 영역을 넓혀 왔는지는 어느 정도 윤곽을 파악할 수 있다. 적폐라는 단어가 힘을 얻는 것은 '청산'과 결합하면서다. 적폐 청산이라는 구호는 누구도 반박하기 힘든 당위 명제다. 물론 여기서 적폐가 무엇을 지칭하는지는 별도의 문제다.

1987년 민주화 직후 적폐 청산의 대상은 '권위주의'나 '군사독재' 등이었다. 1990년대 초반까지 우리 언론 속에서 이 단어는 '권위주의 적폐 청산', '군사독재 시절의 적폐 청산' 같은 조합으로 주로 등장했다. 2000년대 중반까지는 '정경유착 적폐 청산', '부정부패 적폐 청산', '잘못된 관행과 적폐 청산'처럼 단어의 사전적 의미에 가깝게 쓰이는 경우가 많았다.

정치적으로 대립하는 상대 진영을 공격할 목적으로 이 단어가 쓰인 것은 이명박정부가 출범한 2008년이었다. 당시 청와대와 여당의 관계자, 보수 언론 등은 '좌파 정권 10년의 적폐 청산' 같은 말을 공공연히 입에 올렸다. 2008년 전후로는 적폐라는 단어가 포함된 기사가 100건을 넘지 못했으나 2008년에는 유독 240건을 기록했다. 정권 교체 직후 반대 진영 인사들에 대한 물갈이 작업 등이 적폐 청산으로 포장된 것이다.

적폐 청산이 모든 언론에서 광범위하게 사용되고 일반 국민들 사이에서도 일상적인 언어로 쓰인 계기는 따로 있다. 2014년 4월 16일, 바로 대한민국 사상 최악의 인재(人災)로 일컬어지는 세월호 참사가 일어나면서다. 인천을 떠나 제주를 향하던 여객선 세월호는 전 국민이 TV 화면으로 지켜보는 가운데 침몰했고 이에 수학여행을 떠났던 고등학교 2학년 학생들을 비롯한 304명이 죽거나 실종됐다.

이 사건에서 해양경찰의 미숙한 대응, 선장의 무책임, 해운사의 안전 불감증, 정부 관계기관의 부실한 관리감독, 언론의 무책임한 속보 경쟁 등 어른들의 잘못 탓에 어린 학생 수백 명이 목숨을 잃었다는 사실이 드러나면서 사회 전체가 깊은 애도와 반성의 분위기에 들게 됐다. 이때 박근혜정부가 꺼내든 키워드가 적폐 청산이었다. 사회 전반에 켜켜이 쌓인 폐단을 청산한다는 비전을 제시해 악화된 여론을 돌리려는 것이었다.

하지만 박근혜정부의 적폐 청산 작업은 해경 해체 그리고 이른바 구원파로 불리는 한 기독파 교파에 대한 탄압이 거의 전부였다고 해도 과언이 아니었다. 새누리당의 반대와 보수 진영의 방해로 세월호 특별조사위원회의 활동은 흐지부지 끝나고 말았다. 참사 당일 박근혜 대통령은 제대로 대면 보고조차 받지 않았다는 사실도 이내 드러났다. 아무튼 2014년 한 해 동안 적폐라는 단어가 들어간 기사는 5,363건이 보도됐다. 이전과는 보도 건수의 단위가 달라진 것이다.

적폐라는 단어는 그 이후 한 차례 더 급격한 양적·질적 변화를 겪는다. 2017년 5월 문재인정부가 출범하면서다. 직전 대통령의 탄핵으로 출범한 문재인정부는 적폐 청산을 공약을 내걸고 전 정권에서 벌어진 각종 불법 행위를 정리하기 시작했다. 국가정보원의 인터넷 댓글 조작, 군 사이버사령부 심리전단의 여론 조작, 양승태 대법원의 재판 거래, 외교부의 한일 일본군 위안부 합의 과정 등에 대한 수사 및 조사가 모두 적폐 청산의 구호 아래 이뤄졌다.

2015년 2,031건, 2016년 1,707건이었던 적폐 보도 건수는 2017년에 무려 2만 6,105건으로 급증했다. 똑같이 10년 만의 정권이 교체된 것이었지만 문재인정부의 적폐 청산 작업은 2008년 이명박정부의 청산 작업과는 강도가 전혀 달랐다. 문재인정부가 이 단어를 이전 어느 정권보다 더 적극적으로 활용하면서 적폐 청산은 보수 진영에 대한 공격 담론으로 널리 퍼지게 됐다.

비생산적인 대결의 희생자는 결국 국민

출발점을 따져보면 종북과 적폐는 분명히 전혀 다른 영역의 표현들이다. 종북은 진보 진영 내부에서 북한과의 관계를 문제 삼아 쓰던 것이고, 적폐는 군사독재의 잔재를 청산해야 한다는 일종의 사회운동 구호였다. 그러나 결국 두 단어는 보수와 진보 양 진영이 서로의 근본적인 정체성에 관해 시비를 거는 비방의 도구로 자리 잡았다. 앞으로도 보수와 진보 중 어느 쪽이 정권을 잡느냐에 따라 언론에 등장하는 빈도의 차이는 있겠지만 두 단어는 모두 꾸준히 등장하며 더욱 다양한 쓰임새를 얻어갈 것이다.

우리 언론 속에서 종북과 적폐라는 단어가 과도하게 쓰이면서 노정되는 문제점은 적지 않다. 우선은 두 단어 모두 의미의 확장이 광범위하게 이뤄지면서 오히려 본래 의미가 너무나 희미해졌다는 점이다. 과도한 종북 프레임에 대한 반발은 "요즘 세상에 간첩이 어디 있느냐"는 식으로, 과도한 적폐 프레임에 대한 반발은 "언제까지 과거 문제에만 매달릴 거냐"는 식으로 나온다. 극단적이고 정략적인 주장에 대한 반작용으로 역시나 극단적이고 정략적인 반응이 나타나는 셈이다.

종북에는 '색깔론' 프레임으로, 적폐에는 '정치 보복' 프레임으로 반격이 가능하다. 이런 식으로 논쟁을 반복하다 보면 끝내는 진짜 이적 세력과 적폐 세력이 누구인가를 판단하기 힘든 지경에 이르게 된다. 올바른 현실 인식이 불가능해지는 것이다.

더 큰 문제는 양 진영의 싸움으로 국민들의 시각이 왜곡되는 것은 물론 그 사이에서 극단적인 편 가르기가 일어난다는 점이다. 종북 담론이 한창 성행할 때에는 "김정일 개새끼 해봐"*라는 말이 유행할 정도였다. 북한 정권과 지도자를 욕하지 않으면 종북으로 몰아버리는 광기 어린 구별짓기가 행해진 것이다.

이런 분위기에서는 누구도 북한과의 화해, 협력, 평화를 말하기가 쉽지 않다. 적폐도 비슷하다. 문재인정부에서 공무원들은 보수 정권에 적극 저항하지 않았다는 이유로 적폐로 분류되기도 했다. 그러면 진영 논리와 상관없이 일관성을 갖고 정책을 추진해야 할 공무원들의 입지는 정권이 바뀔 때마다 흔들릴 수밖에 없다.

가장 심각한 문제는 권력 획득과 유지를 위한 비생산적 담론 대결의 희생자는 결국 국민들이라는 점이다. 종북과 적폐의 실체가 무엇인지를 떠나서 국민들은 언론 보도를 통해 끊임없이 이런 싸움에 노출돼야 한다. 이런 싸움에는 어떠한 결론도 없으며 국민들이 얻을 수 있는 이익이랄 것은 더더욱 없다.

특히 선거철이면 이 담론들은 상대 후보를 헐뜯는 마타도어로 동원

---

* 「전원책 변호사, 생방송에서 "김정일 개새끼" 발언 논란」, 〈뉴스1〉, 2012년 5월 27일.

된다. 극단적이고 저질스러운 대결을 바라보며 대체 누구를 선택할지 고민해야 하는 비극적인 처지의 유권자들! 언론이 조성해놓은 이런 대결 구도 속에서는 국민들의 선택의 폭을 넓혀주는 다양한 목소리는 조명 받기 어렵다. 대한민국이 가야 할 길을 진지하고도 심도 있게 논의해야 할 민주주의의 축제가 말하자면 종북 세력과 적폐 세력의 대결장으로 전락해버리기 때문이다.

1948년 5월 10일, 제헌국회 구성을 위해 실시된 총선거에는 총 48개의 정당 및 사회단체 소속 후보들이 출마했다. 새로운 민족국가 건설을 향한 그 시절 사람들의 열망이 얼마나 뜨거웠으며 또 그 목소리가 어느 정도 다양했는지를 잘 보여주는 지점이다.

하지만 5·10총선에서 한 명 이상의 당선자를 배출한 정당 등은 17개에 불과했고 그마저도 대다수는 이후 대한민국 정치사에서 모습을 감췄다. 그리고 정부 수립 초기부터 대한민국의 정계는 제1공화국 시절의 자유당과 한국민주당, 군사정권 하의 민주공화당과 민주당, 1987년 이후 민주자유당과 민주당, 현재의 자유한국당과 더불어민주당처럼 주류 양당이 대결하는 구도가 이어져왔다.

종북과 적폐의 담론 대결도 결국은 이 같은 현대정치사의 흐름 속에 있다고 할 수 있다. 종북과 적폐 담론의 진짜 기원을 따진다면 해방 이후 좌우익의 대결로까지 거슬러 올라갈 수 있다. 당시 우익은 좌익을 조선인민공화국 추종 세력으로, 좌익은 우익을 청산되지 못한 친일 잔재 세력으로 인식했다.

그런 채로 전쟁을 겪었고 냉전과 반공의 시대를 지내며 대립의 정치 구도는 해소될 기회를 얻지 못했다. 시민의 힘으로 민주화를 이룩한 뒤에도 이념 대결은 여전했고 북한 문제와 과거사 문제 역시 그대로 남아 있었다. 여전히 종북과 적폐의 담론 대결이 유효할 수밖에 없는 이유가 여기 있다. 앞에서 적폐 담론의 활용성은 아직까지 종북 담론에 미치지 못한다고 했지만 사실 그 정도 차이는 별 의미가 없다. 우리나라의 기본적인 정치 기반의 구조가 바뀌지 않는 한 두 단어 모두 앞으로도 계속 유용하게 쓰일 것이며 무궁무진한 변종을 내놓을 것이 틀림없기 때문이다. 물론 근본적인 정치 구조를 바꾸는 것 외에 다른 방법도 있다. 상대 진영을 포괄적으로 비난할 때 쓰는 이런 표현들을 국민들이 일체 거부하는 것이다.

유서 깊은 이들의 대결은 대체 누구를 위한 것일까. 서로 물어뜯고 싸우다가도 정치인들은 자기들의 이익에 관한 문제 앞에서는 아무렇지 않게 한 목소리를 낸다. 종북 세력과 적폐 세력이 사이좋게 손을 잡는 이해불가의 장면이 재현되는 것이다.

이런 대결의 실체가 무엇인지 한번쯤 고민해보면 일반 국민들에게 별 실익이 없는 싸움에 표로써 힘을 실어줄 이유가 그다지 없다는 결론에 이르게 된다. 국민들이 반응하지 않는다면 정치인이나 언론인들은 낡은 틀을 대체할 좀 더 미래지향적인 프레임을 고민할지도 모른다. 그 프레임이 제발 생산적이길 기도해야겠지만 말이다

나가며_기레기를 위한 변명

십여 년 전 본격적으로 기자가 되겠다고 작정한 뒤 다른 기자 지망생들과 함께 했던 공부 중 하나가 '시사용어 암기'였다. 그즈음 신문지상에 자주 오르내리는 신조어 등을 뽑아 의미와 용법을 정리해 공유하는 작업이었는데, 정리를 맡은 한두 개 종합일간지 안에서도 생소한 단어들은 부지기수로 발견되곤 했다. 그때도 이미 일상적으로 쓰이던 '포퓰리즘'이나 '시위꾼' 같은 단어뿐 아니라 세태를 반영하는 'XX족, ○○남, △△녀' 같은 신조어와 인터넷 용어 등은 끝없이 쏟아졌다. 그러다 좀 익숙해진다 싶으면 어느 순간 신문지상에서 자취를 감췄다.

입사를 위해 이런 단어들을 외면할 수 없는 기자 지망생 입장에서는 환장할 노릇이었다. 대체 이것들은 어디서 와서 어디로 흘러가는가. 언제 유통기한이 끝날지 모르는 것들을 머릿속에 집어넣는다고 언제까지 내 소중한 청춘을 보내고 있어야만 하는 걸까.

그리고 몇 달 뒤 지금 회사에 입사해 기자 생활을 시작하면서 흠칫 놀랄 수밖에 없었다. 기자 지망생 시절 나를 괴롭혔던 근본 없는 시사용어들을 바로 같은 기자실에 앉은 선배들이 버젓이 만들어내고 있는 것 아닌가! 그중 어떤 것들은 동료 기자들이나 출입처 관계자들의 호응을 얻어 제법 사람들의 입에 오르내리기도 했고, 또 어떤 것들은 처음 쓴 기자의 기사 속에서도 이내 모습을 감췄다.

기자로서 10년 여간 국회, 외교부, 검찰, 서울시, 문화예술계 등 여러 출입처를 거치면서 각 분야 기자들이 특정한 의도를 담아 쓰는 단어들의 다양한 사례를 접할 수 있었다. 특히 국회는 이 책에서 다룬 기레기의 언어들이 넘쳐나는 거대한 저수지 같았다. 국회의원들은 수사학자들의 뺨을 때릴 정도로 기발한 표현들을 개발해 자신의 의정활동에 동원했다. 포퓰리즘, 시위꾼, 순혈주의, 민생, 귀족노조, 내로남불, 종북, 적폐 등 이 책에서 다룬 단어의 상당수는 국회에서 매일같이 듣고 또 기사로 옮겨 썼던 것들이다.

기자들도 만만치 않았다. 아무리 기자가 기사로 말하는 사람들이라지만 국회 출입 기자들은 자신들이 찾아낸 말들을 조금이라도 더 국회의사당과 여의도에 퍼뜨리고자 온갖 애를 썼다. 의원들이 무슨 말만 꺼내면 '○○론'이나 'XX설' 같은 거창한 이름을 붙였고 정치인들을 분류하는 '△△파', '친(親)◇◇' 등의 단어도 꾸준히 만들어냈다.

새누리당 출입 시절을 예로 들면, 새누리당 의원들은 박근혜 대통령과 관계를 기준으로 크게는 친박과 비박으로 나뉘었다. 하지만 기자들은 그걸 더욱 세분해 진박, 범친박, 탈박, 복박, 가박, 멀박 같은 온갖 근본 없는 표현들을 만들어 썼다.

왜 이런 표현들을 쓰는가

이런 작업들은 국민의 알 권리 같은 언론의 본질과는 전혀 무관하다. 이 책에서 내내 강조했듯 때로는 사람들의 인식을 바르지 못한 방향으로 왜곡시킬 수도 있는 문제적 언어들이다. 기자들은 대체 왜 별 의미 없어 보이는 이런 일에 열을 올리는 것일까. 경험에 비춰볼 때 몇 가지 이유를 들 수 있다.

첫째는 가독성이다. 기사는 잘 읽히고 재미가 있어야 한다. 밋밋한 문장으로만 이뤄진 글은 읽고 나면 뇌리에 남는 것이 없다. 기사도 마찬가지다. 읽는 맛이 있고 독자들의 기억에 남는 기사가 되려면 시선을 끄는 단어들을 집어넣어야 한다. 그래야 기사의 메시지가 분명해지고 고민을 하고 쓴 기사처럼 보이며 결국 더 많은 독자들이 읽게 된다고 기자들은 믿는다.

둘째는 영향력이다. 책에서 다룬 것처럼 이런 단어들은 모두 언론과 정치권의 프레임 전략과 관련이 깊다. 이는 어떤 사안에 대해 사람들이 어느 부분을 집중해서 보고 어떻게 해석을 할지 유도하는 틀을 씌우는 작업이다. 기자가 의도적으로 사용한 특정 표현이 확산된다는 것은 그가 의도한 프레임도 확산된다는 뜻이다. 출입처에서 영향력 있는 매체, 영향력 있는 기자임을 입증하는 데에 이보다 더 좋은 게 없다.

마지막은 그냥 전부터 그렇게 해왔기 때문이다. 기본적으로 글쓰기 능력을 어느 정도 갖춘 사람들이 기자가 되지만 언론사에 입사하면 기자들은 그 매체의 글쓰기 스타일을 다시 배워야 한다. 데스크들은 자신들이 배운 대로 기사를 고치고 기자들은 데스크에게 배운 대로 기사를 쓰고 또 훗날 데스크를 본다. 그렇게 한 언론사의 재래적 특성은 후대로 전수된다. 그 사이 데스크와 기자 그 누구도 반성적 사고를 하지 않는다면 낡고 잘못된 습성까지 그대로 기사에서 반복되게 된다.

소속 매체를 떠나 지금껏 겪어본 바에 의하면 상당수 동료 기자들은 치열하게 고민하고 취재해 기사를 쓰려고 노력한다. 하지만 또 상당수는 별 고민 없이 기자 생활을 하고 있다. 이것이 언론계의 현실이다. 그저 하던 대로 해도 기사의 가독성이나 영향력은 어느 정도 확보되며 기자 행세를 하고 살아가는 데 큰 문제가 없기 때문이다.

기자는 균형감과 진실성, 객관성, 불편부당성 등을 지녀야 한다고 기초 교육을 받지만 현장에서는 이런 원칙들이 데스크의 지침보다 홀대받는 경우가 흔하다. 적지 않은 기자들은 그럴 때 데스크와 일전을 각오하기보다는 뒤에서 욕하고 눈을 감아버리는 길을 택한다. 그렇게 기레기가 되어가는 것이다.

그럼에도 한 가지 조심스럽게 건네고 싶은 변명이 있다. 상당수 기자들이 이런 선택을 하는 데에는 독자들의 책임도 없지 않다는 점이다. 지금의 미디어 환경에서는 기자들이 투철한 사명감을 갖고 취재하고 보도하면 반드시 '참 기자'로 찬사를 받고, 그 반대의 경우에는 기레기로 욕을 먹는다는 보장이 없다.

비판적 독자들은 부정할지 모르겠지만 미디어가 다양해지고 숫자 역시 많아지면서 어떤 매체들은 객관성과 공정성이 아니라 정파성을 대놓고 지향하기도 한다. 특정 정파와 같은 이념 지향성을 공유하는 독자들에게 참 기자는 단순히 우리 진영에 유리한 기사를 쓰는 기자라는 의미일 뿐이다. 우리 편의 참 기자는 적들에게 기레기, 적들의 기레기는 우리 편에게 참 기자가 되니 둘 사이 간극은 고작 종이 한 장 차이다.

나름 사명감을 갖고 객관성과 공정성을 추구하려는 기자들은 균형감을 유지하기 어려운 시대가 온 것이다. 물론 환경이 그렇게 변했다고 해도 흔들리지 않고 본래의 사명에 충실해야 한다는 언론의 원칙은 변한 게 없다.

이 책의 한계

이 책에서 반복적으로 등장한 키워드는 민주주의와 국가, 공동체, 정치 등이다. 일단은 그렇게 장을 나눴지만 사실 여기서 다룬 단어들 대부분은 4개의 장 어디에 들어가도 어색하지 않다. 예를 들어 포퓰리즘은 '민주주의의 본질이 무엇인가'라는 고민을 하게 만들지만 동시에 대한민국 정치권의 대립 양상, 또 사회 복지 같은 공동체 문제에 대한 시사점도 던져준다. 마지막에 다룬 종북이나 적폐 담론도 민주주의, 국가, 공동체 문제 등과도 관련이 깊다.

책을 기획하는 단계에서는 여기 다룬 단어들 말고도 더 많은 후보들이 있었다. 하지만 대부분 관련 분야에 대한 저자의 지식과 경험이 부족해 설득력 있게 글을 써나갈 수 없거나 기원을 추적할 방법이 없어 중도 포기를 택할 수밖에 없었다. 언젠가 더 많은 공부를 하고 경험도 좀 더 쌓인다면 다시 기회를 얻어 마무리를 시도해볼 것이다.

후보군의 예를 들어보면, 젊은 세대를 대변하지도 못하고 정치는 나이 많은 사람들이 하는 것이란 고정관념을 심어주는 '젊은 피', 한 조직 안에 두 가지 극단적 입장이 존재하며 그 사이 경쟁 구도가 있는 것처럼 보이게 하는 '매파와 비둘기파', 자기 진영의 이익에 따라 판단 기준이 다른 '가짜뉴스', 세금 인상은 무조건 나쁘다는 인식을 확산시키는 '세금폭탄', 정치·경제·사회 영역 어디에서나 언론인들의 필요에 따라 호출되는 실체가 불분명한 '서민', 남북 화해평화와 통일에 대한 거부감을 심어주는 '퍼주기' 등이 물망에 올랐으나 결국 이 책에서는 빠졌다.

여기 다룬 단어들만으로도 충분히 버거웠고 말도 안 되는 글을 써서 얕은 밑천을 모두 드러낸 것 같아 지금도 낯이 뜨겁다. 사실 이런 작업은 더욱 치밀하게 이뤄져야 한다. 같은 단어라도 쓰는 매체의 성격에 따라 전략의 결은 상당히 달라질 수 있다. 각 단어를 쓰는 매체들의 이념 성향 등을 철저히 분석하고 그에 따라 조금씩 다른 부분까지 짚어줬다면 더 좋았겠지만 여기서는 독자들을 믿고 그저 매체의 이름을 밝혀 놓는 것으로 갈음했다.

또 여기서는 주요 종합일간지를 중심으로 일부 경제지와 통신사 기사를 주로 인용하고 분석 대상으로 삼았으나 이것도 이제는 낡아버린 틀이다. 조선일보나 한겨레신문보다 영향력이 더 큰 인터넷 매체, 또는 유튜브 채널이 지금은 부지기수다. 그런 매체들까지 다루려면 아무래도 기자 1인이 아니라 공동 작업이 돼야 하며 훨씬 더 많은 시간과 노력을 필요로 할 것이다. 주요 유튜브 채널 정도만을 추려 각 채널의 담론 구성 전략 등을 분석하는 작업은 가능할지 모르겠다. 그것도 훗날을 기약하며 미뤄둔다.

나의 삶은 과연 나아지고 있는가

정보와 지식의 전달, 권력에 대한 비판과 감시 등 언론의 역할은 여러 가지다. 하지만 기자 생활을 하면 할수록 언론이 가진 진짜 힘은 여론의 형성에 있다는 생각이 더욱 공고해진다. 여론의 흐름과 무관한 정보와 지식 전달은 사람들의 관심을 전혀 받지 못하고, 권력에 대한 비판도 여론을 형성하지 못하면 파급력이 없다. 이 책에서 다룬 단어들도 모두 언론이 어떤 여론을 조성할 때 교묘히 사용할 수 있는 것들이다.

여론을 다루는 일을 10년 넘게 하고 있지만 누군가 "여론은 정직한가"라고 물으면 솔직히 뭐라고 답해야 할지 모르겠다. 언론의 입장은 합리적인가, 각 분야 전문가의 평가나 설문조사는 신뢰할 만한가, 광장에 모이는 시민들의 목소리는 어떻게 봐야 하는가. 여론은 고정된 실체가 없다. 언론의 입장과 전문가 평가, 설문조사 결과, 집회시위 양상도 때때로 변해간다. 의견이라는 것은 언제든 수정될 수 있다. 그래서 서로 다른 의견을 조율하기 위한 대화와 타협도 가능한 것 아닐까?

이 책은 기자들이 여론을 조작하려는 거짓말쟁이 협잡꾼 집단이라는 말을 하기 위해 쓰인 것은 아니다. 단지 언론이 기사를 통해 뭔가를 말할 때, 그대로 따르거나 또 반대로 무조건 불신할 게 아니라 나름의 판단을 해봐야 한다는 점을 이야기하고 싶었다. 오랜 전통을 가지고 있는 언론사들은 각 사의 성향이 다를 뿐 적어도 찌라시라고 욕할 정도로 근본이 없지는 않다. 기자들도 작정하고 기레기 짓을 도맡아 하려는 사람은 드물다. 나름대로는 믿을 만한 근거와 합리적인 판단에 근거해 기사를 쓴다. 기자들은 독자들이 그 부분을 봐줬으면 싶어 할 것이다.

언론은 도구일 뿐이다. 정치나 법령, 각종 제도처럼 우리 사회가 더 나은 방향으로 나아갈 수 있도록 필요한 역할을 하는 공적 기제 중 하나다. 도구는 제대로 써야 유용성을 발휘한다. 국민들이 이 도구를 제대로 쓰지 않고 버려두면, 이 도구의 유용성을 잘 알고 있는 정치 권력, 자본 권력 등 힘 있는 자들이 이를 독점하게 된다. 그렇게 되면 당연히 우리 사회를 더 나은 방향으로 나아가게 한다는 원래 역할을 제대로 수행할 수 없게 된다.

그렇다면 우리 사회가 더 나은 방향으로 나아간다는 것은 무슨 뜻일까. 유구한 역사 중에 찰나만을 살다가는 인간들이 역사의 물결이 어느 방향으로 가는지는 장담할 처지가 못 된다.

한 가지 분명한 기준은 있다. 더 나은 방향이라고 할 때 과연 나의 삶은 어떻게 바뀌는가를 살펴보는 것이다. 내 삶에, 나아가 내 동료와 친구와 이웃의 삶에 긍정적인 변화를 불러온다면 그건 공동체 수준에서도 나은 방향일 가능성이 높다. 반대로 우리 사회가 나아진다는데 내 삶도, 동료와 친구와 이웃의 삶도 나아질 게 없고 오히려 팍팍해진다면 그건 이렇게 의심해볼 만하다. '평범한 이웃의 삶이 아니라 소수의 특별한 사람들의 삶만 나아지고 있는 게 아닌가' 하고 말이다. 그런 일에는 나의 힘을 보태줄 이유가 없다.

기자 생활 갓 10년을 넘겨 이제 막 초보 티를 벗은 주제에 선후배 동료 기자들의 작업을 대놓고 비판하는 글을 쓸 자격이 있는지는 잘 모르겠다. 하지만 몇 년 후 차장이 되고 또 부장이 되고 나면 이런 비판적 미디어 읽기 작업을 하기에는 스스로가 남우세스러운 꼴이 될 것 같다. 아무래도 아직 총기도 있고 자아비판 의식도 남아 있을 때 입사 전부터 품었던 문제의식을 일단의 글로 풀어보는 것이 좋을 듯해 일을 벌이고 말았다.

누구나 이 책을 읽고 난 뒤 맞장구를 쳐준다면 가장 좋겠지만 주제의 무게에 비해 너무 가벼운 재주 탓에 이 책이 그런 완벽한 설득력을 지니지는 못했을 것이다. 다만 책에서 다룬 단어 중 하나를 신문이나 방송 뉴스에서 만났을 때 독자들이 책의 내용을 떠올리며 한 번만이라도 비판적으로 뉴스를 뜯어볼 기회를 가진다면 그것으로 충분하다. 그런 작은 변화들이 우리 언론과 정치권을 바꾸고 나아가 더 나은 공동체를 만드는 작은 밑거름이 될 것이라 믿는다.

염치없지만 책에서 다룬 단어 중 일부는 나 역시 알게 모르게 현장에서 썼던 것들이다. 그런 점에서 이 책은 반성의 의미를 담고 있기도 하다. 기자질을 계속 한다는 것을 전제로 사실 앞으로도 이런 단어들을 쓰지 않을 것이라 단언하기는 어렵다.

하지만 이 단어들의 불손한 전략에 대해 여기서 한껏 입바른 소리를 했기 때문에 적어도 최소한 양심의 가책이 적고 기자로서 덜 부끄러운 방법을 찾으려 노력할 것이다. 그것이 우리 공동체가 나은 방향으로 나아가는 데에 기자로서 해를 덜 끼치는 방법일 것이다. 이런 말을 한다고 현실 속에서 기레기 취급을 받지 않을지 어떨지는 확신하지 못하겠다. 급히 글을 줄여야겠다.

도움 받은 책과 논문, 신문

신문 및 통신

〈경향신문〉〈국민일보〉〈뉴시스〉〈동아일보〉〈머니투데이〉〈문화일보〉〈부산일보〉〈서울경제〉〈서울신문〉〈세계일보〉〈아시아투데이〉〈연합뉴스〉〈연합뉴스TV〉〈조선일보〉〈중앙일보〉〈파이낸셜뉴스〉〈한국경제〉〈한국일보〉〈헤럴드경제〉〈Financial Times〉

책과 논문

강원식, 「통미봉남 프레임의 자기훼손성 연구」, 『북한연구학회보』 13권 2호, 북한연구학회, 2009.

권오상, 「과도한 스포츠 내셔널리즘 고찰: 류현진 보도를 중심으로」, 『언론중재』 2013년 가을호, 언론중재위원회, 2013.

권혁희, 「내셔널리즘과 '전통의 발명'」, 『비교문화연구』 제20집 2호, 서울대학교 비교문화연구소, 2014.

김소진, 「열린 사회와 그 적들」, 『열린 사회와 그 적들』, 문학동네, 2002.

나경수·김종한, 「노동귀족 개념의 재검토」, 『경상논집』 제19권 2호, 경북대학교 경제경영연구소, 1991.

노회찬·구영식, 『대한민국 진보 어디로 가는가?』, 비아북, 2014.

심현주, 「시장윤리와 공동체 윤리: 민주적 시장경제질서를 위한 가치체계 연구」, 『윤리연구』94호, 한국윤리학회, 2014. 69쪽 참조

양미경, 「전주비빔밥의 사회적 부각과 고급화 과정 연구」, 『한국민속학』 58호, 한국민속학회, 2013.

윤정숙 외, 『묻지마 범죄자의 특성 이해 및 대응방안 연구』, 한국형사정책연구원, 2014.

이관후, 「비폭력 시민 저항의 이해」, 『시민사회와 NGO』15권 1호, 한양대학교 제3섹터연구소, 2017.

이원태, 「인터넷 포퓰리즘과 한국 민주주의」, 『시민사회와 NGO』 4:1, 한양대학교 제3섹터

연구소, 2006.

이정민·이상기, 「민생 없는 민생 담론: 한국 종합일간지 사설에 대한 비판적 담론 분석」, 『한국언론정보학보』 67권 3호, 한국언론정보학회, 2014.

임웅, 「법감정에 관한 연구」, 『법철학연구』 1권, 한국법철학회, 1998.

최복규, 「전통주의 태권도사 서술의 문제점」, 『국기원태권도연구』 9권 1호, 국기원, 2018.

최송이, 「진보정당의 분당에 관한 연구: 민주노동당의 분당을 중심으로」, 이화여자대학교 석사학위논문, 2014.

칼 마르크스, 김태호 옮김, 『임금노동과 자본』, 박종철출판사, 1999.

토마스 모어, 류경희 옮김, 『유토피아』, 펭귄클래식, 2012.